AF125297

Anonymous

Mitteilungen der Gesellschaft für jüdische Volkskunde

Anonymous

Mitteilungen der Gesellschaft für jüdische Volkskunde

ISBN/EAN: 9783744698917

Hergestellt in Europa, USA, Kanada, Australien, Japan

Cover: Foto ©ninafisch / pixelio.de

Weitere Bücher finden Sie auf **www.hansebooks.com**

Mitteilungen

der

Gesellschaft für jüdische Volkskunde

unter Mitwirkung hervorragender Gelehrter

herausgegeben von

M. Grunwald.

| Jahrg. 1898. | Hamburg. | Heft 1. |

Anzeigen.

Die Gesellschaft für jüdische Volkskunde, nach § 12 der Satzungen am 1. Januar 1898 gegründet, verfolgt den Zweck, die Erkenntnis des inneren Lebens der Juden zu fördern. Sie erstrebt deshalb eine möglichst vollständige Sammlung aller auf das Judentum und seine Bekenner bezüglichen Volksüberlieferungen und Kunsterzeugnisse und rechnet hierbei auf die Teilnahme aller, die für die Eigenart Israels Sinn und Interesse haben.

Da eine fortlaufende Erklärung der in den „Mitteilungen" veröffentlichten Sprichwörter, Bräuche u. s. w. den geplanten Umfang erheblich überschreiten würde, beschränken wir uns darauf, unter der Rubrik „Fragekasten" allen Mitgliedern Gelegenheit zu geben, Fragen, die unseren Gegenstand betreffen, zur Erörterung zu bringen.

Das nächste Heft, welches u. a. Näheres über die jüdischen Sagen enthalten soll, erscheint, je nach der Steigerung der Mitgliederzahl, im Juli oder Oktober d. J.

Die verehrten Mitglieder werden gebeten, den Beitrag für 1898, wenn möglich umgehend, nach Empfang dieses Heftes und den für 1899 bis zum 1. Oktober 1898 zu entrichten; die auswärtigen wollen gefl. 30 Pf. für Porto und ähnl. beifügen.

Freunden unseres Unternehmens, welche durch besondere Umstände verhindert sind, der Gesellschaft beizutreten, steht das Abonnement auf die „Mitteilungen" für Mk. 3.50 jährlich frei.

Der Austritt aus der Gesellschaft oder die Kündigung des Abonnements ist spätestens 3 Monate vor Ablauf des Vereinsjahres anzumelden.

Wohnungsveränderungen wolle man sogleich bekannt geben. Buch- und Kunsthandlungen u. s. w. steht in den folgenden Heften, die, sobald es die Umstände erlauben, monatlich erscheinen sollen, ein besonderer Raum für Anzeigen und Beilagen u. s. w. zur Verfügung.

Hamburg, den 1. Januar 1898.

Die
erste Versammlung der Gesellschaft findet

Mittwoch, den 16. Februar, abends 8½ Uhr,

in dem Hotel „Zu den drei Ringen" (Vor dem Klosterthor 7) statt.

Tages - Ordnung:

1. Vortrag des Herrn Dr. Grunwald: „Was leistet die jüdische Volkskunde?"

2. Wahl des Vorstandes.

Verzeichnis der Mitglieder.

Adelebsen.
Blumenfeld, Lehrer.

Altona.
Kreidmann, Dr.
Seinfeld.
Winsen, F.

Berlin.
Adler, Rector Dr.
Cohen, Jul., cand. phil.
Lilienfeld, Robert.
Minden, Syndicus Dr.
Philippson, Prof. Dr.
Rosenstiel, Eugen.
Spiegel, Berth.
Deutsche Reichsloge. U. O. B. B.
Leopold Zunz-Loge. U. O. B. B.
Berth. Auerb.-Loge. U. O. B. B.
Montefiore-Loge. U. O. B. B.

Bern.
Stein, Prof Dr.

Beuthen O.-S.
Mamreh-Loge. U. O. B. B.

Bielefeld.
Westfalia-Loge. U. O. B. B.

Breslau.
Brann, Dozent Dr.
Gross, Dr.

Guttmann, Rabb. Dr.
Kopp, M.
Lessing-Loge U. O. B. B.
Rosenthal, Rabb. Dr.
Thieberger, Dr.

Budapest.
Kaufmann D., Prof. Dr.

Cassel.
Sinai-Loge. U. O. B. B.

Dessau.
Anhalt-Loge. U. O. B. B.

Dortmund.
Märkische-Loge. U. O. B. B.

Dresden.
Fraternitas-Loge. U. O. B. B.
Winter, Rabb. Dr.

Dsieditz.
Weinstein, Dir. Dr.

Eidelstädt.
Sachs, M.

Eschwege.
Julius Bien-Loge U. O. B. B.

Frankfurt a. M.
Frankfurt-Loge. U. O. B. B.
Hess, J. S.
Landsberg, Jul.

Gleiwitz O.S.
Friedländer, Ad.
Grunwald, E.
Humanitas-Loge U. O. B. B.
Münz, Rabb. Dr
Stern, R.

Görlitz.
Victoria-Loge. U. O. B. B.

Halberstadt.
Ber. Lehm.-Loge. U. O B. B.

Hamburg.
Abraham, M.
Arlsberg, D.
Bauer, John.
Beer, N.
Behrens, J.
Behrens, S. M.
Benezra, D.
Benjamin, L.
Bing, J.
Bleier, E.
Blumenthal, H. B.
Borchardt, A.
Brasch, D.
Cohen, S.
Cohn, Alfr.
David, L.
Deutsch, B.
Deutschländer, Hauptlehrer.
Elkeles, H.
Elkeles, W.
Emanuel, J.
Fränkel, M.
Frank.
Frank, Rechtsanwalt Dr.
Frankenthal, H.
Friedenheim, L.
Friedheim, L.
Frischmann, D.
Fries, L.
Fürst C.

Hamburg.
Goldschmidt, S.
Gotthelf, J.
Grunwald, A.
Grunwald Rabb. Dr.
Guttmann, Jul.
Haag, L.
Heilbut, Fel.
Heilbuth, Mor.
Heinemann J., Lehrer.
Helft.
Henry Jones-Loge U. O. B. B.
Hess.
Hildesheim, Gottfr.
Frau Hirsch, Kl.
Hirschel, Herm.
Hirschmann, J.
Frl. Hirschmann, M.
Hoffmann, M.
Israel, J. A
Israelit. Jugendbund.
Jacoby M.
Jarmulowski.
Juda.
Karlsberg, M.
Keller, B
Kohn, S.
Lagus.
Landau, Oberkantor.
Lapp, J.
Laski, A. B.
Laski, C.
Laski, H
Laski, M.
Laski, Th.
Leser, S.
Lessmann, M.
Levy, H. B., Rechtsanwalt Dr
Levy, Jos.
Levy, Rud.
Levinson, E.
Lippmann, Jul.
Lisser, A

V

Hamburg.

Löwenherz, L.
Frl. Lorch, O.
Lyon, Em.
Mainz, M.
Mandl, J.
Mehrgut, M.
Mehrgut, S.
Meyer, M.
Michelsohn H., stud. med.
Michelsohn J., Dr.
Michelsohn, Mart.
Michelsohn, Mor.
Michelsohn, S.
Michelsohn, S. A.
Minden, J.
Frau Mündheim, M.
Mündheim, S.
Mündheim, Siegfried.
Münzer, A.
Neustadt, D.
Neustadt, M. D.
Peine, W.
Pincus, H.
Plocki, Waisenhausdirigent.
Porges, G.
Ritter, J.
Rosenbaum.
Rosenbaum, (i. F. Marcus.)
Rosenblum, A.
Rosenblum, M.
Seligmann, M. J.
Silberberg, M.
Simon, M.
Stavenhagen, Mor.
Süsskind, J.
Tannenbaum, E.
Thaler, A.
Tuch, Gustav.
Valk, A.
Valk, J.
Weinstein, Benno.
Weinstein, Bernh.

Hamburg.

Wertheim.
Wildemann, W.
Wolff, Jac. jr.
Wolff, W.

Hannover.

Jüdell, O., stud. techn.
Löwenherz, E., stud. techn.
Zion-Loge. U. O. B. B.

Harburg a. E.

Bachenheimer, Hauptlehrer.
Frau Rosenschein

Heidelberg.

Friedrich-Loge. U. O. B. B.

Hörde.

Stern, Lehrer.

Ilmenau.

Landsberg, O., stud. techn.

Karlsruhe i. B.

Mansbach, S., Lehrer.

Kattowitz.

Concordia-Loge. U. O. B. B.
Weissmann, Ad., Dr.

Köln a. Rh.

Rheinland-Loge. U. O. B. B.

Kreuzburg O. S.

Caritas-Loge. U. O. B. B.

Magdeburg.

Mendelssohn-Loge. U. O. B. B

Mainz.

Salfeld, Rabb. Dr.
Rhenus-Loge. U. O. B. B.

Mannheim.

August Lamey-Loge. U. O. B. B.

Mosbach.

Löwenstein, Bezirks-Rabb. Dr.

Mülhausen i. Els.
Lewy, Gymnas.-Oberl. Dr.

München.
Werner, Rabb. Dr.

New-York.
Helmuth, John.

Ostrowo.
Eger-Loge. U. O. B. B

Posen.
Amicitia-Loge. U. O. B. B

Prag.
Skall, Alb.

Ratibor.
Friedens-Loge. U. O. B. B.

Regensburg.
Grünhut, J.

Rybnik.
Katz, Waisenhausdirigent.

Scharmbeck.
Löwenstein, Lehrer.

Stargard i. P
Pommerania-Loge. U. O. B B.

Stettin.
Allemania-Loge. U. O. B. B.

Strassburg i. E.
Unitas-Loge. U. O. B. B

Tacna.
Hirschmann, M.

Tarnowitz.
Panofsky, C.

Ujest,
Seidemann.

Wandsbek.
Hanover, Rabb. Dr.

Wien
Schweinburg-Eibenschitz.

Wiesbaden.
Nassau-Loge. U. O. B. B.

Worms.
Goldschmidt, Jul.

Würzburg.
Landsberg, Dr.

––

Auf die „Mitteilungen" ist abonnirt:

Bielitz. „Austria", Isr. Humanitäts-Verein. (U. O. B B.)

Eingänge.

Die mit * bezeichneten Stücke sind die von dem Com. für jüd. Volkskunde gesammelten und in dem Bericht des Com. für 1896 97 aufgeführten Gegenstände.

—

I. Für das Museum sind folgende Zuwendungen erfolgt:

1. Kethuba* nebst Tenaim, Venedig 1757.
2. Kethuba* mit Tier- und Pflanzenornamenten, Smyrna 1818.
3. Kethuba* mit kunstvoll ausgeführten Engel- und Tierfiguren, Skandiano 1718.
4. Kethuba* mit gedruckten Ornamenten, darunter eine Liebeserklärung in zeitgenössischem Kostüm, Hamburg. Portugies. Gemeinde 1706.
5. Schtar Chaliza*, Braunschweig 1801.
6. Schtar Chaliza*, Glückstadt 1765.
7. Schtar Chazi chelek sakhar*, Glückstadt 1758.
8. Verschreibung*, Tunis 1803
9. Statut der Chebhra kadischa, Hamburg 1760.
10. Tefillath ha-derech*, geschrieben von Simon Warschauer aus Schmiegel 1832.
11. 4 Amulette.*
12. Schutzbrief* für Nathan Israel zu Burgdorf 1806.
13. Concessio veniae aetatis, für Marcus Israel in Glückstadt, Copenhagen 1755.
14. Lehrbrief* des Malers Meyer Mortje Hendricus, Glückstadt 1799.
15. Lehrbrief* des Malers Marcus Meyer Henriques, Altona 1837.
16. Sabbatlampe. Messing. Gesch. des Herrn G. Tuch, Hamburg.
17. Menora*, Blei, mit Oelkännchen, flankirt von zwei Genien.
18. Petschaft des Issachar ben Naftali Scherf [?], Messing. Gesch. des Herrn cand. phil. Jul. Cohen, Berlin.

19. Medaille, Silber. A. Tefillath ha-derech. R. Taschlich. Darunter:
Kohn. Nebst Hornkapsel mit Elfenbeineinlage.
Gesch. des Herrn S. M. Behrens, Hamb.
20. Kidduschbecher, versilbert. Gesch. des Herrn Abraham,
Hamb.
21. Jad*, Knoche mit Hornüberzug.
22. Briefbeschwerer. Cedernholz, Jerusalem. Gesch. des
cand phil. Herrn Jul. Cohen, Berlin.
23. Gesteinproben aus Palästina.

Photogr. Aufnahmen.
[Hergestellt von Herrn stud. techn. Löwenherz, Hamb.]
24. Durchzug durch das rote Meer, Orig. auf Achat, in
Hamb. Privatbes.
25. Derselbe Vorgang, aus einem Codex der Hamb. Stadtbibl.
26. Haggadaillustration, ebendaher.
27. Trauung, ebendaher.
28. Trauung, aus einem Codex in Hamb. Privatbes.
29. Kiddusch ha-lebhana, ebendaher.
30. Kethuba (s. oben 3).
31. Trauring, in Hamb. Privatbes., zwei Aufnahmen.

32. Berühmtheiten unserer Zeit, zwei Tafeln, ges. von Wiesner,
Osterode 1889. Gesch. des Herrn Rosenstiel,
Berlin.
33. Wiesen, Gaone Israel. Hamb. 1868. Gesch. des Herrn B.
Weinstein, Hamb.
34. Mose mit den Gesetzestafeln. „Auf Stein gezeichnet von
Dawid Rosenberg aus Ungarn". Gesch. des
Herrn J. Hecht, Hamb.

Theaterzettel:*
35. Windsor-Theater, New-York, 12. Juni 1897.
36. Standard-Theater, New-York, 2. Juli 97.
37.   „   „   „   12. Juli 97.

Judendeutsche Zeitungen:
38. Vorwärts*, New-York u. Philadelphia, 29. u. 30. Juli 97.
39. Der täglicher Herold*, New-York, 30. Juli 97.
40. Der Volksadvokat*, New-York, 30. Juli 97.
41. Abendblatt*, New-York u Philad., 29. u. 30. Juli 97.
42. Jüd. Gazette,* 30. Juli 97.
43. Der jüdischer Puck, New-York, II. Jahrg. Nr. 1.

44. **Wahlaufruf***, Lemberg 1897. Gesch. des Herrn Mehrgut
    Hamb.
45. **Portugies Verlobungsanzeige.** 1802. Gesch. des
    Herrn Brasch, Hamb.
46. **Holländ. Pass** Paramaribo 1768. Von dems.
47. **Hochzeitsanzeige***, Petrokow 1897.
48. **Tanzordnung*** in Megillaform. New-York 1874.
49. **Geschäftsempfehlung,** New-York. Gesch. des Herrn
    M. Rosenblum, Hamb.
50. **Geschäftsempfehlung** als Glasermeister und **Hoch-
    zeitssänger,** russ., pol. u. judendeutsch. Gesch.
    des Herrn Mehrgut, Hamb.
51. **Illustrirte biblische Sprüche.** Gesch. des Herrn
    Brasch, Hamb.

II. Die Bibliothek enthält:

1. **Ahrons***, Jos, Das Lied vun die Kuggel. Hamb. 1864.
2. **Andree***, Zur Volkskunde der Juden Bielef u. Leipz. 1881.
3. **Auerbach,** Berthold. Ein Gedenkblatt an, Berlin 1882.
4. **Bloch,** Ch, Harhore Tora. [Autogr.] Bd. 3 u. 4. Breslau
    1890/92. Gesch. des Herrn Fel. Heilbut, Hamb.
5. **Brüll***, Trachten der Juden, Frkf. a. M. 1873.
6. **Bulletin*** de Folklore, Tome II, fasc., 7—8.
7. **Cohn*** Hirsch Berend, Khille-Fatalitäten. Hamb. 1865.
8.   „   *, Das Licht. (Zur 200jährigen Chanuka-Feier.
    Hamb. 1871.
9. **Davis*** M. D., The mediaevel Jews.
10. **Eisenstadt*** Mose, Ein nei' Kloglied. Prag 1713. [Autogr.]
11. **Gedichte** und Scherze in jüdischer Mundart. Berlin.
12. **Geld*** unt Keingeld regiert die ganze Weld 1733. [Autogr.]
13. **Handschuh** Der. (In dreizehn Sprachen.) Leipzig 1881.
    Gesch. des Herrn Abraham, Hamb.
14. **Henry Jones-Loge,** Jahresber. für 1896/97. Hamb. 1897.
15. **Jiriczek***, Anleitung zur Mitarbeit an volkskundl. Samm-
    lungen. Brünn 1894.
16. **Kirchner,** Jüd. Ceremoniel. Nürnb. 1726. [Mit wertvollen
    Kupfern]
17. **Kohn,** J. H, Bibel- und Talmudschatz. Budapest 1883.
    Gesch. des Herrn Felix Heilbut, Hamb.
18. **Kropotkin,** Gesetz und Autorität. Ins Judendeutsche übers.
    von P. A. Frank, London 1889. Gesch. des
    Herrn Mehrgut, Hamb.

19. Lehmann, Aus Vergangenheit und Gegenwart. Bd. 3 u. 4.
    Frkf. a. M. 1878. 1881. Gesch. des Herrn F.
    Heilbut, Hamb
20. Levy, M. A, Gesch. der jüd. Münzen, Bresl. 1862. Gesch.
    des Herrn Jos. Ritter, Hamb.
21. Lippe*, Bibliograph. Lexicon. Wien 1879.
22. Lombroso*, Der Antisemitismus und die Juden. Deutsch
    von Kurella. Leipzig 1894
23. Menorah* Monthly The, Oct, 1893 (Golden Jubilee J.
    O. B. B.)
24. Minden* G., Die Tora-Wimpel oder Mappe I. (Sond.-Abdr.)
    Berl. 1893.
25.   „   *, Zur Volkskunde der Juden. (S.-A) Berl. 1897,
26. Mund*, E., Berliner Fanfaren 3. Berl 1802,
27. Popert*, S. S., Semirot Purim. Hamb. 1715.
28. Sogers*, Dawid, Ein nei' Kloglied. [Vgl. Zunz, Lit. 445).
    [Autogr.]
29. Urquell* Am, Jahrg. III, IV. V; Der, J. I.
30. Verfolgung* Die der Juden in Russland Berlin 1891.
31. Winkler*, S A Semer zu singen bei der Szude der Chewre-
    kadische . . . Gleiwitz 1871.
32. Zeitung Allg. des Judenthums, Jahrg. 1892, 93, 94. Gesch.
    des Herrn Abraham, Hamb

Handschriften:

1. Cohn*, Hirsch B., Tekufa wechanufa. Hamb. 1887.
2. Der Chosid* in der Milchume.
3. El-mole-rachamim für die Märtyrer von Lenczic 1657.
    Gesch. des Herrn S Kohn, Hamb.
4. Purim-Lied.
5. Portug. Pesachpredigt. Gesch. des Herrn Brasch,
    Hamb.
6. Port. Vermächtnis. Von dems
7. Zwei Kompositionen. Zu Ps. 16, 1. 2. Von dems.

III. Geldspenden:

Die Humanitas-Loge, Gleiwitz, und Herr Eugen
Rosenstiel, Berlin, zeichneten je einen Jahresbeitrag von
10 Mark, die Henry Jones-Loge Mk. 30 —

Aus unseren Sammlungen.

Von

Dr. Max Grunwald

Rabbiner.

Teil I.

HAMBURG 1898.
Druck von Deutschländer & Co. Nachfl.

Trauung.

Facsimiledruck aus einem ital. Machsor
(14. Jahrhundert)
im Besitz des Herrn Dr. H. B. Levy, Hamburg.

Vorwort.

Im November 1896 versandte auf meine Anregung hin ein zu diesem Zwecke gebildetes Comité der hiesigen Henry Jones-Loge (U. O. B. B.) eine Einladung zu „Sammlungen zur jüdischen Volkskunde" nebst Fragebogen an viele Stellen, deren Beteiligung besonders erwünscht und vorauszusehen war. Zu weiterer Anregung hielt ich im vergangenen Winter vor dem hiesigen „Verein für jüdische Geschichte und Litteratur" einen Vortrag, der unter dem Titel „Zur Volkskunde der Juden" in der „Jüdischen Presse" soeben erscheint und in Sonderabdrücken ebenso, wie unser Fragebogen, jedem auf Wunsch bereitwilligst zugestellt werden soll.

Diese Anregungen, sowie vor allem die dankenswerte Besprechung des Unternehmens in wissenschaftlichen Zeitschriften, z. B. in der „Zeitschrift des Vereins für Volkskunde" (Berlin), und in Wochenblättern, besonders in der „Allgemeinen Zeitung des Judenthums", haben, wie das Comité in seinem Berichte für 1896/97 des Näheren angiebt, Beiträge von den verschiedensten Seiten veranlasst, in überwiegender Mehrheit Anschauungsmaterial und Zuwendungen an entsprechenden Büchern und an Geldmitteln.

Wiederholt wurde, so vor allem von den HH. Prof. Dr. Steinschneider, Kaufmann, Brann, E. Monseur (Société belge de Folklore) u. a., darauf hingewiesen, dass die Mitwirkung weiterer Kreise erst durch Veröffentlichungen aus unseren Sammlungen erzielt werden könne, z. T. wurde, in erster Linie zu diesem Zwecke, die Gründung einer „Gesellschaft für jüd. Volkskunde" nach dem Muster zahlreicher ähnlicher Gesellschaften empfohlen. Solchem Wunsche zu entsprechen, habe ich auf den folgenden Blättern eine Auswahl aus unseren bisherigen Stoffsammlungen herausgegeben. Diesem Zwecke vor allem sollten sie dienen.

Hieraus erklärt sich die zwanglose Aneinanderreihung der einzelnen Nummern, auf welche sich in ferneren Beiträgen mit Leichtigkeit bezug nehmen lässt.

Die Anordnung entspricht der Anlage unseres Fragebogens.

Aelteres Material ist nur insofern mit herangezogen, als sich in der Gegenwart Analogieen oder Ergänzungen vermuten lassen. Diese erste Mitteilung schöpft zumeist aus mündlichen und schriftlichen Beiträgen aus meinem Bekanntenkreise sowie aus meinen persönlichen Erfahrungen.

Sollte diese Veröffentlichung im Publikum den gewünschten Anklang finden, was sich bei der wissenschaftlichen Bedeutung und Volkstümlichkeit des Gegenstandes wohl erwarten lässt, so sollen sich an dieses Heft in zwangloser Folge in kurzem weitere schliessen.

Einleitung.

Einem Unternehmen, welches der wissenschaftlichen Erforschung Israels gilt, steht es wohl an, die Manen des Altmeisters der jüdischen Wissenschaft anzurufen. „Eine von der Weltgeschichte anerkannte historische Besonderheit", sagt Leopold Zunz (ges. Schr. I, 42), „sind die Juden nach Volkstum und Bekenntnis ein Ganzes, dessen Richtungen von einheitlichen mit ihren Wurzeln in das tiefste Altertum hineinragenden Gesetzen gelenkt werden und dessen geistige Erzeugnisse bereits über zwei Jahrtausende eine Lebensader unzerreissbar durchzieht."

Aus diesem Wort gewinnen wir mit einem Schlage dreierlei Werte. Israel bildet also doch eine Besonderheit auch ohne nationale und politische Grenzpfähle! Israel hat also doch, auch ohne Heimat und ohne Landbesitz, ein Volkstum! Ja, dieses Volkstum ist gerade einer der beiden Hauptträger jener Besonderheit! Und doch hat man bisher dieses Volkstum nur aus dem Schrifttum, das Leben des Volkes nur aus seinen Gräbern, auf den Walstätten seines Geistes begreifen wollen. Wendet sich doch gerade heute, wie nie zuvor, Fleiss und Forschungseifer, zaghaft erschauernd im nächtigen Windstoss einer gefühlskargen, nüchternen Gegenwart, den geduldigen Gebilden vergangener Tage zu, um sich hier, wenn auch oft auf nichtigem Geröll, in zärtlichem Behagen eine still umfriedete Arbeitsstatt zu wählen.

Doch das Leben will aus dem Leben verstanden sein. Und wenn es wahr ist, dass das Leben ein Kampf, — wie zahlreich sind dann erst die Kampfesherde, wie dicht gesät die kaum verborgenen Minen, an denen uns der breite Pfad unserer Forschungen vorüberführt! Ja, schon die ersten Vorfragen, so vor allem die „Rassen"frage, stellen uns gerade an jene Punkte, um die das Ringen am heftigsten wogt. Und mag

die Wissenschaft in diesen Fragen auch längst das entscheidende
Wort gesprochen haben,[1] was lindert das die Kampfeslust blind-
wütigen „Rassen"hasses ?

Lassen wir jedoch den verbitternden Kampf beiseite, und
betrachten wir frei von Vorurteil das Leben Israels in seinen
bunten, wechselnden Gestalten, die doch alle eine und dieselbe
unerschöpflich reiche Seele atmen, und es ergreift uns eine
Begeisterung, wie sie ähnlich nur das Forschen im Schrifttum
Israels uns ins Herz haucht, eine Begeisterung, die wir eine
induktive nennen könnten, weil sie eine unwiderstehliche
Forderung des klaren Verstandes, der nüchternen Datensprache
ist, eine Begeisterung, von der so abgrundtief jene deduktive
Raketenbegeisterung absticht, deren Kehrseite Fanatismus heisst.
Der Lebenskern Israels, seine Seele, die in innigem Bunde
mit seiner Lehre um Israels Besitz die Grenzen zieht, offenbart
sich uns hier als ein unzerstörbares Etwas, das wir Volkstum
nennen würden, wenn nicht ein abenteuerliches Spiel der
Phantasie hinter solchem Worte Deckung suchte, ein Etwas,
auf das wir die Bezeichnung „Rasse" übertragen könnten, wenn
es nicht gerade am schlagendsten den Trugbegriff widerlegte,
für den man jenes Wort geprägt hat.

Oder wie sollen wir anders diese Gemeinschaft nennen,
die die äussersten Gegensätze in Wuchs und Gestalt, in Bildung
und Beruf, in Charakter und Lebensweise in sich vereint?
Einzig, wie der Begriff, ist auch sein Zeichen: „Israel". „Das
Unzulängliche, hier wird's Ereigniss."

Doch nur der kunstverständige Blick erkennt im Torso
die Bedeutung des Ganzen. So hat man denn auch, von
gehässigem Vorurteil geblendet, vom Rumpfe Israels Glieder
lostrennen wollen, welche eben diesem Vorurteil den Nährboden
zu entziehen vor allem geeignet sind.

Zu solchen „Pseudo-Juden" möchte man z. B. die Karäer
machen, obwohl sie selbst ihren ganzen Stolz in ihre Zugehörigkeit zu Israel setzen. Man hantirt hierbei stets mit dem Begriff

---

[1] Vgl Grunwald, Zur Volkskunde der Juden (S.-A. aus d. „Jüdischen
Presse" 1897.)

einer semitischen Rasse, welche längst in das Reich der Fabel
verbannt ist, und welcher die Juden jedenfalls weit weniger,
als der arischen Rasse, beizuzählen wären

Ebenso sind die Falascha in Abessinien trotz alledem, was
dagegen vorgebracht wird,[2]) Juden. Sie sind es ebensogut, wie
etwa die Karäer. Denken wir uns das Judentum ungefähr im zweiten
Jahrhundert nach der üblichen Zeitrechnung und fern von denMittel-
punkten des religiösen Lebens petrefakt geworden, — und wir
haben in der Hauptsache das Judentum der Falascha vor uns.

Anderswo gilt doch ohne weiteres als Jude, wer sich offen
als solcher bekennt. Nun, die Falascha thun noch ein Uebriges.
Sie nennen sich nicht allein „Haus Israel" oder „Israel", sie
führen nicht nur ihren Ursprung an der Hand sagenhafter
Ueberlieferung auf den Sohn Dawids zurück, sondern sie glauben
auch an eine Zukunft, wie sie nach Israels Hoffnung ein später
Enkel des Zionssängers einst heraufführen soll.[3]) Sie haben das
Bundeszeichen Israels, mit peinlicher Genauigkeit achten sie des
Sabbatgebotes. folgen sie den Vorschriften lewitischer Sonderung,
und, wie ihre Hoffnungen, so teilen sie auch die Erinnerungen
ihrer Brüder in Israel. Zion ist der Angelpunkt ihres religiösen
Denkens und Dichtens, eines Dichtens, wie es übrigens selten
in Israel schönere Blüten gezeitigt; den Tag seines Falles be-
gehen sie mit Trauern und Fasten. Alles Daten, die reichlich
aufwiegen, was uns an ihnen fremdartig berühren könnte.

So hat man ihr Mönchs- und Nonnenwesen als Entlehnung
deuten wollen. Allein mehr als eine Analogie lässt es als Frucht
kerngetreuer Entwickelung erscheinen. Noch weit mehr gilt
dies von ihrer Engellehre. Dass die Falascha bei alledem keine
Heiligenverehrung kennen, und dass sich ihr Ritual ausdrücklich
gegen den Glauben an einen Gott, der sterben kann,[4]) wendet,
spricht deutlich genug gegen gewisse Beziehungen, die man
ihnen andichten wollte.

Wie ihr Glaube, so zeigt auch ihre Moral echt jüdisches
Gepräge. Ihre Elternverehrung, ihr mustergiltiges Familienleben

[2]) Vgl. W III. 348. 346. Halévy, prières des Falashas. Paris 1877. 8af. I 29.
HB XVII, 64; XIX, 42. An. 81 ff. [3]) Halévy 23. [4]) Hal. 9. (קרן S. 22 vgl. mit
בדקן II Reg 9, 25.)

in freiwillig gewählter Einweiberei, ihre Hochschätzung der Frau,[5]) ihre Rechtschaffenheit, ihr Fleiss, ihre Tapferkeit berechtigen Israel zum Stolz auf solche Söhne, um so mehr, als man sie ihm durch ethnologische Fabeln und Finten durchaus streitig machen möchte.

Als solche Pseudo-Pseudojuden haben wir auch die N e g e r - j u d e n an der Loangoküste, die Juden auf Madagaskar u. s. w. anzusehen und in den Kreis unserer Forschungen zu ziehen, bis uns anstatt nichtiger Behauptungen triftige Beweise für das Gegenteil beigebracht werden.

Die einheimischen Juden V o r d e r i n d i e n s sondern sich bekanntlich in helle und schwarze Juden. Wenn diese auch von jenen als Sklaven, die sie einst bei deren Ahnen gewesen sein sollen, noch heut in jeder Hinsicht betrachtet werden, wenn zwischen ihnen keine Ehen geschlossen werden, so lässt sich aus der europäischen Judenheit manche Erscheinung zum Vergleich heranziehen. Auch heute noch halten die weissen Juden Sklaven und Sklavinnen, die sie in das Judentum aufnehmen und nach kurzer Zeit entlassen, ohne jedoch auch mit ihnen Ehen zu schliessen. Dass die schwarzen Juden keine Priester und Lewiten haben, erklärt sich aus ihrer Herkunft.

Die weissen Juden, die Beni Israel, die ihrer Tradition nach aus Teman stammen, feiern die Feste[6]) nach dem indischen Kalender, sie halten den Sabbat, die Beschneidung, den 9. Abh und das „Fasten Gedaljah". Sie glauben an den Messias, an die Unsterblichkeit, an Himmel und Hölle und nehmen auch mit grosser Bereitwilligkeit alle Einzelheiten des rabbinischen Judentumes an. Ihre Gebete zeigen hauptsächlich sefardischen Ritus, manches stammt aus dem romanischen, einiges aus dem deutschen Ritual. Ihr Tischgebet ist ein anderes, als das aller übrigen Juden. Ihr Organ ist „The Light of Truth", welches in Bombay herauskommt. Ihre Dienste in der englischen Armee werden hoch geschätzt.

---

[5]) Vgl. An. 84. [6]) Den Jom Kippur nennen sie „Tag des Thürschliessens" (יום כנעור הדלת). Vgl. (Z 10) den „Tag der Haft" (יום וההגר) in Avign. und Carpentras.

In China[7]) sind von Juden nur sehr spärliche Reste vorhanden. Bis vor kurzem hatten sie noch in Khai-Fung-Fu ein Gotteshaus, welches mehr Tempel als Synagoge und nach Westen gerichtet war. Sie assen kein Schweinefleisch, schlossen keine Ehen mit den Einheimischen und hatten ihren eigenen Friedhof. Ihre Gebete waren die der Sefardim, doch manches von den Deutschen entlehnt. Sie hatten besondere Habhdalagesänge, darunter ein aramäisches Elia-Lied. Ihre Sprache war die chinesische, persische Brocken darunter wiesen auf persische Herkunft hin.

Hiermit schliessen wir vorläufig die Liste derjenigen Sprossen an dem weitest verzweigten Stamme der Erde, deren Judentum hie und da mit Unrecht in Frage gezogen worden[*]), und wenden uns nun unserer eigentlichen Aufgabe zu, nämlich an der Hand von Beispielen eine Anleitung zu ähnlichen Sammlungen zu bieten. Wir verweisen hierbei auf unseren Fragebogen und auf das Heftchen: Jireczek, Anleitung zur Mitarbeit an volkskundlichen Sammlungen. Brünn 1894.

Zunächst sei ausdrücklich betont, dass ein jeder ohne irgend welche Vorkenntnisse als Sammler entsprechenden Materials an unserem Werke sich beteiligen kann. Nur vermeide es der Laie, das gesammelte Material mit eigenen Zusätzen, mit vermeintlichen Verbesserungen oder, falls Dialektproben vorliegen, in hochdeutscher Uebertragung einzuliefern. Wenn jedoch Analogieen oder ältere Quellen oder aus dem Volksmunde selbst vernommene Erklärungen geboten werden können, so sind diese natürlich sehr willkommen.

Ferner untersuche man nach Möglichkeit, inwieweit das Gebotene eine jüdische Besonderheit darstellt, und bemerke im anderen Falle, wo und in welcher Form es sich auch in anderen Kreisen findet. Auch lasse man es sich nicht verdriessen, alle bekannten Varianten einer Sage, eines Liedes oder Sprichwortes, alle Formen eines Brauches getreu wiederzugeben. Denn der einzelne Findling wird ja nicht nur aus älteren Quellen oder durch Analogieen

[7]) Vgl. An. 244 ff. Del 272. Jüd. Wochenschr. 18. VII. 96. HB 1880 S. 74; XX, 113. Allg. Z. d. Jdt. 1879. De le Roi, die Juden 213. Z. 58
[*]) Ueber die Szombasniker und ähnliche Erscheinungen s. O 1844, 80. Bergl 136; Löw II, 80.

auf fremden Gebieten, sondern sehr oft durch Brüder mit deutlicheren Zügen recognoscirt.

Man wird oft, besonders bei Forschungen auf dem Gebiete des Aberglaubens, der Wunderkuren u. s. w., auf zähes Misstrauen stossen. In solchen Fällen hilft wohl, abgesehen von den persönlichen Vorzügen des Sammlers, der Hinweis auf den Ernst und die wohlmeinende Absicht des Unternehmens, das uns nur zeigen wolle, wie Israel in den verschiedensten Gegenden lebe und denke und dichte, nachdem man die fernsten Völkerschaften bereits längst daraufhin untersucht habe. Und gerade in Israel schwänden die alten Bräuche und Sagen täglich rascher.

Obwohl es sich hier hauptsächlich um Sammlungen lebendiger Ueberlieferungen handelt, sind doch auch Manuskripte und Flugblätter oft von grossem Werte, wie Purimscherze, jüd. Theaterzettel u. a., vor allem anschauliches Material, wie Amulette, Photographien u. Ähn. Auch Citate aus der einschlägigen Litteratur oder, bei bekannteren Schriften, entsprechende Hinweise, können unseren Zweck nur fördern. Ebenso begrüssen wir dankbar jede Bereicherung der hier aufgeführten bezw. in den hier genannten Schriften, wie Andree und Mayer, verzeichneten Litteratur, wobei zu bemerken, dass die Abkürzungen sich auf die Anführungen in unseren „Beiträgen" beziehen.

Adalberg S., Jüd. Sprichwörter. (Wisla IV. 1890. Heft 1)
Aleksiejev, Oćerki domaśnej . . Novogrod 1891.
Alsberg, Rassenmischung im Judenthum 1891 (Virch.-Holzend.)

An. — Andree, Zur Volkskunde der Juden. Bielef. u. Leipzig. 1881
(Nur mit grösster Vorsicht zu benützen.)
Siehe die Nachweise der neueren Litteratur).
Anthropologie L.' I, 5. (Cordier, les juifs en China).
Bacher, W., Alter jüd. Volkswitz in der muham. Litteratur.
(M. 1870.)

Ben Benjamin J. J., Acht Jahre in Asien und Afrika. Hann. 1858
Bennedetti de, Storia di rabbi Giosne. 1872. (S.-A.)

Bergl Bergl, Geschichte der ungar. Juden. Leipzig 1879
Berlin M., Ethnographie der russisch-jüd. Bevölkerung.
Petersburg 1861.

B   .. Berliner, Aus dem inneren Leben der deutschen Juden im
          Mittelalter. Berlin 1871.
       Bernstein, Magazin für jüd. Lieder. Sitomir 1869.
       Blass M., Jüdische Sprichwörter. Leipzig 1857.
       Blogg S. E., Sefer ha-chajjim. Hannover 1884. S. 287 f. 293 f.
Br   Brück M., Rabb. Ceremonialgebräuche. Breslau 1836.
          — , Volkssitten...
Brü   — Brüll A, Die Trachten der Juden. Frankf. a. M. 1873.
       Brüll N., Jahrbuch für jüd. Geschichte und Litteratur. Frank-
          furt a. M. III. (1877.)
          (A. Brüll, Beiträge zur Kenntnis der jüdisch-deutschen
          Litteratur.
             VII. Sprichwörter in der nachtalmudischen Litteratur
             VIII. Die Haarbedeckung der jüd. Frauen.
             IX. Beitr. zur jüd. Sagen- und Sprachkunde i. M. A.)
C   : Cerfberr A. de Médelsheim, Les Juifs. Paris 1847. (Die
          bekannte Hetzschrift.)
       Chaschker M., Machat ba-basar ha-chaj. Petersburg 1878.
Chr   — Christfels Ph. E., Das neue Judentum. Schwabach 1735/36.
       Christiani, Der Juden Glauben.
          — , Die jüd. Fastnacht.
       Coen Mereine, Costumi degli Israeliti di Russia e Polonia.
          Parma 1891.
       Dalman, Jüd. Volkslieder aus Galizien.
       Deguignes, Mém. sur les noms des familles juives . . .
       Deinard Efr., Reiseberichte 1878/80.
D   — Delitsch Fr, Wissenschaft, Kunst, Judenthum 1838
       Dukes, Rabb. Blumenlese.
Eld   Eldad ha-Dani. Ausgabe Epstein. Pressbg. 1891.
       Folk-Lore. London 1891. (Gaster, the legend of the Grail)
       Frankl L. A., Nach Jerusalem.
       Friedländer M. H., Tiferet Israel. Brünn 1878.
       Frischbier, Preuss. Sprichwörter. Königsberg.
       Garnett L. M. J., The (christian, jewish and moslem) women
          of Turkey. 1890/91.
       Germania (Vierteljhrschr.) Jhrg. 24. Wien 1880. (Gaster.)
       Gerson, Von jüd. Gebräuchen.
       Globus LX. (Der jüd. Fischtanz.)
       Grünbaum, Die jüd.-deutsche Litteratur [W. III.] (S. die
          Litteraturang.)
          — , Jüd.-deutsche Chrestomathie.
          — , Jüd.-spanische Chrestomathie.
          — , Mischsprachen (Virch.-Holzend.) 1886.

Grünwald, Ueber den jüd.-deutschen Jargon. Budap. 1876.

— , Povidl Purim in Jungbunzlau. (Magz. f. d. Wissen
    d. Jud. 1892.)

Grunwald, Die Eigennamen des Alt. Testaments. Breslau 1895.

— , Ein Wort über die religiösen Beziehungen der
    Semiten zu ihren Nachbarn (MXXXIX, 529 ff).
    Breslau 1895.

— , Ueber kanaanäischen Volksglauben. (S.-A. aus
    Brülls pop.-w. Mtsbl.) Frkf. a. M. 1897.

— , Zur Volkskunde der Juden. (S.-A. aus der „Jüd·
    Presse".) Berl. 1897.

— , Bericht des Com. f. jüd. Volkskunde der Henry
    Jones-Loge (U. O. B. B.). Hbg. 1897.

G = Güdemann, Geschichte des Erziehungswesens. Wien 1880/88.

Ha-asif II. 1885 (Reifmann). III. 1886 (Schur). V.1889 (Neumark).

Hallel S., Les Juifs de Cochin. (Arch. Israél. 1840.)

Ha = Harkavy, Die Juden und die slav. Sprachen.

— , Reisen im Kaukasus. 1884.

H B — Hebr. Bibliographie. (Ha-maskir). Herausgeg. von Stein-
    schneider. Berlin.

Herzberg-Fränkel, Polnische Juden. 3. Aufl. Stuttg. 1888.

HI = Hildesheimer-Jubelschrift. 1890. (h.=hebr., d.=deutsch).

H — Hirsch P. W., Die Entdeckung der Tekuphoth. Berlin 1717.

Ja = Jbn Jarchi, Ha-manhig. Ausg. Goldberg. Berlin 1855.

Je = Jellinek, Der jüd. Stamm. Wien 1869.

J = Jeschurun. Herausg. v. Kobak. VI. 1868.

Jeschurun. Herausgeb. v. S. R. Hirsch. VII 683 ff. (Die
    Juden in China.)

Internationales Archiv f. Ethnographie. Leiden-Prag 1891 IV,4.
    (Jacobs über die Beschneidung.)

Joël D., Der Aberglaube und die Stellung des Judenth. zu
    demselben. Breslau I. 1881; II. 1883.

Jos = Josef Omez. Frankf. a. M. 1723.

Jospe Jift. Jos., S. Ma'asch Nissim ed. El. Liebermann.
    Frkfr. a. O. 1702.

Jost, Eine Familien-Megillah aus der 1. Hälfte des 18. Jahrh.
    (Jahrbch. f. Gesch. d. Jud. II, II.)

Journal of the anthrop. Jnst. of Great Britain 1885/6 und 91
    (Jacobs).

Jwöl, Jüd. Sprichwörter und Redensarten. 1871.

Kaidenover Zebi, Hirsch b.Aaron Sam., S. Kabh ha-jaschar.
    Frkf. a. M. 1709—10.

Ka = Kalisch L., Bilder aus meiner Jugendzeit. Lpzg. 1872.

Kayserling M., Bibl españ.-port.-jud. Strassbourg 1890.
    — , Jüd.-span. Gedichte (M. VI. 1857).
    — , Refranes ó proverbios españoles. Budapest 1891.

KI   Kirchner P. Chr., Jüd. Ceremonial. 2. Aufl. Nürnberg 1726.
K'neset Israel I 1886 (Tannenbaum, Abr.)
Königsberger, Aus dem Reiche der altjüdischen Fabel. (Zeit-
    schrift d. Vereins f. Volkskunde 1896.)
Kohn S., Der Prophet Elia in der Legende. Breslau 1863.

K.   = Kompert L., Ghettogeschichten. Hambg. 1866.
Kom   — , Böhmische Juden. Hambg. 1866
Krafft C., Jüd. Sagen und Dichtungen.
Kulke E., Aus dem jüd. Volksleben. Hamb. 1869.
Landsberger Jul , Heidn. Ursprung des Brauches, zwischen
    Ostern und Pfingsten nicht zu heirathen. Breslau 1869.
Leinwand, Óse m'simmot. Lembg. 1876.
Leon Modena, Historia degli riti hebraici. Parigi 1637.
    (— di riti —) Venetia 1688. Leon de Modena,
    Ceremonies et costumes. A la Haye 1682.
Leo — — , Kerk-Zeeden en de Gewoonden. Amsterd.
    1693 (Sehr beachtenswert die Bilder S. 116. 128.)
Leroy-Beaulieu, Israel chez les nations. 1893.

Lw   Lewysohn A, M'kóre minhágim. Berl. 1846.
Lieu d'Israel VII, 76 ff. (Juden in China.)
Lippe C., Ghetto der jüd. Namen. (Neuzeit 1871.)
Löw, Lebensalter (Benchananja, Lpz. 1844.) Szegedin 1875·

Lö   Löwenstein L., Geschichte der Juden am Bodensee. 1879.
L.   Lombroso C., Der Antisemitismus und die Juden. Deutsch
    von Kurella. Lpzg. 1894.
Lotze, Zur jüd.-deutschen Litteratur. (Archiv f. Litteratur-
    gesch. I. 1870.)
Luschan v., Die anthropolog. Stellung der Juden. Berl. 1892.
Maase-Buch. Wilmersd. od. Rödelheim. 1753. (Auch bei
    J. Weil, H. Hurwitz, C. Krafft, M. Sachs, L. Liber.)

Maa   Maase-Buch, ein schön. Dyhrenfurt 1709.
Magazin f. die Wissenschaft des Judenthums. 1891. S. 299.
    (Leinen.)
Magazin f. die Litteratur d. Auslandes. 1861, No. 1 ff. (Die
    Juden in Jemen.)

Man   Man. ben Israel, Nischmat Chajjim.
Margaritha, Der gantze Jüden Glauben.
Matthäi, Sabbath.

Ma   = Mayer Bonav., Das Judenthum in seinen Geboten. Regens-
    burg 1843. (S. 554: die ältere Litteratur.)

Majern Chr. Paul (gewes. Rabbi), Derer heutigen Juden
    Ceremonien. Wittbg. 1678. 1682.

Mieses, Kinat ha-emet.

Minden G., Zur Volkskunde der Juden. (S.-A. aus der Allg.
    Ztg. d. Judenth. 1896.)

Mi   Minhagim (von Eisek Tyrnau). Jüd-deutsch. Amst. 1723.
    2. Ausg. 1728.

    (And. Ausgab. 1) Frankfrt. a. M. 1717 mit and. Kupfern,
    so S. 2 b das Besomim-Kästchen, 9a Kidduschbecher
    eine Hochzeit, wobei die Tracht der Frauen bemerkens-
    wert. 2) Homburg a. d. H. 1729 und 3) Frkf. 1707
    haben dieselben Kupfer. Vorzüglich sind sie in
    4) Amst. 1662 [viel hübscher als die ersten sein
    gewesen, das wert man wol merken im Lesen], u .a.
    eine Trauung im Talith ohne Unterführer. In
    Amsterdam noch 1707 eine Ausg. [Alle in der Hambg.
    Stadt-Bibliothek.])

Mohr, M'bhasseret Zijon.

— , Kolbo l'Purim. 1855.

M   —   Monatsschr. f. d. Wiss. des Judenthums.

Mornand F., Die Juden in Algier....

Müller J. D., Ma'asijòt.

Nascher, Die Sentenz bei Juden und Arabern. 1868.

Neubauer, Die Sage vom ewigen Juden.

N   Neumann B., Die hg. Stadt. Hbg. 1877.

Ob   =.   Obernberg u. Bretzfeld, Kultus der Juden. München 1818.

O (L) -   Orient Der, (Litteraturblatt.) Herausg. von Fürst, Lpzg. 1844
    S. 347. („Die Pest in Prag", vollst. in der Hambg
    Stadt-Bibliothek.) 669. (Jellinek, Hebr.-span. Volkslieder)
    733. (Asher, hebr.-provenç. Volkslieder.) 770. (Elsasser A.,
    Nacht-Leinen.) 1845. S. 90. (Jellinek, Uebers und
    Umschreib. des von Herrn Asher mitget. hebr.-franz.
    Volksliedes.) 619. (Jellinek, Persisch-hebr. Lied.)

Pascheles, Sippurim. Prag 1853.

P H =. Perles Jos., Die jüd. Hochzeit in nachbibl. Zeit. Lpzg. 1860.
    (S.-A. aus M. IX.)

P   =   — , Die Leichenfeierlichkeit im nachbibl. Judenthum.
    Bresl. 1861. (M. X.)

    — , Etymol. Studien z. Kunde d. hebr. Spr. u. Alter-
    thumskunde. Bresl. 1870. (M. XIX.)

Perles Jos., Zur rabbin. Sprach- u. Sagenkunde. Bresl. 1873.
— , Rabbin. Aggadah in 1001 Nacht. Bresl. 1873.

Pf. =: Pfitzer, Beschreibung des jüd. Sabbaths. Nürnb. 1751.
Polak, Persien I, 23.
Rabbinowicz J., Der Totenkultus bei den Juden.
Rahmers Litteraturblatt.

R. Rée, Die Sprachverhältnisse der heutigen Juden. Hbg. 1844.
Reinach, Un épistole de la vie des juifs polonais au XVIII.
siècle. Paris 1891.
Reiskii (Joh.) Theocratia. Jen. 1670. 4.
Remy Nahida, Das jüd. Weib.
Review, Calcutta, 1891. (L., Poligamy among the Jews.)
— , The Scottish, 1891. (Conder, the oriental Jews.)
Revue des études juives. Jahrg. IV (Neubauer): 1890/91
(Perles.)
— , des traditions populaires. Paris 1891: Heinecke,
le Carneval des Juifs galliciens.
Rittangeln, Hochfeierl. Solemnitäten.

Ro -- Rosenmann M., Darstellungen aus dem innern Leben der
span. Juden im XV. Jahrhd (Mag. f. d. W. d. Jud. 1892)
Roskoff, Gesch des Teufels. Leipzig 1869. I. 244 ff.
Saphir Jak., Ebhen Sappir. I. Lyck 1866: II. Mainz 1874.
(Vgl. Zeitlin, Bibl. Post Mend.)
Schikart W., Purim sive Bacchanalia Judaeorum. Tüb. 1634.

Sch Schudt, Jüd. Merkwürdigkeiten. 1714 (Vgl. M. XLI, 410)
Schulkowitz, Merchób J'hudim.
Schulmann, Harel.
Schur, Erez ha-Kedem.
— , Reisebilder aus dem Osten.

Se — Seeligmann Chr. G. (getauft), Jüd. Ceremonien. Hbg. 1722.
Seligkowitz M., Jüdische Vorpesach. Jüd -deutsch. 1891.
(Vgl. H B. XXI, 92.)
Silberbusch D. S., Sikhronot.
Simonis R. exercitatio . . . ceremoniarum Judaicarum cum,
disciplina ecclesiastica. Lat. von Joh. Val. Grossgebauer.
Rostock und Frkf. a. M. 1693. (Auch franz. bezw. holl. in
den Ausgaben des Leo Mutinensis von 1682 bezw. 1693).
Sneersohn, Palestina and Roumania. (Vgl. H B. XI., 35,
XII, 28. XIV, 31.)
Spector M., Hausfreund. Warschau 1888/9.

St Steinschneider, Die fremdsprachl. Elemente im Neuhebr.
Prag 1845

Steinschneider, Die jüd.-deutsche Litteratur. (Serapeum
1848, 1864, 1869.)

— , Die Volkslitteratur der Juden. (Archiv f. Litteratur.
Lpzg. 1872.)

— , Cat. Bodl p. 324, N. 3426. 560 ff. (Jüd Lieder mit
deutscher Melodie.)

— , Hebr. Handschr. der Hambg. Stadtbibliothek.

Stephanus H., Hypomn. de gallica lingua: 1502. Anhg.:
Mitalerii espitola . . . (Vgl. Grünb. 504.)

Stern M. E, Die Rabbinerwahl von Bunnessl.

Strack, H, Der Blutaberglaube.

T   — Tendlau, Sprichwörter und Redensarten der jüd. Vorzeit.
Frkf. a. M. 1860.

— , Buch der Sagen.

Tyr.   — Tyrnau Eisek, Minhagim, Ven.1618. (Siehe oben unter Mi.)

Urquell,Der,[früher:Am]. Herausg. v.Fried. 8 Krauss.II,5 7.u.s.

V.   Vambery, Die Juden im Orient. (Deutsche Revue 1879
S. 61 ff.)

Volksblatt 1862, No. 7. (Juden in Jemen.)

Wa   — Wander, Deutsches Sprichwörter-Lexicon   Leipzig 1867.
Bd. III S. XXIII: Kaufmann Ignaz Bernstein, Warschau,
hat fortgesetzt Beiträge aus Volksmund und Litteratur
geliefert und durch Bücher aus seiner Bibliothek unter-
stützt. S. unter Goj 1, 7. Christ 17. (s 61.). Juden
22, 24, 39, 95, 96. Judenbraut. Kind 881. 1164. Demuth
27, 29. Moses 22. Schabbes 1, 2, 7. Israel 1, 3, 4, 5.
Israelit 1, 2. Herr 215 (vgl. Weib 513). Weib 1015.
Schlemihl 2 Schlemihligkeit. Narr 2, 3, 7, 8, 9, 22, 23,
26, 1031. Schmu 3. Schande 9, Rebbes. Rabbi I, 3.
15 (11). Rabbiner 3. Rabbinerin 1. Rabbinos Deutsche
(DenPolen hintergeht...) Leidenschaft (A Jezer-hore...)
Leihen 25. Meiwin. Mejüches. Litauer 1, 21. Polen 2, 7.
Makes Macke 1, 2. Meraine. Messe 29. Meloches.
Maschken. Masematte 1. Massel Sod. Spucken. Sreif.
Schickse.

W H B Z, Rotwelsche Grammatica. Frkf. a. M. 1704.

W.   — Winter und Wünsche, Die jüd. Litteratur. Trier 1894/96.
III S. 461. 856.

Wittkind, Kadmoniot.

Wünsche, Ein Blick in die Sagen des Judenthums. (Voss.
Ztg. 1880, Sonntg.-Beil. 14. 15.)

Wu   Wuttke, Der deutsche Volksaberglaube der Gegenwart.
Berlin 1869.

Zeitung, Allg· des Judenth. 1860, No. 40 ff. (Die Juden in Syrien) 1891. (Mendl, Ueber den Ursprung der Sage vom ewigen Juden) 1897 S. 190 (Pick, Israels. Gebäck.) S. 257 (Placzek, Bilschon.)

ZV. - Zeitschrift des Vereins für Volkskunde. Herausg. von K. Weinhold. Berlin. 1893. (S. 87. Fränkel: Miscellen; H. Lewy, Morgenl. Aberglaube in der röm Kaiserzeit; Minden, die Thora-Wimpel; S. 844 ff. Der ewige Jude): 1894 (S. 202: Der ewige Jude; S. 204: Biegeleisen, Jüd.-deutsche Erzähl. aus Lemberg): 1897 (S. 105, 140 ff. No. 19, 23, 61, 71, 72, 85, 86, 87, 88, 92, 94).

Zeitschrift für deutsches Altertum. 1891. (Solomosagen.)

— für Geschichte der Juden in Deutschland II. (Rosenberg F , Der jüd.-deutsche Dialekt).

— für Ethnologie, Jahrg. 25, 565; 27, 478 ff.)

Z. Zunz, Die Namen der Juden 1837.

— , Die Riten des synag. Gottesdienstes. Berlin 1859.

Sonstige Abkürzungen.

Bad		Baden.
Br.		Br. (Zalosce u Brody in Galizien) in Hamburg
D.	-	Oberlehrer Deutschländer (Ungarn) in Hamburg.
H.		Hamburg.
Hamb. Port.	-	Portugiesen in Hamburg und Altona.
HBL.		Dr. H. B. Levy (Hamburg).
Kiss		Kissingen.
L	—	Kantor Landau (Hamburg).
M.		S. Mündheim (Dransfeld b. Göttingen) in Hamburg.
Os	—	Ostrowo (Dr. Laser, Berlin).
O. S.	—	Oberschlesien.
Os·fr.	—	Ostfriesland.
Pol.	·-	Russ.-Polen, bes. Lenczic, (meist Saul Kohn, Hamburg)
S. D.		Süddeutschland (hpts. Baden).
Schl.		Schlesien.
W.	—	Rosa Weissmann in Tirgu-Okna (Rumänien).
Wiss.		Wissoker (Litauen) in Sterbfritz (Kreis Schlichtern).

I. Namen und Mundartliches.

1) Sprache der Juden.

„Die Juden sind sprachliche Amphibien."
Steinschneider.

1. Die Falascha[1]) sprechen Huaraza oder Kwara, unter sich gebrauchen sie die Agausprache. Ihre religiösen Lieder u. s. w. zeigen ein Gemisch des Geez mit ihrer eigenen Sprache.

2. Die Portugiesen in Hamburg sprechen unter sich noch heute das Platt.

3. In Deutschland[2]) sprachen die Juden vor ihrer Vertreibung nach Polen, also bis in das 14. Jahrhundert etwa, ein reines Deutsch, allerdings, was bei den vielen Kunstwörtern unvermeidlich, mit hebräischen Brocken untermengt. Die Juden in Westdeutschland, besonders am Rhein, sprachen und schrieben das Deutsche wie Franzosen. In den oberitalienischen Gemeinden hielt das Deutsche dem Italienischen lange die Wage. Selbst in Jerusalem sprachen die Juden bis zum Ende des 15. Jahrhunderts alle deutsch. Auf der Flucht aus Polen, um die Mitte des 17. Jahrhunderts, brachten die Verfolgten ihr altes Deutsch mit, nur vermischt mit slavischen Wörtern. Dieses Deutsch heisst Judendeutsch. Gewöhnlich nennt man es Jüdischdeutsch, was jedoch, genau genommen, eine Schrift, nicht aber eine Sprache

---

[1]) Die Juden in den slav. Ländern sprachen bis ins 13. Jahrh. slavisch. Ueber das Djoe-tongo in Surinam s. An 102

[2]) Vgl. Sch. II 292. Wolf Biblioth. hebr. G. I. 111, 148, 276. III 9, 288, 292. St. 31. H. B. XI, 16. XVI, 100

Grünbaum, N. Beiträge zur sem. Sagenkunde, Leiden 1893, S. 242. Ders., Jüd. deutsche Chrest. 536, 567, 570, 571, 578 f. An 105, 109, 116.

bezeichnet. „Mauscheln" nennt man dieses Deutsch mit demselben Recht oder Unrecht, wie deutsche Mundarten, wie das
Frankfurter, das Kölner u. ä. „Deutsch." Deshalb fällt auch
in solchen Gegenden das „Mauscheln" weit weniger auf, als in
dialektfreier Umgebung.

Der Vokalismus des Judendeutsch, sowie die Namen der
polnischen Juden, wie Laudau, Schpire, M(a)inz, Heilprin u. ähn.
weisen auf oberdeutschen Ursprung hin, ,dem wir ja auch den
grössten Teil der deutschen Literatur verdanken.

Naturgemäss giebt es in dieser, wie in jeder, Mundart verschiedene Färbungen, je nach den vokalischen Verschieden-
heiten und nach dem Ueberwiegen fremdsprachlicher (meist
archaistischer) Elemente. So unterscheidet man ein Polnisch-,
ein Holländisch-, ein Englisch-Deutsch. Aehnlich steht es um
das Jüdischspanisch oder Ladino.

4. In Ungarn schwindet das Deutsche unter den Juden
immer mehr.[1] 5. In Jerusalem sprechen die Sefard. meist spanisch.
Nur die Ureinwohner Jerusalems, Moriskos und die aus
Tunis, Algier und Marokko sprechen gewöhnlich das Arabische[2].

2) Aussprache des Hebräischen.[3]

1. In Samit (Lithauen, Gouv. Mohilew) können die Juden
nicht das ש (Schin) aussprechen. Man nennt das: „Samiter
Sprach." Wiss.

[1] Noch etwa 1483 fand man in Ofen französ. sprechende Juden,
die bereits im 14. Jahrh. eingewandert waren. Bergl. 89.
[2] N. 36.
[3] Ueber die Aussprache der Spanier auf der einen und der
Deutschen und Franzosen auf der andern Seite s. Profiat Duran Maase
Efod (Wien 1865) S. 37, 175 f; über die der Christen s. Samuel Berger,
Quam notitiam linguae hebr. habuerint Christiani med. aevi in Gallia
(vgl. R. D. E. J. 1894 II.), Bacher, Abraham ibn Esra als Grammatiker
S. 54 (vgl. 37, 63), G I, 38; die englische R.D. E. J. IV, 255 (vgl. XIX,151).
Die frühen Beziehungen der Juden zu den Syrern scheinen sich, wie in
den Punktationssystemen (s. Geiger in Z. D. M. G. XXV 273), so auch in
den beiden Grundtypen der Aussprache des Hebräischen wieder zu-
spiegeln. (Vgl Brü II. 158 ff über ר.)

2. Die Portugiesen sprechen: Eljasib, Sealtiel, Samuel.

3. Die Friedrichsstädter und Oberschlesier sprechen das ח wie ה.

4. Die Süddeutschen sagen: Bacher, Kahal, Zere = eï, o = au, Chawer, Neschires (aber: Auscher).

5. ע in Hambg. = ng (port).

6. Die weissen Juden in Cochin sprechen ק wie ח und ח wie א.[1]

7. In Jemen[2] herrscht peinliche Genauigkeit der Aussprache, sogar bei ג und ד, entsprechend dem Arabischen. Auch in Syrien und Bagdad wird die verschiedene Aussprache des ד streng beobachtet. Ueberhaupt ist die Aussprache der Juden, die unter Arabern wohnen, eine sorgfältigere.

8. Die Vokale sprechen die Juden in Jemen z. T., so Kamez, Patach, Cholem, wie die Aschkenasim, z. T., so Zere, sefardisch, Segol wie Patach. Das Schewa mobile wird 1) vor אהחע deren Vokal assimilirt, z. B. וַיֹּאמֶר יַאָמְרוּ; 2) vor י stets mit Chirek, z. B. בְּיָד, 3) sonst wie Patach gesprochen.

Richtiger, als die gewöhnliche, ist auch ihre Vokalisation רָת, nicht רַת, גְּבָרָא nicht נְבָרָא.

9. Die polnische Aussprache unterdrückt das Sch'wa mob., macht aus a — e, aus ô — ou. Klassische Quelle: Goethe.

10. In Hamburg Z für S, z. B. Zucke für Sucke. In Frankreich, nach Elia Levita, wiederum ע = ם. Süddeutsch ב = f, norddeutsch = w.

11. Die Italiener[3] schreiben d für ת rafe, und es ist hierbei zu bemerken, dass die Christen sich in der Aussprache nach Reuchlin, dem Schüler des Italieners Obadja Sforno, richten.

---

[1] Saf II 59.
[2] Saf I 54.
[3] H. B. XIX, 71.

3) Charakteristische Ausdrücke.

1. Bensaun=Benschen. P. H. 2. Tumba=Sarg. 3. Cavador =Grab. 4. Vater selig. 5. Plätten. 6. Breter. 7. Bluter. 8. Schlechter Kaf. 9. Schlechter Zaddik 10. Uppe Nin. 11. Geschlossen Mem. 12. Kemachdik. 13. Milchding. 14. Gitter Bruder=Verwandter. 15 Tauwe thun. 16. Schnodern. 17. Belacht. 18. Sollst bedankt sein. 19. Cheilev (das Beste). 20. Pätsch. 21. Eine D eie haben. 22. Schmodder. 23. Leinen. 24. Das kann ich nich helfen. 25. Mechulle-, Pleite- (Kappore-, Klije-)[1]) gehen. 26. Harber Rambam. 27. Schwaches Wetter 28. Deworim roïm. 29. Freizenachts (Freitag zu Nacht) P. 30. Speessnacht (-Abend) S. D. 31. „De Sach gradlegen" (auseinandersetzen). P. 32. Bowel (Buwel. Pol.). Vgl. T. 176. 33. Schicker, Schickernizze. Schlemasel, Schlemaselnizze. 34. All's in einem (fortwährend). 35. Fennich (Pfennig). 36. Sich verkilen (erkälten). 37. Sich b'dalles geben (selbst verarmt machen). 38. Sich ältern (altern). 39. Bekuken (betrachten). 40. Kisewnik (Lügner). 41. Benaut. 42. Miess (hässlich). 43. Chanje[2]) = (Chanucka) Spass. Cheencher. 44. Knellgabbe[3]). 45. Kissler (כיס)=Taschendieb. S. D. 46. Hild (Hildigkeit) = schnell. H. 47. Power. 48. Pege.[4]) 49. Bilbulim.[5]) 50. Gamlen (Fkfrt.) Gethue. 51. Mensch, Menscher. 52. Rudd'ln.[6]) 53. Anbeissen. 54. Dalles (ein jüd. Wort, kommt auch bei Christen vor). 55. Jischrew (Weiler[7]). 56. Hühner-Brät[8]) (Ohnmacht), Hühnerplett[9]). 57. Kränk. 58. Urteil des Bauches[10]). 59. Schneiden=Schächten (Berlin). 60. Er chappt a Begrub (wird geschlagen). Er chappt a Maklerei. Er chappt a Gläsel Waan Er chappt a Unbässen (Mittagessen). Er chappt a Waab (heiratet). W. 61. Schwues = Grün (beim Kartenspiel). O. S. u. s. 62. Pottenkieker (Toptgucker). 63. Verhutzelt. K 73. 64. Wer ist lebendig geworden? K 188 (für gestorben?), wenn der Schulklopfer die zwei Schläge that. 65. „Bimälicl." (erinnert an poln. pomalu. (Vgl. T. 125). 66. Stiffen! (Vgl. T. 128.) (In Pol nur von den Be-

---

[1] Mi 25. [2] T. 51. [3] T. 62. [4] T. 115. [5] 116. [6] 361. [7] 376. [8] Sch 355. [9] G. 1 212. [10] G I 56, 120.

ziehungen zwischen den beiden Geschlechtern. wohl von שִׁרְפָּה
(s. Aruch). 67. Sochen (lithauisch) = Suchen. (Vgl. T. 134. „Die
grosseSoch!" (pol Soke = Hündin.) Vgl. unten „Sprichwörter" 136.
68. Drap (= Schlingel) Pol. Vgl. T. 176: vom franz. drap? (etwa
wie „Strick") 69 Stoch (in den Schabbes machen). Pol. Vgl.
T. 208. 70. Mein Sorg! H. 71. Ascher Jozar-Papier. 72. „Sich
jachten" (ärgern). Kom. I 296. 73. Er hot sich a Schüwer aran
genimmen. Pol. (Vergl. T. 376.) 74. Jech hob em gegeben a
Jug in die Zähn aran (Maulschelle). Pol. 75. Mameschi
(Mütterchen. Vgl. russ. Mamarza). Pol. 76. Chasern (wieder-
holen). 77. Er hot sech bechasert (beschmutzt). Pol.

4. Namen.

> „Drei Namen hat der Mensch einen geben ihm
> Vater und Mutter, einen die Menschen, und einen
> erwirbt er sich selbst." Midrasch Tanchuma.

a. Familiennamen.

1. Portugiesische (in Frankreich[1]) (Furtado, Rodrigues,
   Azévédo, Raba, Lopez, Gradis, Pereyra,
   Venture, Andrade, Silveyra,
   „ (in Hamburg) Delmonte, Dacosta, Piza,
   „ (in Smyrna) Benezra
   „ (in Avignon) Brandon (auch in Altona)
   Allegri, Vidal, Seigre, Vieira, Pasto,
   Lattard, Ducas, Cavaillon.
2. Arabische (in Marseille[2]): Sciama, Altaras, Benaïm, Foa.
3 Viele Familien nach Frauen benannt, bes. in Prag:
Blumes, Pascheles, Mireles u. s. w.

[1] C. 25 ff. [2] C. 31.

4. Goldschmidt's sind meist Leviten (vgl. Neh. 3, 31). Manche Levi's sind keine Leviten. (Pos. Hbg.)

5. Preuss, Oesterreich, Hessen, „Zigeuner" (in Prag: die „Zigeunerschul").

6. Götz (= ? Ger Zedek), Cardinal, Josef Escapa.

7. Naftali Altschul, Meschorer[1]) (Wien).

8. Römische: Malach, Delmonte, Beruchim[2]).

---

b) Vornamen.
I. Männernamen.

1. Arabische:

האריז, יוסף, (עובדיה), עיועי (סעדיה), סעיד (זכריה) יחיא, (שלמה[3]), סלימאן (שלום) סאלם (דוד) דאהוד, מיסא.

2. Die Falascha nehmen ihre Namen:

1) aus der Bibel (in äthiopischer Aussprache):

זרובבל בן יעקב,

2) aus dem Äthiopischen (nicht wie die christlichen Abessinier nach Heiligen oder Engeln): Befekadu (durch Seinen Willen), Kidanu (Sein Bund).

3) aus der Agausprache: Sachuyan (mitleidig).

3. Rumänisch:

Name des Vaters:	Name des Sohnes:
Avrum	Abramowitsch
Itzig	Itzkowitsch.
Aron	Aronowitsch.
Moische	Moschkowitsch.
Bercu	Bercowitsch [vitz].
Alter	Alterescu oder Altersohn.
Lasar	Lasarowitsch.
Schmil	Schmilowitsch.
Chaim	Chaimovitsch oder Chaimsohn.
David	Davidowitsch.
Schloime	Salmanovicz.
Sender	Senderovicz.

[1]) O. 1844, 131. [2]) Hi d. 167. [3]) Saf 1, 99. Einem deutschen Namen entsprechen oft viele jüdische Namen; z. B. Seligmann: אבן עזרי, גרשון, פנחם. יצחק, חיים. ראובן. שמריה

Name des Vaters:	Name des Sohnes:
Levy	Levisohn.
Jankel	Jancovicz.
Leb	Lebovicz.
Nuss	Nathansohn
Hersch	Herschkovicz.
Jossel	Jossipovicz.
Schimsche	Simsonsohn.
Mejer	Meiersohn.
Lebel	Lebelsohn. W.

4. Deutsche: Mordche, Genendel, Kosmann (Jekuthiel)[1]), Akiwe, Schimoń, Schaul, Jisroel, Pinchas.

5. Galizische: Avromcze. Aren, Alter[2]) (Sede, Liber), Jankel, Löbinje, Moidje (öster. Mordge), Rachmiel, Ammiel

6. Hamb. Portugies.: Saki (Isak), Munne (Salomo), Chajim (Löb), Lautsche (Elijahu), Sifi (Eljasib).

7. Ober-Schles: Eber (Abraham), Aiern (Aharon), Leser, Löser, Lauser, Lesser, Leiser (Laser), Schlamke (Salomo), Sch'maje (Simon), Schole (Saul), Isser (Israel), Pinkus (Pinchas).

8. Russ. Polen: Mott'l (Mordechai), Kiwe, Kibusch, Kiwele |österr. Kiwiche| (Akiba).

II. Frauennamen.

1. Portugiesische in Hamburg: Beki (Rebecka), Ratsche (Rahel), Ake (ital.), Natsche (Channa), Alegra, Simmi (Simcha), Nitsche (Benvenida), Luna, Angela, Judit.

2. Deutsche: Henle (Channa), Diana,
     „   in Baden: Bisseles, Jachad, Hefel.

Sally bezw. Selly bald masc., bald fem. in Hamburg bzw. Hannover.

Wenn das Mädchen hässlich, nennt man es: Schönchen[3]), wenn bös: „Gutchen",

---

[1]) Vgl. Z. 168. [2]) Vgl Senior. [3]) Scheincher für Jennychen?

3. Slavische[1]): בּילא (Biale. Pol.) בּהדֿאניא, Duschak (auch masc.), מירקא, לאדֿא, חוואלא, זלֿאטא, דֿאברוש, oder מירל, צערנא, פֿאווא, סלֿאווא (Czarne. Pol.)

4. Römische: Frescha, Rosa[2]).

5. Arabische[3]): נצרה (Stern) נזמא (Stern), ליֿלו (Perle), האמיאמא (Taube). חסינה (Schöne).

---

c. Spitznamen und ähnliches.

> „. . . . da kamen kleine Kinder heraus
> . . . . und verspotteten ihn: Komm'
> herauf, Kahlkopf! . . . ."
> II. Könige 2, 23.

1. Polnische: Avrum Ochs. Schauel mit der Kille (Bruch).
   Berel Kelbas („Schweinewurst", vgl. ein „Treifenick'.
   Salme Selner (in Militärsachen erfahren) Moische
   Krümmkopp (hält den Kopf schief). Wolf Poër (Bauer).
   Moische Geier (Bote). Alje Loch (Heildiener). Nussen
   Gonscher (ganszor = Gänserich, hat einen langen Hals).
   Simche Ochs, Riwen Pijock (Trunkenbold poln.). Beileche
   Kosek (= Kosak, freches Wesen). Chane, die Pischkeggabbete
   (puszka=Sparbüchse, geht mit der Sammelbü:hse) Ruchel,
   die Lekechbeckern. Jisruel Kolten (Koltun: Weichselzopf).

2. Oberschles.: Jokel[4]) Trenner; Gedalje; Moische Militär;
   Schmock achtzehn: Brait Mejer: Jokel-Hans[6]) (Spieljokel,
   Alte „Jokle"=Jokele?.)

3. Süddeutschland: Reb Jazmach (oder Jassmann-Josselmann?), Herschje Gannev.

4. Hamburger: Aaron Pulverloch: Binjomin Kokulorum:
   (Taschenspieler[6]); Schmulche Sauer : Modche Hosenträger[7]);
   Solmechen Kanaun; Moische Leimer: Torf Jankeb;
   Reb Hasch Kolwechol; Josel Kuppernees; Schimmenche
   Possenmacher; Dowidche Pferd; Mosche Mamsell[8]);
   Awrohom Chelev=T . .s; KleinSeckelche אסיר לדֿבר
   (Hosenk . . . . .?).

---

[1]) Harkavy, die Juden und die slav. Sprachen, 1867, S. 2⁵. [2]) Hi. d. 167. Vgl. Ascoli, sepoleri Napolitani 15 f. [3]) Saf. I 59 ff. [4]) Vgl. T. 125. [5]) O.18, 44 22. [6]) Vgl O. L. 1844, 27. [7]) Vgl. Maa No. 158. [8]) Vgl U VII 120.

5. Frankfurter[1]): Abraham zum Drachen; Hindle zum
fröhlichen Mann u. a.

6. Rumänische: Basil Botusat[2]) (B.=der Getaufte) heissen
alle getauften Juden in der Moldau. Moische Pipek
(weil er einen sehr grossen Leib hat LebStirb (weil er eine
gespaltene Lippe hat). Jankele Smark (weil immer
unrein unter der Nase). Moische Parch (weil unrein
auf dem Kopfe). Awrum der Goj (weil Samstag raucht.)
Sisse Meschimed (weil auch am Samstag Wasser
führt.) Hanne, de Roite (weil rote Haare). Jankel
Credincsios hiess ein frommer Jude (Credincsios heisst
auf rumänisch beglaubt, treu). Uscher Blank (weil
immer ohne Geld). Alter Klejer (weil aus dem Dorfe
Klej stammt). Lapziger nennt man den, der Stoffe etc.
zu verkaufen hat, von Läpzig, Leipzig). Hanne, de
Bube (Hebamme). Moische „Willech." (In Monesti,
wo jeder einen Spitznamen hat, lebt ein junger Mann
mit seiner Frau „auf Kost" bei seinen Schwiegereltern.
Auf die Frage „Wos thüst de, Moischele?" antwortete
er: „Wos ech well, dos thü ech; well ech, ess ech;
well ech, schluf ech." Daher heisst er „Willech."[3]).
Mejer Fleandra (der Zerfetzte). Avrum Kirnitsch
(Stumpfnas'). Itzig Officier (weil er vor 50 Jahren Soldat
war). Avrum Tschaschke (T. = Tasse, weil er ein
Säufer). Littmann Tschimpoi (T. = Dudelsack, weil er
ein schlechter Musikant war). Noiech Pfaafele (Nasler).
Chutzeschamisl heisst der Synagogendiener, weil krumm
und klein.

7. Varia: Pimpele Gefen. M. Ipetje mit dem Regen-
schirm. H. Rosalie, geb. Kuschnitzky, wenn man beim
Skat rot tournirt. O. S. „Krupp" (Krupniok) Ka. 40.
Und wenn schon! Weint Meierche! O. Schmulche muss
nach Leipzig! Pol. Ka 73. Aaronche Hopser. Ka 135.
Dina Läuferin. Ka 1·1. Fradel, die Seelenchapperin
Kom. I 322.

[1]) Sch. II. 14. 71. 85. 158. 167. 175.179. [2]) O. 1844, 77. [3]) Vgl. T. 379.

8. Spottverse.

1. A jeder Schmul is a Naar[1]).

2. As se heisst Händel,
   Känn ich essen aus ihren Pfändel. O. S. u. Pol.

3. Moischele, Koischele! Dauner Diedel!
   Fifzig Grázer kost a Fiedel,
   Zwanzig Grázer kost a Bass,
   Moische werd zuhlen drei Rhänisch' Knass. Br.

4. Dawid'l mit 'n Strohhütt'l.

5. Sprichwörter.[2])

> „. . . . um zu verstehen Spruch
> und Spottvers." Spr. 1, 6.

1. A Wåb wie a Hòs un a Mann wie a Mòs is noch nischt gläch.

2. Das Ponim is ein Mosser. H.

3. An vier Dingen erkennt man den Juden:
   Die Uhr geht nicht richtig,
   Er kann keinen Namen
   Und kein Datum behalten,
   Er raucht kalt.   H.

4. Wer kann schrâben a Grás,
   Känn åch lasen a Grás.

5. Mule Grásen[3]). Pol.

6. Der rechte Dalles kommt nicht von Gott[4]).

7. Alle Juden haben einen Sechel[5])

8. Wenn die Maus satt ist, ist das Mehl bitter. O. S.[6])

9. Von Tille wächst der Hi . . .re nicht[7]).

10. A jiddische Kischke (= Wurst, poln.) käm' me nischt
    schatzen. Pol.

11. A me kickt, wò me soll nischt (d. h. auf obscöne Dinge),
    werd me heiserek (heiser[8]). Pol.

12. A soi, wie me is zi sieben, is me zi siebezig. Pol.

13. A me schmiert güt, --- steiht me güt. Pol.

14. Chasonim sind Naronim).

---

[1]) U VII 14. Vgl. Sef. chass.: gegen Namen wie Juda, Samuel.
[2]) Vgl. Bleek-Welthausen, Einl. in d. A. T.[4]) S. 516. [3]) Vgl. T. 37.
[4]) Je 173 ff [5]) daselbst. [6]) Vgl. U III 45. [7]) Das. [8]) Vgl. Brü VII S 20.

15. Jeder hot sån Päckel ze trågen.

16. Alle ureme Låt hob'n gitte Lewuwes.

17. A me frégt a Schale, is treife.[1]

18. As zwé Genuwem kriegen sech, kimmt die Geneiwe
   aroës[2]).

19. Wus het der Blinde ze wånen, wenn er kennt seh'n!

20. As me schlågt sech, küscht me sech nischt.

21. A me redt vin Malech,
   Kimmt der Gallech.

22. Mit wus åner handelt,
   Schleppt sech ehm nü'ch.

23. As de Bür't brennt, is de Morde (Schnauze) heiss.

24. A me kriegt sech mit dem Chasen,
   Springt me nischt Kedüsche.

25. As es is einem bescheert a Schlemasel.
   Kimmt es in Bett arån.

26. Alle Simunem geien inter,
   Nor Simen Dalles blåbt.

27. A Gebrühter blust of Kalten[3]).

28. Jedes Teppel hot så Starz'l[4]).

29. Jenem zi l'haches, sech a G'duches.

30. A so lang schlüft der Poer mit de Pa'rte üf en Kischen,
   Bis se hob'n én Gewissen.

31. Wer s'hot in séch, losst vin sech.

32. A Gast of a Wål[5]) seht of a Mål.

33. Wer will Ga'we tråben,
   Müss Weitek låden.

34. As man hat Meies,
   Hat man Deies. (O. S.)

35. Mit den Mee'es kumme die Gee'es.[6]

36. Zu viel Kowed is eine halbe Schand. (H.)[7]).

37. Wer zu gut ist, ist halb schlecht. (H.) (Poln.: Co za wiele,
   to nie zdrowo.)

---

[1]) Vgl U. VII 49. [2]) Vgl. U. III 45. [3]) Das [4]) Vgl. T. 237.
[5]) U II. 131. T. 228. [6]) T. 224 [7]) Vgl T 285.

38. Mir hob'n die Masechte (Toire), un sei hob'n den Derech erez. (H.)

39. Mit'n Jid is gitt Kigel zi fressen[1]). B. H.

40. Was ber (i) en Chicker af der Ling,
 Is ber (i) en Schicker af der Zing[2]). B

41. A Maschken zi versetzen, ün a Choss'n soll men wer'n[3]).

42. E gutter Mensch gehört auf'n gutt'n Ort. O. S.

43. Selbst essen macht fett.

44. Von Essev kommt nur Maaser Stroh. H.

45. Zu Zedoke thun und gut sein kann man keinen zwingen. Pos.

46. Zu Borscht (Krautsuppe) brocht men kå Zähn'. Pol.

47. A me get a Hünd a Finger[4]), well er de ganze Hand.

48. Besser a miesser Fleck, wie a schein Loch.

49. An alter Scharben überlebt an näen Topp.

50. Der schönste Kuwed — a me sitzt in der Heim.

51. Alle Blinde seh'n a ssach, ün alle Luhme läufen geschwind.

52. A me kimmt ibber de Plank (Zaun, Grenze)
 Kriegt me andre Gedank.

53. Wer s'is güt var sich, is güt var andre.

54. Wo der Schänker woihnt, känn der Bäcker nischt woihnen.

55. Af de Eck Zing liegt die ganze Welt.

56. Ên Broigesen losst men nischt über.

57. Bind mech ün warf mech zwischen Manike.[5])

58. Stipp (oder „Schlepp") mech, ech gei gern. (Pol.)

59. A Schloss is ver än ehrlichen Mann,
 Aber nicht ver kèn Gannew.

60. Af Emmes steht die Welt.

61. In èn Stüdt gilt kèn Liggen nischt.

62. A Loch macht a Gannew[6]).

63. Parnusse is Kries Jamssuf.

64. Jerusche (v. a. Luttrie) hot kène Z'loche.

65. Wenn der Balbüs soll nischt hob'n die Misrechwand,
 Werd er entlof'n in Drederan (in der Erd' arån).

---

[1]) Vgl. U. VII S. 14. [2]) Vgl. VII 120. [3]) U. 1897 S. 15. [4]) Vgl. U. II 196. [5]) Vgl. U. III 45. T. 94. [6]) Sanh. 7.

66. Vin kèn Chaserschwänz'l kenn men kèn Strâmel machen.
67. Èn Rock af der Wand is kèn Schand.
68. En Stecken hot zwe Ecken.
69. Der Tochter sogt men, ün die Schnier mènt men[1].
70. Er struft die Tochter in mânt die Schnier. (Pol)
71. Jeder Urem hot e Doren.
72. A bissel is genig in a Ssach is wenig.
73. Toire is de beste (kâ) S'choire[2].
74. A Mädel un a Bocher is a Handtich.
75a. Wenn zwei Dalleisim tanzen geihn,
Wer warft ein? O. S.
75b. Wenn zwei Messim tanzen,
Wer bezahlt die Musik? H.
75c. Wer bezahlt die Lezanim?[3]
76. Vor Dalles isst man Weissbrot. (Kiss.)
77. Wer sich schämt zu essen und zu oren,
Ist hier und dort (in dieser u. jener Olem) verloren[4].
Kassel.
78. Dem Gannew brennt das Fell [der Hut].
79. Wer Butter auf'm Kopf hat, darf nicht in die Sonne
geh'n. H.
80. Wenn der Row aufsteht, springt der Hund auf'n
Stuhl[5]. H.
81. Bä àn klèn Kind ligt die Newie äf der Zing.
82. Alte spei'n ün Jinge kei'n.
83. Durch Plätten und Gesinde gibt man aus Kinder. Pos.
84. Mit der Tochter geht man 'ne Stufe runter,
Mit dem Sohn 'ne Stufe rauf. H.
85. Das Kind ist gestorben, die Gevatterschaft ist aus. O. S.[6]
86. Besser vin die Mamme a Patsch, wie vin a andern a
Küsch. Pol.
87. Iss dich satt, bevor du Kinder kriegst.[7]
88. As men trinkt Awdule, wachst der Bórt.

---

[1] Vgl. U. VII 55 (spaniol.). [2] Vgl. U. VII. 49. [3] T. 293. [4] Vgl. U. VII 49. T. 301. [5] U. II 196. [6] Vgl. T. 230. [7] Je 173 ff.

89. Purim is kein Jontew. Kaddachas is kein Kränk. O. S.[1]
90. Es ist schon eine Ziege am Jomkippur gestorben H.
91. Is der Goj ne'men, is Chaser koscher. H.
92. Schneid am Jomkippur ein Rundstück auf, und es
   springt ein Jid heraus. H.
93. Unter Ketaures muss Chelbene sein. H.
94 Sch'eles fregt man an Pesach[2]).
95. Wenn de Weiber kaschern, so müssen die Männer gehn
   schachern (weil's zu Hause ungemütlich wird,[3]).
96. Scha'ane-rabbe is ăch e heilige Zeit (spöttisch)[4].
97. Das ganze Jahr schicker und Purim nüchtern[5]).
98. Die alten Aweres sind besser als die neien Mizwes. H.
99. Wenn a Naar warft èn Stèn in Garten arân,
   Konnen kèn zehn Klige nischt arûsnemen[6]).
100. Besser mit a Kligen zi verlieren,
   èder mit a Naar zi gewinnen.
101. E ganzer Naar is e halber Nuwi[7]).
102. A Naar soll âs der Bûd arûsgehn[8]).
103. Wenn a ville Stib mit Nerrunim, soll kèn Kliger nischt
   arânkummen.
104. Das is kein Naar, der's mut,
   Aber der's thut. Bückeburg.
105. Mit dem Naarn macht man de Bahn[9]). H.
106. Besser ein gewanderter Naar,
   Wie ein heimischer Chochem.
107. Ein Narr kann mehr einkaufen,
   Als zehn Chachomim verkaufen. H.
108. Besinnt sich der Chochem,
   Besinnt sich der Narr. Pos. O. S. Pol.[10])
109. Der hat im kleinen Finger mehr,
   Als jener im Ganzen[11]).
110a Vin a Naar, hot me Zaar[12]).

[1]) Vgl. U. 49. [2]) Sanh. 101. [3]) J. A. Christiani, Der Juden Glauben. Lpzg.1677.
Cap. III. [4]) T. 833. [5]) U. VII 49. [6]) Je 171. Wa Narr 22. [7]) U. I 66.
[8]) Vgl. Wa 7. [9]) Vgl. Wa Narr 8. [10]) Vgl. T. 298. [11]) Vgl. Ehrmann,
Aus Palâst[2]. 304. [12]) Je 171.

110b. Ein Naar
    Is ein Gesar[1]).
111. A Naar lacht.
112. Ein Narr macht viele zi Naar (macht viele Narren).
113. A Narr kann me nischt ausgenarren.
113a. A Narr wäst me nischt halbe Arbei[2]).
114. Ech well lieber a Patsch vin a Chuchem,
    eider a Küsch vin a Narr.
115. Kinder und Narren sprechen die Wahrheit[3]).
116. Wo ein Narr gesessen,
    Soll man den Stuhl abwischen.
117, Unrecht ist mir lieber als Sch'tus[4]).
118. Wenn ein Narr einen Stein in den Brunnen wirft, können
    ihn zehn Chachomim nicht wieder herausnehmen.
118a. A föler Sch'liach is a halber Nuwe. Pol. Vgl. T. 301.
119. Auf einen Narren ist kein Perusch zu machen[5])
120. As der Klesmer konn nischt spielen[6]),
    Sägt er, die Medlech kennen nischt tanzen [und umgek.].
121. As es is nischt da kèn Mèden[7]),
    Tanzt men mit Schickses.
122. A miesse Mäd tür me kä Küsch geb'n. Pol.
123 E Kauhen tör nischt zu e Misse geh'n.
124. Regen bei der Chuppe.
125. Der Chosen hot gegessen verbrannte Kasche (Buchweizen).
126. Geheirat is leicht, gewirtschaft is schwer! H.
127. Gott sitzt oiben in pü'rt inten. Pol.
128. A Schnier is a Stick Schwieger. Pol.
129. A Êdem is a Stick Schwäer. Pol.
130. E schlecht Wáb is ärger wie der Toid[8]).
131. A Jiddene hot Manns Red.
132. As Sûre (assoro) is zehen,
    Is Rivke ellef.
133. A schein Wáb is halbe Parnusse. Pol.

[1]) Wa Narr 3. [2]) Wa Narr 9 [3]) Wa Kind 881. [4])Wa Narr 22 [5])Je das Wa 26. [6]) U. II 131. VII 15. [7]) U. II 96. [8]) S. über die Frau im rabbin. Sprichwort Brü a. a. O. 71, 76, 100,120, 124,129, 218,230, 235, 239.

134. Wer s'hot lieb s' Wâb, hot lieb de ganze Meschpoche. Pol.

135. Zwischen Mann ün Wâb ârt a Katz.

136. Soke [Laubhütte] schehoje guwoa meiesrim umu psule,
P'sule [Jungfer] schehoje guwoa meiesrim schunu Soke
(Hündin). [Sic!]

137 Alle Mädchen sind minnig. H.

138. A men fregt,
Blonset men nischt.

139. Uf en Schâle
Is en Tschiwe.

140. En Sod is git zwischen vier Äugen.

141. Maschken babais
Is' scholem bekeschene.

142. Redden is wert hindert Gilden,
Schwâgen is wert zweihindert Gilden[1]).

143. Kick ün och ün schwâg!

144. Wenn Di host a schwachen Kopf,
Sollst Di in die Hitz nischt gehn.

145. A des Ox is vor a Groschen,
Ün der Groschen is nicht dû.

146. E Goj is tref, un der Grâtzer is koscher.

147. Nischt gehn un nischt fuhren,
Hot men kên Charote nischt.

148. As zwê sogen schicker,[2])
Soll sich der Dritter legen schloifen.

149. Vun kên Alen [Eilen] nischt
Kimmt kên Gitts arûs.

150. Hab mich e bissche lieb,
Aber hab mich lang lieb! Bückeburg.

151. As men Der gibt, nemm!
As men Der nemmt, schrei! O. S.[3])

152. Wo man Dich gerne sieht, geh' selten hin,
Wo man Dich ungern sieht, geh' gar nicht hin! O. S.

153a Wegen Parnosse wegen
Tanz ich mit Joschekleben. O S.

[1]) Vgl. U. IV 181. [2]) Vgl. U. II 06. VII 14. [3]) Vgl. U. III 45.

153b. Auch mit Jossef Leb tanz' ich,
   Um ernährt zu werden. H.
 154. A me brächt den Gannev,
   Schnät me ihn ab vin de T'lie [Galgen]. Pol.
 155. Meschanne mokem
   Meschanne massel. B.
156a. Viel Meloches,
   Wenig Broches[1]).
   b. A Ssach Meluches,
   Weineg Bruches.
 158. A Sod var a Minjen Menschen. Pol.
 159. Soll ech essen Chaser,
   Miss es mer rinnen über'n Mau'l.
 160. A d'host Kinder in de Wiegen,
   Loss Låt zefrieden! Pol.
 161. A me hot S'choire,
   Hot me ka Moire.
 162. Wer schteit hinter de Wand,
   Hört sån eigene Schand.
 163. Wer sech verseht in de Zåt,
   Hot in de Noith. (Pol : Kto puźno przychodzi, sam
   sobie szkodzi²))
 164. Frih gesattelt, spåt geritten.
 165. Wås wollfèl is tå'r.
 166. A biss-l in a bissel
   Macht a ville Schissel³).
 167. A me leigt gitt arån,
   Nemt me gitt aroës.
 168. Soi wie me bett sech, schlüft me.
 169. Wie me sech vornemt, helft Gott.
 170. Gott wärmt, nåch de Kleider.
 171. A me kenn nischt arüber, müss me arünter.
 172 Besser der erste Roiges wie der andere.
 173. Ti der a'n dem Hüt, de Lås kennen dem Katter
   kriegen!

_____
¹) Vgl. T. 186. U. VII 49. Wa. ²) Vgl. T. 300. ³) Vgl. U. II 163.

174. A me leigt sech mit a Hünt, steiht me of mit Fleih

175. A me hot a Gehargenen in de Meschpuche, tür me nischt sugen: „Heng mer of dem Rock!"[1]

176a. I'ch will lieberscht dů's Oiberschte vin Schtåssel sån[2]).

    b. Besser dů's Schlachte vin Gütten eider dů's Gütte vin Schlechten. Pol.

177. Of nischt soll me kå Ch'rote hub'n.

178. A nischt is a Loch im Himmel.

179. Bâ a schweren [oder: råchen] Wagen is gütt zü Füss zü gein.[3])

180. A me klappt of dem Tisch, rüft sech ů'n de Scher.

181. A me het a Parech zü Minjen, halt er sech darünter.

182. Melacha-Melucha.[4])

183. Arbeit is keine Charpe.[5])

184. Zum Lernen is keiner zu alt.

185. Chuzpe gilt mehr als baares Geld.

186. Mit Chuzpe setzt man alles durch.

187. Gott beschert dem Trinker seinen Wein und dem Spinner seinen Flachs[6]).

Grüsse, Flüche,[7] Lob und Tadel und ähnliches.

„Wer seinen Mund bewacht, bewahrt seine Seele "
Spr. 13, 3

1. Di sollst kén Awdůle trinken,
as Di warst mer a Ssoine blåben.

2. Alle meine Ssonim soll'n so leben (oder „gesund sein"). H.

3. So sollst es erleben!

4. Ech soll esoi leben!

5. So soll ich gesund sein!·

6. Bei mei Gesund![8])

7. Af mân Wort!

8. So a Jöhr of Dir.

9. So wahr das Licht brennt! H.

[1]) Vgl. T. 101. [2]) Vgl. Pirke Aboth IV, 15. [3]) Vgl. T. 242. [4]) Je 160. [5]) Das. 173 ff. [6]) Ehrmann 262. Vgl. Ber. r. Lev. 12. [7]) G. III 85. „Jehudi" ist in Innerafrika ein Schimpfwort. An 68. [8]) Vgl. T. 106.

10. Der heiligste Schwur in Kairo ist der „bei Rabbi Chajim"[1]).

11. Es soll Dir Dein Leben nicht schlechter gehn!

12. Schander debander,
    Seits a Kappore alle bei einander.

13. Pacz a Mess in T. . . .s!

14. Kol Jiroels Kinder sollen's so schlecht haben. H.

15. Alle jiddischen Kinder gesogt! O. S.

16. Gesunderheit!

17. A giten Tug, a git Juhr, a gitte
    Woch, a fröhliche Woch![2])

18. Te lange Johr! [Wenn eine Frau „aus Wochen geht."]
    Hamb. P.

19. Bonas festas!

20. a) Beim Niesen[3]): „Chajim tobim![3])
                Antw.: „Becha Toba!" Das.

    b) Beim Niesen eines Kindes:
       Assusse!
       Frumm und alt,
       Hundert Johr alt,
       Reich und selig,
       Nicht schlemilig! Kiss.

    c) I. Mos. 49, 18.

    d) Assie. Pol.

21. Wie gehts Der? „Wie'n ehrlichen Jid."

22. Schloime, wüs thit Ihr?

23. Ite, wie gehts? W.

24. Trostwort bei den Falascha:
    Der Herr tröste Euch!
    Antw.: Nicht ein Drittel unserer Leiden möge Euch treffen!

25. a) Gram, Stram,[4]) mach mer a Letnik![6])
    b) —   —   —   — a Lokschenkigel!

26. Scholem alechem! a gitter Jid!
    A halben T....s host Di Der obgebriht!

1) Vgl. Saf. I, 10b. 2) Ueber „Mazel tobh" bei Hochzeiten s B. 29.
3) T. 142. 4) Vgl. L. III. Im Talmud heisst es, dass beim Niesen oft der
Tod durch Stockfluss eintritt. 5) U. II 131. 6) stroma (ital), Stramel.

27. a) Gût Morgen, Gelle! b) Gût Morgen, Rettechtruger!
    Rettech trog[1]) ech.   „Ma Mann esst es gern." Pol.

28. a) A Rich en dàn Tatten is dundren! [da in der Hèm].
    b) E Rich in Dein Tatten's Tatten rein!
    c) E Rich in Dànen Tatten ràn!

29. K' ssil bochet mech[2]). B.

30. Fr. Wûs hert sech?
    A. „De Babbe jährt sech."

31. Der Balbûs is älter (zum Hund, wenn er einen anbellt).

32. Dein Mund und Gott's Ohren!

33. Gehn Se — stehn Se? setzen Se sich!

34. Pattern ist Geld wert[3]).

35. E Kunststück! E Kleinigkeit! E Zustand! E Meimed!

36. Hast e Chuzpe!

37. Jo, er hot! Ne, er hot nicht!
    Ich weiss viel!
    Was weiss ich!

38. Macze Chen!

39. a) „Masel tow!"
    b) „Mit Masel sollt Ihr leben!"

40. a) E schwarzer Cholem àf dàn Kopp,
    af dàn Lâb ûn Leber!
    b) E schwarzer Cholem àf màne
    Ssonems Köpp!

41. Ausgemeckert sollst Di werd'n!

42. a) Unberufen und unbezupft! (Man speit dabei aus).
    b) Unbeschrien (unbezopft!) drei mal unter'n Tisch
    geklopft[4]). H.

43. E gitt Oig (unberufen)! B.

44. Nor gemeckt![5])

45. Der Rich soll Dech nemen!

---

[1]) Vgl. T. 363. Wa „Rabbi" 11. [2]) Vgl. לזאת יבכו עש יכסיל
ואת נוי חטאתי. in dem Klagelied des 9. Abh. [3]) Vgl. T. 113. [4]) Vgl.
Wu 264, 362. [5]) Vgl. Mi 7b „ausgemeckt".

46. Choss'n [Kalle] soll'st De d'rin wer'n! (Wenn man ein neues Kleid zum ersten Mal trägt).
47. E Mezieh!
48. „Wer mir Gutt's ginnt (gönnt)!
49. Schach! (Still!)
50 Un weiter poter [=hab' ich nichts anzuführen].
51. Uwah [Ausdruck voller Befriedigung]. P.
52. Nischt geschtogen un nischt geflogen!¹)
53. „Osser", sagt Schiller.
54. Span daran!²).
55. Du wirst keine Osterklöse mehr bei mir essen.
    [Wie „Dein letztes Brot ist gebacken".] O. S.
56. ›20 Johr sollen Sie mer leben! Pol.
57. Ich bin 50 Johr alt „bis 120 Johr". Pol.
58. Host De nischt gewidschelt? Pol.
59. Haisst a Unchappenesch!
60. Upgehüt soll men wer'n vin Sch'cheinem ru'em.
61. Host De weinig, nader noch!
62. Wer s'is schein ün ech bin klig!
63. Kimm och aran zi fuhren.
64. Mit Eizes bin ich verseh'n.
65. A scheine reine Gepure!
66. Ma'dech Ma'dech Mikolschk'n Mikolschk'n?!
67. Gott zivor in sie denü'ch!
68. Schloimasel³), wü geihst De?
69. Is es Dàn, wü's chappst De?
    Is es nischt Dàn, wu's chappst De?
70. a) Föle Fisch gegessen in äs der Schtu'dt getrieben.
    b) Faule Fisch un Klepp dazu⁴).

---

¹) Vgl. T. 346. ²) Ehrmann, Aus Palast u Bab. 285. ³) = Schlemihl (nicht wie T. 194). Schlimisalnik (U. II 196), fem. Schlümisalnize (U. II 66 u s). Vgl. IV. Mos. 14, 9 סֶר צֶלָם und Brüll VII, 21: אֵין לוֹ צֵל. Die Bezugnahme auf Num. 7, 36, weil dieser Tag nicht ein Sabbat sein könne (vgl. Schl. vin Sunntik bei T.), erscheint wenig stichhaltig. Bis in die Neuzeit hinein war Schalumiel als Eigenname gebräuchlich (vgl. unten „Sagen" 17), also damals wohl noch ohne jenen Beigeschmack. Vgl. auch T. 419. Schlamasarnik=unbeholfen. Pol. Schlimm—Mesalnize=Schlampe. Wa. ⁴) Vgl. T. 195. Wa „Makes".

71. A Gesunden gibt man und a Kranken fragt man.
72. Für den Gesunden zu wenig und für den Kranken zu viel. Frkf.
73. a) Nebbich![1]) [nebst du, nebt er].
    b) Muffino! Hamb. P.
74. Sege (זה נוי).
75. Schickse.
76. Bisse, Knallbisse.
77. Klawte (Hündin).
78. Rote Haare: Kol mum ro'.
79. R. Henoch! Im Geenom pregelt es (prassele er)! H.
80. S' Steins geklagt[2])!
81. Gott der Gerechte![3]).
82. Choiche (beschränkter Kopf)!
83. Pinte von Amsterdam!
84. Massel und Broche!
85. Chochmes hab'n kein Schuld. Masel und Broche. H.
86. Es thut sech gar!
87. Kischef is kei K'towes![4])
88. S'chus Owes is kei' K'towes!
89. E lange Megille!
90. Sof! Sof!
91. Nun, er hat auch den Toger[5]) nit geschlagen![6]).
92. Ess Zimmes, Dowid! (את צמח דוד).
93. Der Kick hat e Gewure![7])
94. Sieben ist eine Lüge[8]).
95. Der hat auch nicht vom Ezhadaas gegessen[9]).
96. אהיה אשר אהיה! oder שדי אל! in Jemen[10]), wenn jemand von seinen Hoffnungen oder seinem Kummer erzählt.
97. ברוך אתה לה'! oder ברוך תהיה!, wobei das Tetr.-gramm ausgesprochen wird, nach jeder Erzählung[11])

---

[1]) נעבך Maa 39d. T. 197. U. III 27. H. 143. Grünb 404   [2]) Vgl. Hi. d. 154 (Berliner) u. Grimm, N. Märchen 1848 III S. 6: „Der Stein, der auf dem Herzen liegt". [3]) Vgl. U. VI 86. [4], T. 51 Grünb. 490. [5]) Vgl. Maa Nr. 185. [6]) Grünb. 508. [7]) Vgl. U. VII, 49. [8]) Je 159. [9]) 171. [10]) Saf I 56. [11]) Vgl. T. 142

98. עליו השלום! bei Lebenden.

99. זכיר לברכה ולתחיה! vom Toten. Das.

100. Wenn vom Tode die Rede ist, setzt man hinzu: בר מנן').

101. a) Chad Schmu, chad Katu (Katowes)! b) Marschen Trompeter, marschen Salpeter! Hannov. c) Kodesch gehuppt oder Kodesch gesprungen²)!

102. E fainer Bocher! (A fåner Berje³). Pol.

103. E schö' Mensch!

104. E schöner Balbos!⁴)

105. E Menuwel!

106. Wer die Trepp' hinauffällt, zahlt Strafe! Hann.

107. a) Hast e Chen! b) E Umchen. c) Moischew⁵).

108. Fleisch?! Pack Dich an den T. . . .s⁶)! O. S.

109. Was dazu? Zunge!

110. Zehn Moos reit! (Reden)⁷).

111. Platzen sollst De am besten Jontev!

112. Pest (schwere Not) sollst De kriegen!

113. Mir gesagt!

114. Umstürzen sollst De!⁸)

115. Was kommt heraus? „Der Jid". O. S.

116. Was kann die Lewone dazu, dass ihn der Hund anbellt?

117. Nimm ihm כל יודוך .ן fort! M.

118. Was nützt das alles,
Wenn ma hat n' Dalles!

119. In Hamburg sagte man, wenn ein Knabe geboren wurde: זכר בא לעולם ברכה בא לעילם⁹)

120. Wenn jemand Jahrzeit hat, sagt man zu ihm: עד ביאת הגואל! oder: „Bis hundert Jahr!"

121. Beim Ausgang eines Fasttages wünscht man einander: „Ein gutes „Anbeissen"!

122. „Bei Mose!" schwören die Juden in Jemen¹⁰).

¹) Sch 326. ²) Vgl. U. VII 49. Vgl. Ueb. dieses Hüpfen Z. 4. Sch. II 222. ³) Vgl U. VII 120. ⁴) Vgl. T. 43 ⁵) Vgl. T. 104. ⁶ U. VII 120. ⁷) Vgl. Babl. Kidd. 49 und T. 276. Brü VII, 22. ⁸) H. 29. ⁹) Vgl. Jos. 204. ¹⁰) Saf. I 56.

123. Beim Geschäft: A: Geb' erst Geld!
B: A Hö'r bezahlt me früh'r. Pol.

124. Beim Empfang: S' Kotzel kimmt! W. S' Kudde kummt!
oder S' Koddel kumm! M. (= S' Gott's Willkomm!)[1]).

125. Beim Abschied: Sein Se mer „mauchel" un' kommen
Se morgen schèn wieder! M.

126. Er darschent gût[2]). Pol.

127. Er is e Sambatjen[3]) (ausgelassener Knabe) Pol.

128. Er is e Schiwre kele (krank, gebrechlich). Pol.

129. Auchel Ba-schik däume le-kelew. (Wer auf der Strasse
isst.) Pol.

130. K'sil be'chäuschech häulech. (Wer im Finstern tappt) Pol.

131. Heisst a Mamed, heisst a Häulech! (Wer sich unordentlich
kleidet.) Pol

132. Heisst a Meschlaches! (unbeholfen) Pol.

133. Er is varmuleschcheuret. (In Gedanken versunken.) Pol

134. Auch mer e Mensch!

135. A charpene Büsche, a sâ Tochter zi derzieh'n! (auf eine
ungehorsame Tochter). Pol

136. Wû's jech hob in mân Sinn! (wenn man etwas nicht
sagen will). Pol.

137. Geschossen is nischt getroffen! Pol.

138. Wû's is du's man Dànge?! (Sorge). Pol.

139. Das erste Mal hat's Chen,
Das zweite Mal ist's schèn,
Das dritte Mal paar in de Zähn. Frkf.

140. Beim Ausgang des Versöhnungstages יום טוב בוים[4]).

141. Ihr sollt die S'chije haben, . . .! Pol.

142. Satsche „ze" poln.) mäuchel sind derhâbt âch! (= Bitte,
erheben Sie sich!)

143. Aus Boidem! O. S.

144 Bekauach Sechel (oder Schtuss). S. D.

145. At („Hâter" frz) geht er da hin! Ung.

[1]) K. 29. [2]) T. 358. [3]) Vgl. T. 3 7. [4]) Vgl. T 138.

146. Taure nie znaisz,
Pienięse nie maisz (daisz?),
A czemu chuzpe maisz?! Pol.
147. In mein Tasch! (beim Glückwünschen). H.
148. Zahlt, was Ihr sollt,
Und redt, was Ihr wollt. Pol.
149. Fallst De aus!
150. Tomer jau hat das Gojche die Büchsen on! H.
151. Bei den Portugiesen sagt der zur Tora Aufgerufene zu
den Umstehenden: שלום עליכם!
Antw.: יברך ה'! Die Anderen: יהברך אמן! Hamb. P.
152. „Sch'ma Jisroel!" (bei einem Schreck).[1]
153. A Verchappenesch sollst Di kriegen! Pol.
154. Parech! (gemeiner Mensch[2]).
155. Bleiben Sie sitzen! M.
156. Makkes zü Dir.[3]. Pol.
157. Dü's Chalaas sollst De kriegen![4].

Ein Sprichwörterlexikon wird nach folgender Anordnung
geplant:
Anbeissen (=Frühstück)[5].
Anbrinzeln[6] (z. B. angebrinzelte Suppe).
Arm. A urem Mann schlaft in der Finster
(Ks'il becheuschech heulech). Pol.
Atlas bleibt Atlas und Baumwolle Baumwolle. H.
Ausred[7] Gott geb mer an Ausreid. Pol.
Ausreissen. Das steht ausgerissen. Os.
Barjin[8].
Benschen. Gebenscht senen di Hand' wus tü'n sech allein.[9] Pol.
Chasir. Ke [be] nezem suhow b'af ch.[10] Pol.
Dalles, Dalfen[11] & Co. Pol.

<hr>

[1] Vgl. T. 250 K. 34 [2] Vgl. T. 83. [3] Vgl. T. 133. [4] Vgl T. 183.
[5] K. 142. Vgl T. 258. [6] K. 166. [7] Vgl T. 90. [8] K. 119 u. s. [9] Vgl.
T. 146. [10] Vgl. Prov. 11,22 u. T. 167. [11] Vgl. T. 258 u unt. „Redensarten".

Derecherez (bei der „Beschau" lässt der Freier etwas von den Speisen übrig, um nicht als Nimmersatt zu gelten[1]).

Darschen. Jeder Bal=D. darschent far sech. Pol.

Dositzer (=Gabbe=Vorsteher).

Elia ha-nowi. Wenn jemand neugierig fragt: „Wer war da?", antwortet man „Elie nowe sein Trompeter". M.

Esow[2]). I. Mos. 25, 34 wird in Pol. den Kindern zugerufen, wenn sie das Tischgebet zu sagen vergessen.

Fett. Eider der Fette mager werd, peigert der Magere[3]). (Pol. Zaczem tlusty schudnie, to chudy zdechnie.) Pol.

Fopp dich allein (Fortepiano[4]).

Gans. A G. geit barwes (barfuss). Pol.

Geld. Is das Leben lieb, is Geld hefker (bei Heiraten aus Neigung). B.

Goilem Dü's is a leimene G. Pol.

Gut. Zu gut ist halb schlecht[5]).
Nur ein „Zu" ist gut, d. i. im Winter die Thür zu. H.
Das is gut für den Chauker (=Höcker). Os.
„Nischt" is güt far die Äugen[6]). Pol.

Haar. Lange Hü'r, kurzer Sechel (oder: Sekuren). Pol.

Haggada. Der Tam aus der Gode! M.
Die ganze Chagadje. M.

Hirsch. Hersch verzählt Nissim. M.

Husten. Ich will Dir was husten! Pol.[7])

Ja. Efscher jau,
Tomer lau. H.

Jiches. J. na (pol.=auf) bais hakwures[8]). Pol.

Jontev. Es is nischt alle Tag J.[9]) Poln.: Nie zawsze swięty Jury (oder: Jan=St. Johannes).

Jüdischkeit[10]). Me kann tün all des Beis in güten J. Pol.

Kepure. Er soll san mä K.—Hühnche[11])

[1]) K. 177. [2]) Vgl. T. 205. [3]) Vgl. T. 259. [4]) K. 203. [5]) Vgl. Wa „Demuth" 27. [6]) Vgl. Nr. 154 u. T. 257. [7]) Vgl. T. 81. [8]) Vgl. T. 314 Vgl. Galizianer u. Litauer J. Wa „Mejüches" und „Litauer". [9]) Vgl. T. 754. [10]) Vgl. T. 313. [11]) Vgl. T. 198.

Kippe. Kippesude[1]) = (Chewremahl. In einigen Fällen mag poln. kupa „Haufen" vorliegen).

Koifer[2]). Du's is a K. hakkel (sagen die Chasidim von einem Fortschrittler). Pol.

Kol[3]) Er is a Kol-beunik.

Er is a Kol-mim-ra'.

Kopf. Ein ausgeruhter Koppl

Kozen. Der K. hat 'ne schöne Tochter. O.

Krankheit. Mekazzer ruach (=Asthma). M.

Lügen[4]). A Lügend mit a Wortzeichen. Pol.

Malke[5]). Oisgepützt wie a Malke Sch'wu.

Meruche[6]). Er hot a treifene M.

Min[7])

Misse. Chajev Misse-Leit. M.

Mottel[8]). Dus is e M. Pol.

Nase. Schneid' ich meine Nes' ab, schänd' ich mein Gesicht. H.

Neschume[9]). Er kann einem die N. aro's nemen. Pol.

Nichts[10]). Er hot mer mitgebrengt a golden Nixel. Pol.

Pferd. Das Pferd wird gejidischt, d. h von Rosstäuschern wird der schwarze Punkt im Augenzahn („Emmunes" genannt) nach Belieben verkleinert, um das Pferd jünger erscheinen zu lassen. M.

Pilsen. Bis auf den letzten P. er Mark[11]).

Pleite. Er geht P. mit Schuh und Strümpf. M.

Polen. Polnische Klole. M.

Rebbe. Der R. mit 'n Talmid kenn gut. Os.

Reden. Er redt ihm das Gedoches ein. M.

Reichtum. R. kommt von zwei נ (Nun): נסים und נילה. H.

Row. Es ist leichter, einen Row aufzunehmen, als ihn los zu werden. O.

Sarver[12]) (=Aufwärter).

Schacharith. Von Schacharith bis Maaribh stehen. Os.

Schale. Die Schale zerbrechen[13]) (=sich verloben).

---

1) Vgl T. 236. 2) Vgl T. 213. 3) Vg T. 48. 4) Vgl T 98. 5) Vgl. T. 167 u: Was v. 6) Vgl. T. 62 7) K. 110ff. 8) Vgl. T. 365 9) Vgl. T. 93 10) Vgl T 257. 11) K. 15. 12) K 74. 13) K 136.

Scheker. Sch.—Bilbul.

Schemes. (Makulatur[1]). O.

Schlafrock Hölzerner Sch. (Sarg).

Schmock. Sch. bar Jeune. Pol. [? für אביונה (nach Grätz zu
Koh. 11, 5). Vgl. Schmeck'l].

Schmuggler. Chasen, Bass und Schmuggler. O.

Sege. Sege matter meluche. M.

Sinnedig[2]) (bei Sinnen).

Spän[3]). Wer über sech hobelt, fallen die Spän' in die Augen. Pol.

Stätt'l[4]). Jech kenn mer ma S. bestein. Pol.

Tow[5]). Meschallem tow tachas ra. Pol.

Unglück. Ein Stück Unglück! O. S. O. S.

Verwandter. Er is kei Korew u. kein Gauel von'm M.

Wachsen[6]). Du's is nischt of sân Barg Mist gewachsen. Pol.

Wei. Er is a Wei—Zidkoschu[7]) [oder: a Wei—Chuchem]. Pol.

Woil (=wohl). Ihm is woil un mir is woiler. O.

S'is Di'r zi schwoil[8]) Pol.

Zelemnik (=Fanatiker, urspr. Kreuzfahrer?). B.

Zip[9]).

---

6. Bauernkalender.

1. Wer im Tammus friert, is e Chammer. H.

2. Cod ms. hebr. Hamb 332[10]) f. 3b finden sich in hebr.
Sprache folgende Regeln:

Wenn der 1. Schebhat auf Sonntag (!) fällt, ist der Winter
mild, aber es giebt wenig Korn und wenig Wein, hingegen viel Früchte, der Viehstand gedeiht nicht; fällt er

auf Montag, so giebt es viel Korn und Wein, aber viel Krankheiten und Todesfälle, auch für die Bienen (den Honig)
ist das Jahr schlecht;

auf Dienstag: wenig Früchte, krankes Vieh;

---

[1]) Vgl. T. 365. [2]) K. 66. Jsr. Novellen IX, 44. 47. [3]) Vgl. T. 226.
[4]) Vgl. T. 127. [5]) Vgl. T. 326. [6]) Vgl. T. 45. [7]) Vgl. T. 343. [8]) Vgl T 127.
[9]) K 146. [10]) Vgl. Steinschneiders Catal.

auf Mittwoch: gut für Korn, Wein und Früchte;

auf Donnerstag: für alle drei nicht gut und nicht schlecht;

auf Freitag: gut für die Ernte, aber schlecht für die Menschen, es sterben viele unter zwanzig Jahren;

auf Samstag: schlechte Getreide- und Weinernte, ein Unglücksjahr für Mensch und Tier. Besonders viele Greise sterben, und Brand und Schwindsucht wüten im Lande.

3. Über is kén Bruder. B.

4. Wajjakhel und Pekude
Gehn' zusammen auf die S'ude.
Behar und Bechuckausse —
Giebt es noch Schnee und Schlausse   M.

5. Im Ibburjahr sind strenge Winter und sterben viele Leute. H.

6. Wenn die Chasidim wandern, regnet's[1]).

7. Wenn die Gäns hören die Megille,
Soll man sie jagen aus der Khille.

8. Der Schwat halt sein Prat (seine Besonderheit, namlich die Kälte). M

9. Oder (Adar) mit Katzengeschnoder. H.

10. Sefer r'amim ur' aschim (in einem Machzor Ritus Rom, Ende des 15. Jahrhunderts, im Besitz (des Herrn Dr. H. B. Levy): Wenn's im Nisan gewittert, giebt's viel Wein und Getreide; wenn ein Erdbeben stattfindet, giebt's Krieg.

Im Ijar: Gewitter: Feigen und alle Süssigkeiten, —
Erdbeben: Friede unter den Menschen;

Siwan: G.: allgemeine Unfruchtbarkeit, — E.: desgl.

Tammus: G.: Die grossen Fürsten werden heimgesucht, - E.: Hitze und Hungersnot;

Abh: G.: ein grosser Mann stirbt, — E.: Hungersnot in den sieben Ländern;

Elul: G.: ein grosses Heil kommt in die Welt, — E.: Krankheiten und Sterben unter den Menschen;

Tischri: G.: nichts Gutes, — E.: weise und fromme Männer sterben; —

1) G. I 176. 2) Grünb. 489.

Cheschwan: G.: viel Wein und Oel, - E.: Verderben und Tod:
Kislew: G.: viel Krankheiten, — E.: Schiessen und Kämpfen;
Tebbeth: G.: grosse Männer sterben, — E.: Glück und Heil:
Schebhat: G.: grosser Krieg, — E.: Krankheiten des Viehs:
Adar: G.: viel Glück, — E.: in einem der sieben Länder
    Hungersnot.

7. Redensarten.

1. Er redt wie a Papegei.
2. Galle magge.
3 Os pos.
4. Kinne Sinne.
5. Seit Aulem-woed Zeiten· M.
6. Einem Hallel wehodu sagen. S. D.
7. Was geht das Gumpel an?[1]).
8. Er hot an sich kèn jiddischen Hùder.
9 Dorch Meschiach is màn Sihn a Selner (so soll Meschiach kommen).
10. Schtuss mit Fransen (Franjen).
11. Er steht wie a Hind bà de Podwire.
12 Er kickt wie a Huhn in Bnei Udem hinein.
13. Er nascht wie a Katz Pitter (Butter).
14. A Koiminkere (Kaminkehrer) hot lieb Angemachts[2]).
15. A grobber Jing.
16. Landsjud[3]).
17. A Geratenischt.
18. Er is e Schwanz.
19. Er is e Wesusse[4]).
20. Er is klig wie der Chelemer Row.
21 Er redt wie a Row. Pos.
22. Er hot sech milchdick gemacht
23. A lacht wie a Peger ùngewaschen.
24. Erst die Nas', dann de Brill. H.

[1]) Vgl. T. 376 [2]) Vgl. Wa Narr 2 [3]) Vgl. T. 126. [4]) Vgl. Esth. 9, 9.

25. Zu 'nem breiten T . . . .s bracht men ne breite Buchs. H.

25a. De quarto costados (ganz echten Ursprungs). Hamb. P.

26. Riwke De prohlst!

27. Alt Eisek wird tanzerig[1]).

28. Charote af der Hand. H.

29. Sch'tike vor de Jelodim!

30. Er is aule und ma'ale geworden.

31 Es kribbelt e bische in der Mischpoche.

32. Mich hart eppes.

33. a) Schnorr—Schmues, b) Schmues perientes.
c) Schmonzes perionzes. d) Schmues berjonzes[2]).

34. Schlemihl von e Jontev![3]).

35. Es thut sich was!

36. Und wenn schon?!

37. Lau b'di w'lau b'do.

38. Schalent in der Woch'. H.

39a. Epp's e Ippisch!
b. Er is Ippisch!

40. Nicht über die Mesuse! H.

41. a) Pege küre! H. b) Pege. Srore. O. S.

42. Ich hob ihn gern, wie e Geschwür am T . . . . s.

43. Gesichter hat er geschnitten,
Als hätt' er am Gedoches gelitten.

44. All mein Lebtag nich.

45. Jau, me schiesst! H.

46. Mit Kloppen und Blosen.

47. Geisrebbelche [ki mi — Ziehen (mizzijon) teze thauro].

48 a) Chochem aus der Manischtane!
b) Er is a Chochem vin die Manischtane. Pol.

49. Er weiss nit Hodu,
Er weiss nit Kusch. H.

50. a) Einem Löcher in den Leib fragen.
b) Er redt er an a Kränk in Böch. Pol.
b) Er redt mir e Gedaches ein. M.

51. Das hängt [wächst] mir schon zum Hals heraus.

_ _ _
[1]) Vgl. U. VII, 49. Isr. Novellen IX, 20. 21 42. [2]) Vgl. T. 40. [3]) Vgl. Wa Schlem.

52. a) An dem geht a Talleyrand verloren. H.
   b) A Kopf wie Talleyrand.
   c) Ristotles' [Aristotoles] Kopf.
53. Ich hab a Kopf wie a Rathaus.
54. Stuhl, Ponim Kaninchen! H.
55. Chammer, sag „li!"
56. Taschkasch.
57. Mit e Henne und e Hohn
   Heibt de Maisse ôn[1]). O. S.
58. Er ist ein Gibbas.
   Er ist ein Boi - sie—zida. O. S.
59. Pickelemore [Pleklemore] (periculum in mora)!
60. Zanzenones (=sans soin). D.
61. Er wurde achas w'achas geschlagen.
62. Beklompersch (k'laumer).
63 Der Srore muss 'n Derech erez überlassen. O. S.
64. Das kauft man für קינ (k[ostet] n[ichts]).
65. Stadt (tt) Rat (=R[eichs] T[haler]) Mark. Bresl.
66. B'li neder [b. n. Schabbes, b. n. Jontef].
67. Ein Row mit fünfzehn Talmidim verreist (d. h. Borchi
   nafschi am Schabbos ha-godaul). H.
68. Kassekassues
69. Auf'n meschuggenen Fisch zu sagen, er fliegt übers Dach.
70 Der Sch'mini von der Ofengabel (wie. Vetters Kutschers
   Peitschenstöck'l) Frkf a. M.
71. Mokem Bes (Berlin)
72. a) Chess (Emmuno chadoscho) b) Tess (Emm. tefelo). Bad.
73. Schimschon in Ruh und Schamschon in der Wickel. H.
73b. Er hot Schimschele Gibbers Gewures. Pol.
74. Achberosch (Dieb). H.
75. Meschugge metore!
76. Meschugge is Trumpf!
77. Kasches fragen.
78. Neschomechapper.

---

[1]) Vgl. Babl. Erub. 100. Z. V 1897 S. 145, N. 61.

79. Kittauw.

80. Wie mit'n vorgebundenen Tüchel (beim Mizwe-tänzchen[1]). Pol.

81. Wegen den Unterschied tall' ich nicht die Trepp' [S. D : die Stieg'n] herunter[2]). H.

82. Den Chillek möcht ich Klavier spielen! M.

83. Potschkrampel!

84. Das is e Meloche, aber ke Chochme. Pos.

85 a) Mausche Bloch sogt: Ech glöb's net. H.

b) Mein Schwager Bielschowsky sagt: Nein. Breslau.

86. Die ה und [H. „vor"] die ך hätt' er sparen können. S. D.

8 . In Chelem tügt es! Pol.

88. Er wast mer a Lekechel (Lebküchel).

89. A Chessur'n: de Kalle is zi schein. Pol. Ung[3]).

90. Er kauft ba de Gans Huber.

91. Wü hot der Hund dem Pippek (Magen)?

92. Käner weiss nischt, wü mech der Schü'ch drückt[4]).

93. S'werd halten vin Estertanes bis Pirem[5]).

94. Er chappt sech un in de fole Wand.

95. Rebbe schacht mer de Ofes!

96. Die Küh is über den Dach geflogen in hot den Schwanz gebrochen.

97. a) Wie kimmen die Rüben in den Sack? b) Wie kommt Homen in die Manischtane?

98. a) A Nekume un de Wanzen verbrennt er das Bett.

b) Er is sich naukem an de Wanzen und brennt die Bettstell auf. M.

99. Der Cheschben is zedek, nor das Geld is geschadegt.

100. a) S' schütt sech ö's im arö's, wie ö's a lecherdiken Sack.

b) Er schitt mit Chochmes[6]).

101. S'is a Pu'r wie Scheiker mit Schleumasel.

102. De Äugen senen water, wie der Hals [O. S.: wie der Magen]

---

1) Vgl. T. 207. 2) Vgl. T. 177. 3) Vgl. U. VII, 49. T. 364. 4) Vgl. U. III, 45. 5) Vgl. T. 61. 6) Vgl. U. VII, 15.

103. **a)** Er hot a treifene Masel.

    b) Masel wie e Goj[1]).

    c) Er hot a sach Mesules[2]). Pol.

104. Chapp ech mech ôf, tugt es.

105. E fettes Omen.

    Ê jontefdiker Borchu. H.

II. Dichtung.

„Die innere Geschichte eines Volkes ist in seinen
Liedern enthalten". Jellinek, O L. 1844 S.869.

I. Kinderlieder und ähnliches.

1[1]).

a)   Inter dem Kind's[2]) (Moischeles) Wiggerle

    Steht a gilden Ziggerle.

    Dos Ziggerle is gegange handle

    Rożinkelech mit Mandle[3]),

    Dos is de beste S'choire,

    Moiszinju wert lernen Toire.

    Toire wert er lerne,

    Sforim wert er schrāben,

    A gitter Jid wert Moiszinju tumid blåben. B.

b)   Hinter N. N. s Wiegele

    Steht e gülden Ziegele.

    S' Ziegele is gefuhren handeln

    Rojinkelech ün Mandeln.

    Dos is de beste S'choire,

    S' Kind werd lernen Toire.

---

[1]) Vgl. T. 158. [2]) Vgl. T. 141. [3]) Vgl. U. IV 283. [4] Vgl. Wu 411.

Toire werd es lernen,
Sfurim werd es schraben,
E fain Jidele werd es blaben.
Lernen werd es gur gesseder,
Loifen werd es in den Cheder.
S' Kind werd sech gur fain stellen,
Es werd dem Oilem woil gefellen.
Dem Oilem, dem Oilem ün der Welt,
Das Kind werd verdienen e ssach Geld
Ün werd schraben lange Schires,
Tate ün Mamme wern her'n gitte Psires.
Huben sollst de Masel ün Bruche!
S' Kind kimmt raus von scheener Mischpuche u. s. w.

W.

2.

Schluf je, Kindele, schluf! Schluf je, Kindele, schluf!
Rojinkelech und Mandeln, das soll sein dan Beruf,
Mit dem werste, man Jidele, handeln.
Schluf je, Jidele, schluf! Schluf je, Jidele, schluf!
S' werd kimmen e Zeit von Eisenbahnen,
Mit denen de wirst fuhren aus de Welt.
Eiserne Wägen wern dich schleppen,
Und dabei werste verdienen viel Geld.
Aber auch dann, mein Jidele,
Sollste dech dermannen an das Liedele:
Rojinkelech mit Mandeln, das soll san dan Beruf,
Mit dem werste, man Jidele, handeln,
Schluf je, Jidele, schluf! Schluf je Jidele, schluf!

(Aus der Oper „Sulamith")

W.

3.

Schluf mein Feigele!
Mach zu dein Egele!
Schluf mein kleinzig Kind!
Du west aufstein von der Wieg',

West huben Arbet genig.
Schlůf, mein kleinzig Kind!
Du west lehenen Bichelech,
Du west sticken Tichelech.
Schluf mein kleinzig Kind!
Schluf mein scheinzig Feigele,
Schluf sich aus gesind,
Schluf mein kleinzig Kind!
Du west lehenen von far Zeiten,
Dir wellen lieben gute Leiten.
Schluf mein teuer Kind,
Schluf in Freiden,
Du west nit huben kein Leiden,
Schluf mein scheinzig Kind!   Wiss.

4.

Schlůf Parech'l, schlůf!
De Mamme is a S'růf
Der Tatte is a Grůf
Schlůf Parech'l, schlůf!
                                               Pol

5.

E Mamme singt zem Kind:
Kof, Kot Schicherlech!
Der Tatte werd kaufen Schicherlech,
Die Mamme werd arbeten Seckerlech.
Der Sede werd schluggen Czweckerlech
Un de Babbe werd nähn Knepperlech.   B.

6[1])

Af'n hoichen Barg   O wie fuhrt er
Af'n grienen Gruss   Talmen thut er
Stehn e půr Dätschen   Thut er talmen
Mit lange Bätschen.   Hersch-Salme
Hoiche Männer sennen se,   Salme-Hersch
Lange Klêder gehen se.   Boim-Kersch
                           Kersch-Boim

---

[1]) Vgl. U. IV 119.

Sliches-S'loim
S'loim Sliches.
Geld - Gewires
Gewires—Geld.
Oilem—Welt
Welt—Oilem
Mordchele—Goilem.   B

8

Belfer, Melelter,
Kasche mit Millech.
Die Millech is gerinnen,
Der Belfer is geschwimmen,
Der Rebbe hot gekickt.
Wi der Belfer is gekimmen.

7

El Melech[1])
Kaczke dreh dech
Mir a Äppel
Dir a Zäppel
Mir a Kaul
Dir a F . . . . ins Maul!

9.

Ein Schwester fregt dem
    Briderl:
„Wi's der Tatte gefuhren?‟
„Ken Pamuren.‟
„Wüs werd er brengen?‟
„En Fesserle Bier.‟
„Wer werd dus trinken?‟
„Ech mit Dir‟.   B.

10.

A. A giten Tug!
B. A git Juhr! Ech bet Ach um en Unbassen. (Mittagessen).
A. Von wannen kimmt Ihr?
B. Von e por Volk.
A. Wi sind Ihr geboiren?
B. In e Bett
A. Wie rift man Eiren Tatten?
B. Wi men ihn rift, dort geht er.
A. Hot Ihr gehatt e Mamme?
B. Nèn.
A. Wos hèsst? Wie hot a Mensch nischt kèn Mamme?
B. De Mamme hot mech gehatt, nischt ech de Mamme.
                                                        W.

_____

[1]) Vgl U III, 281.

II. Scherzfragen und ähnliches.

11.

Der Polak (H.: Polek):

Sogt er breit,
Sogt er brât,
Sogt er Brâten,
Sogt er Brôten.
Sogt er Brôt,
Sogt er Braut,
Sogt er Braut,
Sogt er Kalle.

Amsterdam

12.

Was heisst תִּשַׁלְבִּיא (die bek. Abbrev. am Schluss der Gebetbücher)?
„Tebche, worum schleppst de Lebche bei de Ohren? M.

13.

Ein Gastwirt setzt auf sein Schild:

„אמה ייציב וגו׳,
Hier halt man bischen still!"
(So hiess es in alten Gebetbüchern).

14.

Der Kleine geht auf'n Markt und kauft'n Hühnche,
Der zweite schächt's,
Der dritte ruppt's,
Der vierte kocht's,
Der fünfte ruft „Kikeriki!
Gieb mer auch 'n bische Brih'!" M.

15. Kettenreime.

A.

אוֹמר is e Soger,
שׁוֹאל is e Froger,
E Froger is e שׁוֹאל׳,
פֶה is e Maul,

E Maul is e פֶה,
E Dorn is e סֶנה,
סֶנה is e Dorn,
שׁוֹפר is e Horn,
E Horn is e שׁוֹפר׳.

E Schreiber is e סוֹפֵר.
E סוֹפֵר is e Schreiber,
נָשִׁים sennen Weiber,
Weiber sennen נָשִׁים,
Breter sennen קְרָשִׁים,
קְרָשִׁים sennen Breter,
אָביר sennen Väter,
Väter sennen אָביר,
Tod is מָוֶת,
מָוֶת is Tod,
לֶחֶם is Brot,
Brot is לֶחֶם,
Tracht is רֶחֶם,
רֶחֶם is Tracht,
שְׁמוֹנה is acht,
Acht is שְׁמוֹנה,
E Taub' is יוֹנה,
יוֹנה is e Taub',
מִצְנֶפֶת is e Haub',
E Haub' is מִצְנֶפֶת.
E Stall is e רֶפֶת,
. . . . . .
עַכְבָּר is e Maus,
Do is die מֵעֲשֶׂה aus
Sem.-Doz. Dr. Brann-Breslau.

B.

Eins, zwei, drei,
Alt is nit nei,
Nei is nit alt,
Warm is nit kalt,
Kalt is nit warm,
Reich is nit arm,
Arm is nit reich,
Krumm is nit gleich,
Gleich is nit krumm,
Leber is kein Lung,
Lung is kein Leber,
Bauer is kein Weber,
Weber is kein Bauer,
Süss is nit sauer,
Sauer is nit süss,
Händ sennen kåne Fiess,
Fiess sennen kåne Händ,
Bucken sennen kåne Lend,
Lend sennen kåne Bucken,
Du kannst. . . . . . . gucken.
H.

III. Jahreslieder und ähnliches.

1. Wenn åner ze spät in Schul kimmt:
   Ma toiwe—Hoz
   Jischtabbach—Klotz.
   Schimenesre—Geh ois
   Oleine—Spei ois.
   B.

2. ‏יָהּ רִבּוֹן עָלַם וְעָלְמַיָּא‎
Gib der Malke un sei mech mechajje!

Am Sabbatausgang:

3. Hamawdil ben Koidesch lechoil —
Wer es hot Geld, dem is woil,
Wer es hot nischt,
Is der Keschener hoil.

4. Wejitten lecho
Kēn Geld is nischt do,
Mittal ha—schomajim--
S' well keener nischt leien.
Mischmanne hoorez —
Das Geld is bâm Purez,
Weroiw dugen —
S'well kēner nischt borgen.   B.

5. Der Boruch und der Dowid.
Das sind zwei feine Leit.
Der eine ist beschlusst,
Der and're nit gescheit.   M.

6a. Gott von Awruom, Jizchok, Jankef
Behit dein Volk Jisroel in deinen Weg!
Der lieber heiliger Schabbes Kedesch geht awek,
In die Woch soll zu uns kommen zu Gesund[1]),
Zu Masel, zu Bruche, Hazluche, zu Auscher, zu
Parnusse Bechuwed, zu allem guten Gewinn.

‏אֵלִיָּהוּ הַנָּבִיא אֵלִיָּהוּ הַתִּשְׁבִּי אֵלִיָּהוּ הַגִּלְעָדִי בִּמְהֵרָה‎
‏יָבוֹא אֵלֵינוּ עִם מָשִׁיחַ בֶּן דָּוִד‎
Alle Toeren von Himmel soll sein offen, die
                                   Toeren von
Gan Eden, alle Toeren von unser Harzen soll
           sein offen!. . . . ‏אֵלִיָּהוּ הַנָּבִיא‎
Zu dir, Gott, hoff ich. Du, Gott, sollst uns helfen!
Alles Beis soll von uns herûs, alles Guts in unser Haus
           arein! . . . . ‏אֵלִיָּהוּ הַנָּבִיא‎.   Wiss.

[1]) Vgl. Wa Schabbes.

6b Gott Avrohom, Jizchok und Jankauv
   Behüt dein Volk Jisroel in deinem Lauf!
   Die Woch die soll uns bekummen
   Zu Massel und zu Glück und zu allem Frummen.
   Der liebe Schabbes Kaudesch geht dahin,
   Die Woch, die soll uns kümmen
   Zu Massel und zu Brocho und zu Parnosso und zu
     Auscher bekowaud und zu allem guten Gewinn.
                                                   H S. D.

7. Auf der Hochzeit:

„Schwieger, Schwieger!1)
   Der Chuss'n is a kliger."
„Schwäher, Schwäher!
   Der Chuss'n is a Bär."   B.

8. Beim Maanführen:

Zum Maan! Zum Maan!
Die Kalle is klaan,
Der Chosen is gross

9 Bei einer Beschneidung:

Gia che tutti siam qui buoni יהודים
Per festeggiar del נער la מילה
Invoco da שמים e אלהים
In tutti quanti lunga ברכה.

Possan felici viver dei שנים
Tutti quei della cara משפחה
E rallegrino molti נערים
L' אב sorridente la gentile אמה.

Diciamo insieme ברוך אתה ה'
Fa che questo novello circonciss
Abbia sempre a gioir, non saffra mai.

1) Vlg. U. VII 14

Ed in tale occasione à un gran הכיור
Chi bevendo al mio dir non fa buon viso
A rischio pur di diventar שכר.

Florenz

10. Chanucko.

a) Moos zur jeschossi[1])
Ich hab kein Geld, was thu ich hie?
Geh ich e bissle weiter,
Begegnet mir e Reiter.
Der Reiter will mich schlagen,
Geh ich zum Poked klagen.
Der Poked hat a Hindla,
Das Hindla will mich beissen,
Möcht ich's gleich zerreissen.

(Gegend von Würzburg.) S. Goldschmidt. II.

b) — — — — —
Das Hündche will mich beisse.
Beisst de mich, so schlag ich dich,
Tausend Thaler kost' es dich!

M.

c) Mosser Jeschoser,
Geh e bische weiter,
Kömmst du an ne Leiter
Sitzt darauf ein Hündche
Das Hündche will mich beisse.
Kömmt Moschiach zu reiten
Mit eem Korb voll Kringelchen,
Gibt mir eins, gibt dir eins, gibt allen kleinen Kindern
eins.

H. B. L.

11. Purim. A.

Wisst Ihr denn, Ihr lieben Leut,
Wisst Ihr auch, was Purim bedeut?
Purim bedeutet eine gute Ruh
Und ein gross Stück Kuchen dazu[2]). (Kissingen.)

---

[1]) Vgl. U. VI 97, T. 256 [2]) Vgl. T. 65.

B.

a) Hánt is Purim,
   Morgen is aus,
   Gibt me a Grátzer.
   Ün stübb mech heraus. B.

b) Heute is Purim
   Und morgen is aus,
   Gebt mir a Greschel
   Und werft mich hinaus. O.S.

C.

Purim leihnt man de Megille
Und jogt die Gänse aus der Kille[1]).   H.

12. P e s a c h.

1. Allmächtiger Gott,
   Allgütiger Gott,

   Bau den Tempel Schiro,
   Also schier und also bald
   In unsern Tagen Schiro.
   Nun bau, nun bau, nun bau den Tempel Schiro!   M.

   2. Addir hu
      Der Rebbe mit der Kuh,
      Der Schneider mit der Gosch (Wollstoff)
      Die Wäscherin mit der grüne Seife . . . .   Ostfr.

   3. Die Gade is e scheines Buch,
      Bissele esse un bissele sage:
      Die Sliche is e hässlich Buch,
      Bissele sage un bissele weine.   O. S.

   4. Am Pesachausgang:
      Chomezstern!
      Ich seh dich gern,
      Kugel und Bohnen ess ich gern,
      Bier und Branntwein trink ich gern.   D

         5. Im Nissen fängt der Pesach an,
            Da wer'n die Jid'n frumm,
            Der Ätte giebt den Seder an,
            Und weiss doch nit worum . . . .   M.

[1]) Eine Familie „Gans" kam einst zu Purim ins Gefängnis. S. oben S. 45 Nro. 7.

IV. Volkslieder und ähnliches.

A frümmer Lied[1]).

Azünd welln mir on heben zü schmiessen
Vün Moische Rabbenu allén
Dorch a Stén
Hot a sa Zaddik gemisst vün der Welt aweggen.
Sogt der Öberschter zü Moische:
„Ech hob der gesogt,
„Sollst redden zum Stén,
Ün dü bist gegangen ün host geschluggen dem Stén
Ün dorch dem Stén misst dü vün der Welt aweggen.

Sugt Moische zum Öberschten:
„Rebboine schel Oilom
Dü bist Adoin ha—schomajim weadoin hoorez,
Vor dir hot de ganze Welt gross Forcht in gross Derecherez.
Is denn schén vor dir allén,
As dorch dem Stén
Soll a sa Zaddik vün der Welt aweggen?"

Sogt der Öberschter zü Moischen:
„Moische, Moische! Geh arof of dem Har Neboi
Ün thü das Land Erez Jisroel auskicken
Wuren ech well dech schoin nischt ahin mehr schicken
Sugt Moische züm Öberschten:
Lommer san bei Dir choschew
Wie a Vegerle in Wald!
A Vegerle in Wald is sellent wie a Stén
Is denn schén ver Dir allén . . . "

Sugt der Öiberschte zü Moischen:
„Emmes, Emmes! A Vegerle in Wald
Fliegt obber ran ün aros
Moische, Moische! Dan Leben ist aus."

[1]) Vgl. Grünb. 388. Serapeum 1864. S. 78

Sugt der Oiberste zü Moische:
„Moische, Moische! Awruhom is gewén a groisser Zaddik
In san S'chüss welln die Jiden tien das Land Erez Jisroel
arden,
Fün desswegen hot er gemisst starben "

Sugt Moische zum Oibersten:
„Emmes, Emmes! Awrnhom is gewén a groisser Zaddik,
In san S'chüss welln die Jiden tien das Land Jiroel jarden.
Er hot aber gehot a Sihn Jischmoel
Wos er hot Moire gehot er soll arosgén letarbes
Ober verwus soll ech starben?"

. . . Moische, Moische! Jizchok is gewén a groisser Zaddik
In san S'chüss . . .
. . . Er hot ober gehot a Sihn Essev.
Dafür hot er gemisst starben.
Aber varwus . . .
Jankev hot nischt gewellt woihnen in Mizroim,
Hot er gemisst in Mizroim starben.
Aber ech, varwüs etc. etc.

V. Spottreime.

1. Chelemer Narrunim
   Pitkaminier Gannuwem
   Broder Dribkes
   Lemberger Pipkes.
   Tarnepoler Czipkes.   B.

2. Ofener Kamzonim
   Nicolsburger Lamdonim
   Prager Narronim
   Wiener Kezinim . . . —   Ung.

3. Sisser Chachomim
   Posener Narronim
   Kempner Gannowim.   Pos.

4. Nicolaier Meissim
   Plesser Chatteissim
   Sohrauer Kazzowim
   Loslauer Gannowim . . .[1])   O. S.

5. (Wenn einer mit einem Mädchen scherzt:)
   Chammer—Esel,
   Pitter—Kasel,
   Soer Bier,
   Nadir a Grâtzer!
   Schlôf mit mir!

6. Bill Bill
   Wie a Zok (Hündin)!
   Werd se springen
   Wie a Pôk (Pauke).

7. Jankele, Kankele,
   Flaschele Browen,
   Gul—gul—gul.

8. A Knack Jankele (ein Glas Branntwein).   B.

9. (Auf dem Weihnachtsmarkt:)
   Proben, Proben, Proben,
   Lauter schöne Proben,
   Solche Waren muss man loben, loben, loben,
   Kommen alle aus Paris,
   Oi, wie is der Handel miess!
   Und was hab' ich doch für kalte Füss!
   Warum is jener nit an Schewues geboren?
   Da wär'n mir doch wenigstens nit die Füss' erfroren!
                                                   Ostfriestl.

Abderiten und ähnliches:

1. Bummesl (Bunzlau in Böhmen)[2]).
2. Die Chelmer Narunem:

---

1) Vgl. Wa Itzehoe. 2) U. III. 27 f.

a) „Einmal ist gewesen halb chedesch (Monat) und die Lwone (Mond) ist nicht erscheinen. Um andern chodesch ist gestanden beim Rabbiner ein Kessel Wasser und der Abschein von den Mond hat man gesehen in das Wasser, hat der Rabbiner gedenkt. dass der Mond ist bei ihm in Wasser, hat er gesagt zum Schammes: „Bind herum dem Kessel Wasser mit ein Sack, dass die Lwone soll nicht können fortlaufen."

b) „In Chelem ist Mode, wie in alle kleine Städte, dass der Schul-Schammes gehet alle früh Morgen und vor Minche über alle Gassenund ruft: „Gehet—in—Schul—arein!" Einmal ist gefalln der erster Schnee, und viele glauben, wann man wäscht sich den Sterne (die Stirn) mit den ersten Schnee, wird man ein gutten Sikkoren (Gedächtnis) haben. War das ein Schaden für die Chelemer, dass der Schammes wird doch bei seinem Schulrufengang den Schnee zutreten. Haben sie ein Assife (Gemeindesitzung) gehalten, haben sie bestimmt, dass der Schammes soll nicht gehen mit die Füsse, sondern vier Menschen sollen ihn über die Gassen tragen, und er soll rufen: „In Schul hinein!" Wiss.

3. Friedrichstädter Row [Chochem].

4. Prager Schtuss und Wormser Nissim.

5. In Polen is nichts zu holen,
In Preussen is nichts zu beissen.

6. Schon vier Meilen vor Odessa brennen die Höllen-flammen[1]).

7. Schmue von Wunstorf.

8. Peckelsheimer Loschen kaudesch [Bo Gott u. a.].

9. Schen Mensch aus Rawitsch.

10. Pinte von Amsterdam.

11. Mosche Rabbene war e grosser Mann, nur schad', dass er kei Frankfurter war. Frkf. a. M.

12. Der Dätsch is a Schwanz [is a Hindik (Calcutt)] Kurland

---

[1]) O. 1844, 255.

13. (Der Portugiese sagt am Ausgang des Versöhnungs-
tages:) „Nu' is mein Mechile kåne Mechile mehr".
(Er schlägt am Sederabend die „Gode" auf und sagt:)
Is alles noch wie voriges Jahr.
Frau bring' die Fisch' rin!"   H.

VI. Varia.

1. Chassidimlieder.

a) Der Rebe hot geheischen freilech sein
Bis in waischen Tûg arein,
Flessken in singen
Op—zog singen
Tidel—li, Tidel—li.
Op—op—o
A—cha—cha—a
Op—op—a. Wiss.

b) Der Rebbe hot geheissen Bramwen trinken,
Der Rebbe hot geheissen luschtik sein. O. S

c) Gedalje: „Rebe wues et sån as Sof Welt?"
Rebbe: „Sof Welt et san as der Muschiech et kimmen."
G :   „Ni wues et san as der Muschiech et kimmen?'
R :   „As der Muschiach et kimmen et me spielen
        of a greussen Fidel."
G.:   „Aûs wues et sån der greuss Fidel?"
R :   „Der greusse Fidel et sån vin der Såt vin Schor
        habbor?"
G.:   „Ni Rebbe, mit wues et me spielen of dem
        greussen Fidel?"
R.:   „Mit a greussen Schmitschek (pol. Fidelbogen.)"
G. :   „In aus wues et sån der greusse Schmitschek?"
R.:   „Der greusse Schmitschek et sån vin Schwanz
        vin dem Lewjusen"[1]). Pol.

---

[1]) Vgl. T. 368.

Die Bettlerin.

Volkslied aus der Zeit der Judenverfolgung in Russland 1881.

1. Sitzt a Mä-del af'n Gass, die Ei-ge-lech nass, un bett a Ne-do-we-le, a klei-ne. Seht Men-schen, er-bar-met Euch i-ber mich Ar-me un git a Ne-do-we, a klei-ne.
2. Eu, sag du Mä-del, so schön un so e-del, wos is a so trau-rig dei-ne Mie-ne? Dein gan-ze Fi-gur, dein ed-le Sta-tur, die pas-sen doch nor for a Kzi-ne.
3. In Ki-ew ge-bo-ren, er-zo-gen ge-wo-ren in lau-te-rem äu-sse-rem Staat, Nor'a Un-glick is kum-men un hot uns zu-ge-num-men, alls wos mir nur ho-ben ge-hat.
4. Die wil-den Ka-tscha-pes,[1] mit sei-e-re Lap-pes,[2] sé ho-ben uns al-les ver-dor-ben, Das Haus is er-bro-chen, der Va-ter er-sto-chen, die Mut-ter vor Zo-res ge-stor-ben.
5. Der Bru-der is g'wor-en ent-zin-det vor Zo-ren; er hot den Mör-der er-schos-sen. Nor'a Jd mus ruhig le-ben, er tor nit zu-rück-ge-ben; man hot ihn in Ei-sen ge-schlos-sen.
6. Drum sitz ich af'n Gass, die Ei-ge-lech nass, un bett a Ne-do-we-le a klei-ne. Sieh Gott, eu, der-bar-me Sich i-ber mich Ar-me un nemm mich schon zu von der Welt.

(= K'zine.)

[1] Katschappes = Soldatenhorden
[2] Lappes = Tatzen.

Frau Dr. M.

d) 1. Iech will lieber lernen a Blättele Rasche,
   Eider iech soll essen rüssische Kasche (pol. Grütze).

2. Iech will lieberscht lernen a Blättele Gemure,
   Eider iech soll dienen die Awäudesure.

3. Iech will lieber liegen drä Eilen in dr' Erd,
   Eider iech soll trügen a rüssesch Schwert.

4. Iech will lieberscht liegen mit die Füss zi de Thür,
   Eider iech soll sän in rüssesch Quartier.

5. Iech will lieberscht gein of alle vier,
   Eider iech soll trügen a rüssesch Mondier (Montur).

e) (Beim Klabrias:)

Aweusi ki botschi
Burech wues host Di?
Host Di Oiber, Malke, Meilech, Toes (Ass),
Soi nemmsche oes!
A nischt, geih aroes[1])!

f) (Gegen die Modernen:)

Die Gojim geien ins Theater
Und warfen af de Schickses Kränz.
Ober wenn Meschiach kimmt,
Wer'n wir reiten öf de Pferd
Und die Dätschen öf de Schwänz.

g) Joi, joi, joi,[2]) u. s. w.

2. Der Hakodausch-boruch-hu hat gesogt,

Man soll sich nicht uzen mit Täben.
Unter Täben is hier nit zu versteh'n
Ebbes so'n Vegelche,
Die uf de Dächer umfliegen,
Ei, damit is gemänt
Leit, die nit gut hören kennen.

---

[1]) Vgl. Wa Malke. [2]) Vgl. V. 1897 S. 146, Nro. 94.

Der Melech ha-kodausch-boruch-hu
Hat gesessen uf'n Trohn.
Unter Tröhn is hier nit zu versteh'n
Ebbes so'n Zeug,
Wo man die Stiwwel mit einschmiert,
Sondern einen von Gold,
Wo auf der Melech h. b. h. sitzt. Ostfriesl.

3) Amsterd. Studentenlied.

Zwischen zwei Eisen,
Wie gleiche Brüder,
Sind die Tage vom Matthia.
Die eine abend Waffeln,
Die andere wieder   [?]
Warme, ruft man
Auf der Strasse, sind da.
Viereckig, viereckig ist ihre Gestalt.
Man isst sie auch kalt.
Man isst sie auch kalt.   Hamb P.

4) Tische beow

Mag fasten der Row!
Schiwe osser betammes
Mag fasten der Schammes!   O. S.

5) Auf gewisse Reden:

Mengelmuss und Beigericht,
Schlotten und Charausses,
Dawke, sie verstehen nix,
Sogen se, s'war was Grausses   H.

6) (Topp!)

Nemm de Strick von de Kauh!
Klapp in, schlag tau!
Ki l'aulom chasdau.

7) In libris.

Dieses Buch ist mir lieb,
Wer es stiehlt, der ist ein Dieb,
Er sei Herr oder ,Knecht.
Es steht der Galgen für ihn zurecht.   O. S.

Die Feder ist mein Pflug.
Die Tinte ist mein Samen.
Drum bin ich so klug
Und schreibe mir meinen Namen N. N.   O. S.

8)   Der Marschalik[1]) fragte etwa:
Eine L'wone, eine Mikwe und Kinnim —
Wie reimt sich das zusammen?
  In die L'wone kann man gucken,
  In der Mikwe soll man sich ducken,
  Gegen Kinnim muss man sich jucken —
So reimt sich das zusammen.   H.

9)   Der Isak kommt geritten,
Er hat 'ne Zeitung in der Hand,
Da glauben alle Jidden,
Die Cholera sei schon im Land.   M.

10a. Reb Efroim Greidiger,
der jüd. Till Eulenspiegel. (Pol.)

Einst kam dieser Chasen mit seinen Meschor'rim zu einer geizigen Schweiger (Pächtersfrau). Er fand einen grossen Topf mit Essen vor, doch wollte sie ihnen nichts geben. G. lockte sie hinweg und stopfte rasch seine Hose hinein. Nun überliess sie ihnen alles.

Gr. kauft Eier und sagt dem Bauern, er solle seine Arme über einander legen, er wolle sie darauf Stück für Stück abzählen. Als er nun bereits eine grössere Anzahl auf des Bauern Armen aufgehäuft hatte, lief er mit dem Rest davon. Der Bauer konnte, wollte er nicht den ganzen Haufen fallen lassen, nicht von der Stelle.

---

1) Vgl. Ka 134 f.

Einem anderen Bauern steckt G Zwecken oder [Nägel in den Stuhl, und als dieser sich darauf setzt, läuft G. mit der Ware davon.

G. schickt die Bauern ins Bethhammidrasch, sie sollten dort Holz abladen. Die Bauern warten vergebens auf Bezahlung.

G. bestellt bei einem Bauern Häcksel, das er zum Fenster der Mikwe hineinschütten soll.

b) Elje, ein Hamburger Tellerhändler.
(Sein Standbild im Hamb. Panoptikum.)

100 Menschen können auf einem Stuhle sitzen, — nämlich einer nach dem andern.

Wie alt muss man sein, um von den Aerzten kuriert zu werden? — Beim Jungen reden sie von der Jugend, beim Alten vom Alter!

VII. Spiele.

1. In älterer Zeit besonders: Schach, Nuss-Spiel, „Grad oder Ungrad", Rücken oder Schneid", Kartenspiel, Tanz, Waffen-übungen[1]).

2. Chanucka:[2]) Kinder werfen in eine Schüssel voll Sand Dreilinge und greifen mit Löffeln hinein; wer einen herausholt, hat gewonnen. Hamb. P.

3. Trendlech (Fergele, Drehdel), aus Blei gegossene kleine Kreisel.

4. Quittlech: Auf Zetteln (Karten) werden die hebräischen Ziffern bis סי׳ק (64) gezeichnet. Wer einen von den „trockenen" Buchstaben [die bis ו (6), das „älteste Oss '] bekommt, darf ihn zu der höchsen Karte hinzuzählen, [Scherwenz], so dass er, wenn er 64 und 63+1 hat, das Spiel gewonnen hat. K'seder, d. h. auf einander folgende Zahlen z. B. 24, 25, 26, 27, ist Trumpf.

5. Es wird mit Kreide ein neunteiliges Feld gezeichnet, und jeder der beiden Spieler hat zu verhindern, dass sein

---

[1]) G. I, 60. II, 210 f. III, 138. B. 8. 10. 11. Ro 180. [2]) Chanje = Chanucka-Spass. Chanucko- K'towes. Spiel (mit Karten und Würfeln) wurde öffentlich an Chan., Pur. und beim Wochenbett gestattet.

Partner drei in einer Reihe liegende Felder besetzt. („Meck'
mech ün stell' mech!") Pol.

6. Purim: Doctor Faustus-Tanz, pantomimischer Scherz·
Dr. Faustus, Karrikatur eines Arztes, barbiert nach den Takten
einer lustigen Musik seinen Partner. (Pless O. S., erste Hälfte
dieses Jahrhunderts.)

7. In Altona kannte man ein Spiel:
  „Ahraham sein Pferd"[1]).

8. Geheimsprachen:[2]) P.- und W.-Sprachen, z B : Guten
Morgen = Gupupen mopopen[3]) u. ähnl, oder Erbsensprache:
Erbsele, Berbsele u s. w.

9. Gottes Segen bei Kohn.

— · — ·→**←· —͞ — · — ·

III. Glaube und Sage.[6])

„Wo sind al' die Wunder, die unsero Väter uns erzählt?"
Richter 6, 13.

1. Tierglaube.

1. Ein gewisser v. H . . .e in Hamburg, in den 50er Jahren,
z. Z. des grossen Brandes gestorben, erzählte von seiner Mutter:
„Sie hatte eine Schabbesgoje, die sehr gern naschte. Eines
Tages ertappte sie eine Katze beim Rahmtopf und klopfte ihr
tüchtig auf die Pfoten. Am nächsten Freitag kam die Schabbesgoje mit verbundenen Händen. Sie hatte in Katzengestalt die
Prügel eingeheimst[4]).

2. In Rawitsch hörte einst im Hause des Rabbi X. die
Köchin Fische klagen, die sie soeben in den Kessel gethan.
Der Rabbi liess daraufhin die Fischteile auf dem „guten Ort"[5])
beisetzen.

---

[1]) Sch. II, 5. [2]) Als solche erscheint das dunkle יכל‮ יוסי את יוסים‬
Sanh. 56a. (Vgl. O. L. 1845, S. 221. R. D. E. J. 1884 p. 166 ff. (Jabe,
Jose, Josa) und Kohut, Aruch compl. s. v. יוסי‬ s U. II, 111. [3]) Vgl. Steinschneider Volkslitt. [4]) Vgl. „Die Zukunft" IV, 6. U IV, 81. 114. Wu 417.
447 Grimm, D. Sagen I, 337. Maa 27 [5]) Vgl. Wu 449.

3. Frösche[1]) darf man nicht schlagen[2]), es sind fromme Tiere, sie haben beim Bau des Tempels das Stroh herbeigetragen. O. S.

4. Auch Fliegen haben durch Herbeitragen des Wassers geholfen, aber Spinnen haben das Feuer angelegt[3]) sie soll man töten. Pol. Hingegen schonten beim Reinigen die Prager und Wormser die Spinneweben in ihren Synagogen, weil der Name Gottes von den Wänden hätte mit weggewischt werden können.

5. Mädchen, die pfeifen, und Hühnern, die kräh'n, soll man beizeiten den Kragen umdreh'n[4]), d. h. man soll die letzteren schächten, darf aber nicht sagen, dass es aus diesem Grunde geschieht[4]).

5. Sobald der Hahn kräht, verlieren die bösen Geister ihre Macht[6]).

2. Geisterglaube.[7]

1. Wenn' man in der Nacht, z. B. vom Händewaschen,[8]) schmutziges Wasser auf die Strasse ausgiesst, sage man vorher dreimal: „Geht fort!" Einmal hat dies ein Mädchen unterlassen, da ist ein Dibbuk in sie gefahren. Wiss.

2. Einen Wirbelsturm, sagt man, machen die Mechaschfim. Einmal warf ein Chosid ein Messer in einem solchen „Staubdrehdel", da kam Blut heraus Wiss.[9]) Im Wirbel sind Schedim. Pol.

3. Bevor man in die Synagoge eintritt, soll man anklopfen. Im Oren hakaudesch sind Engel. Hannover. H.

4. Jeder Mensch hat seinen Schutzengel[10]).

5. Dem Satan das Spiel verderben sollen: das Blasen am 1 Elul, die letzte Tekiah am Jomkippur, das Lulabhschütteln, das Beschliessen und sofortige Wiederbeginnen der Toraverlesung an Simch. Tora u. a. m.[11]).

---

[1]) Vgl. Maa Nro. 143 „Und Ihr habt mich nit gefragt") S. 39c. [2]) Vgl. Wu 111. 448. [3] U. VII, 48 [4] U VII, 47. Vgl. Wu 371. [5]) Jos. 203a. Wu 112. 189. 269. 454. [6]) K 291. [7]) Ueber die Stellungnahme der Rabbinen zum Dämonenglauben vgl Maimonides. Hilch. Akkum C. 11 § 16, im Ggstz. dazu Thom. v. Aq. Näheres bei Finkelscherer, M. Maim. s Stellung zum Aberglauben. Bresl. 1894 [8]) Jos. 25b. Vgl. Chulin 105b. Joël I, 69. [9] Vgl. Wu 445. [10]) G. I, 162 [11]) Mi 33b. Tyr. 46b. 57. Vgl Ki 217.

6 Man lege nichts unter die Dachrinne, denn dort hausen die Dämonen[1]). Die Dämonen sollen aus Norwegen stammen[2]).

7. Was am ersten Tage des Monats geschieht, ist bedeutsam für den ganzen Monat, in gutem wie in bösem Sinne[3]).

8. Ebenso, was am Ausgange des Sabbats geschieht, für die ganze Woche.

9. Montag und Donnerstag soll man nichts beginnen[4]).

10. Mit dem „Lernen" beginnt man am Neumondstage[5]).

11. Bei zunehmendem Monde soll man heiraten, ein neues Haus beziehen, Medizin einnehmen und ähnl., denn dies gilt als Simmentobh[6])

12. Den Tag vor Schabhuoth[7]) „is eine böser Luft gegangen as Iisroel haben die Taure antfangen . . . Der hot geheissen „Tabhuach", wenn Iisroel nit hätten well'n die Taure annemen, so hätt' er sie alle umgebrucht" Darum soll man am Erebh Jomtobh nicht zur Ader lassen[8]). Zwischen dem 17. Tammus und 9. Abh herrscht täglich von 7—9 Uhr der Ketebh m'riri. In diesen Stunden gehe man nicht allein, der Lehrer schlage nicht den Schüler und ähnl.: „denn das Massel von dem Jehudi is (chas w'scholaum!) nit fast gut in den Tagen"[9]).

13. Gegen solche böse Luftgeister schützt Fasten[10]).

14. Heilige Zeiten, da die Schedim und Ruchaus keine Gewalt haben, sind: die Pesachnächte, daher „wird kein כּנן אבות und ויהי נעם[11]) gesagt."

Man sagt nämlich כּנן אבית ,vun der Massikin (Damonen) wegen [denn vor Zeiten haben sie ihr' Schulen auf dem Feld gehabt] für die zu spät Gekommenen, die allein zurück mussten[12]). יהי נעם ist ein Schutz gegen die „Ungeheuer"[13]), denn es kommt darin sieben Mal ein „Sajin" (ז „Waffe") vor. Das שמע ישראל schützt vor den Schedim (שד), denn es beginnt mit einem ש (in שמע) und schliesst mit ד (in אחד).

[1]) Jos. 203 b. Vgl. Wu 85. [2]) H. B 14, 33 [3]) Jos. 202 b. [4]) Jos. 203. Vgl. Wu 57, 58 [5]) S. hingegen Jos. 202 b. Gränb. 260. [6]) Jos. 203. Vgl. Wu 56 339, 372. [7]) Mi 28 b. Vgl. Tyr. 29. [8]) Mi 30 b. Tyr. 30. [9]) Vgl. Joël 1, 100. [10]) Mi 27. [11]) Mi 17 b. 20. [12]) Mi 17 b. 24 b. [13]) Das. 3. 19 b.

Im Ma'aribh von Rosch hasch[1]) lässt man עֹשֶׂה שָׁלוֹם aus:
„denn עֹשֶׂה is aso viel in der Zahl as סַפְרִיאֵל, der Schem
(Name) vom Malach, der den Soten macht schweigen[2]) und
lernen S'chuss auf Jisroel". וּפָרֹשׂ עָלֵינוּ sagt man am Freitag
Abend, weil da gerade die Agrat, die Königin der Dämonen,
auszieht.

3. Sagen[3]) und Märchen,

„Frage deinen Vater, dass er dir künde
deine Alten und sie werden dir erzählen!.
V. M. 31, 7.

1.[4]) A Schwieger is nischt gewesen git mit ihren Êdem
Ün sie is gewesen a Kischefmachern. Hot se ehm gewellt
Schlechts thin. Hot se genemmen a Teppel Wasser ün hat
Kischef gethin ün hot es gestellt kochen zim Feier. Der Êdem
hot gesehn, wie sie steht bem Feier ün hüt' das Teppel, s' soll
kochen ün es soll nischt asloifen das Wasser, hot er verstannen,
as düs kocht sie far ihm. Hot er de Sach abgehüt, er soll
sehn, wus sie werd thin mit dem Teppel Wasser. Er hot sech
gelegt schlufen, ober er is nischt geschlufen, nor er hot gekickt,
wus sie will thin mit dem Wasser.

Hot er gesehn, wie sie effent die Tier ün stellt das Teppel
Wasser zi ihm in Stüb aran. Is er gegangen ün hot genemmen
das Teppel Wasser ün hot es ze ihr in Stüb arängestellt. In
der Frih is er afgestannen, is die Schwieger gewesen gefroiren.

2.[5]) S'is mul a Jid gekimmen zem Rebb'n. Sugt ze ihm
der Rebbe: „Die führst ahēm, nemm der mit Challes!" Sügt
der Jid: „S'is doch nor ze fuhren en halbe Mäl!" Sugt
der Rebbe: „Von deswegen nemm der mit Challes!" Der
Jid hot sech gekoift Challes ün is aweggefuhren. Ün is aweggefuhren a stickel Weg. is er verblonset[6]) geworn in a Wald
Er is gefuhren in dem Wald a ganzen Tug, dernüch hot er

1) Mi 36. Vgl. Tyr. 36 2) Tyr. 8. 3) Vgl. Grimm, D. Sagen I, 338
4) Vgl. IV, 76. 96. 257 Frankl, Nach Jerus. u. a. 5) Vgl. Maa Nr. 138,
S. 37. 6) Verirrt.

dersehn a kleinczik Stibele. Is er zi dem Stibele zigefuhren.
Er is arängekimmen, hot er dersehn én alten Mann sitzen. Hot
er gefrégt, zi er konn du ibbernächtigen Hot der alter Mann
gesugt: „Jo."

Der hot genemmen ün sech arüsgelegt die Challes vin den
Ränzel ün hot sech zigerecht dem Schabbes ün hot sech gestellt dawnen. Bä Nacht is ungekimmen efscher zwanzig Perschoin.
Er ist gewesen in dem Stibel. Sennen die alle Menschen ze
ihm arängekimmen ün hob'n ihm gesugt: „A gitte Nacht! Di
wés, wü De bist izter?"

Sugt er: „Jo! Ech wés, ech bin in a Wald ün in a klén
Stibel " Sug'n die Menschen ze ihm: „Nén. Di bist bei üns in
der Händ". Ün nemmen ihm ün un will'n ihm schoin hargenen.
Hot er sehr ungehoiben ze wénen ün hot se gebeten, as se
solln ihm ublossen bis morgen of der Nacht. Hob'n se of ihm
Rachmunes gehobt ün hob'n ihm ubgelosst of dem Tüg ün
hob'n ze ihm arängestellt én groissen Bär, er soll ihm hiten,
er soll nischt aweggehn.

Der hot nischt gekickt of die alle Sachen ün hot sech
gesetzt essen. Er is gegangen ün hot genemmen vin dem
Essen ün hot gegibben dem Bär ze essen. Der Bär hot ober
bei ihm gor nischt gewollt nemmen. In der Früh hot er wäter
dasselbe getin, ober der Bär hot ach nischt gewollt essen. Wie
es is gekimmen ze Schalleschides, hot er wäter sich gewaschen
ün hot gegeben dem Bär a Stickel, hot er schoin gegessen.
Wie er hot gesén, as er esst schoin, hot er ihm gegibben alls
Ding, wüs se is ihm geblibben vin Schabbes, ün der Bär hot
alls Ding ufgegessen.

Darnuch hot er gedawent Maarev ün hot gemacht Avdule,
hot ihm der Bär üngenemmen bei Polle ün hot ihm zigefihrt
zi a Stibel ün hot ihm offgeeffnet de Thir ün hot ihm aräng-
gefihrt.

Hot er gesehn, as se ligt a ssach Gold ün Silber. Hot
es ihm der Bär ze drinnen zigestippt. Hot er verstannen, as
der Bär verlangt, as er soll sich nemmen Gold un Silber.
Hot er das ganze Gold ün Silber, wüs is gewesen, üngepackt

in sàn Wegerle. Er hot gesehn, as der Bär wàst ihm alls Ding
ün thit ihm gor nischs, is er gegangen ün hot sech offgesetzt
off dem Wegerle.

Der Bär hot ungehoiben zi gehn vuròs ün er is dem Bär
nachgefuhren, bis er hot ihm zigefihrt zim Weg. Sen ungekimmen die alle Gaslunem. Hob'n se gesehn, wie der Bär
gaht vuròs ün er fuhrt nuch, hob'n se ze dem Bär gesuggt:
„Nemm ihm!" Der Bär is gestanden ün hot gor nischt getin.
Hot der Jid verstannen, as dus is a Loiduwer. Hot er ze dem
Bär gegeben a Geschrè: „Nemm sè!" Is der Bär zigeloffen ün hot
sè alle zerrissen off Sticklech ün hot ungehoiben, wàter ze gehn
vuròs ün er is nuchgefuhren, bis er hot ihm zigefihrt zim rechten
Weg. Hot sech der Bär aniddergelegt ün is gepegert.

Is gegangen der Jid ün hot ausgegruben a Grib ün hot
dem Bär aràngelegt. Ün der Jid is zerickgefuhren ze dem
Rebbn vün dem Weg. Asoiwie er is aràngekimmen zim Rebbn,
hot der Rebbe ze ihm gesuggt: „Host gehatt a gitten Schabbes?"
Hot er ungehoiben ze wènen Hot der Rebbe ze ihm gesuggt:
„Wèn nischt, wàl ech hob Dech gemisst ahin schicken. In dem
Bär is megilgel geworden a Jid, was er hot ken Schalleschides
nischt gehalten. Hob ech Dech gemisst ahinschicken, er soll
mekajm sein Schalleschides, k'dè er sull nizzel wern vün dem
Bär, wur'n er hot schoin viel Menschen massik gewen."

3) S' is gewesen a Jid. er hot gehat a Minneg, wie viel
Jidden s' is gewesen in Stadt, hot er se ze sech of Schabbes
genemmen. Én màl is gewesen a schlechter Wetter. Is kèn
schüm Oirech ze im gekimmen. Hot er mit sàn Sihn genemmen
zwè Pferd un se hom sech afgesetzt ün sennen gefohren sichen
Orchim, èner in èn Sàt ün èn de ander Sàt.

Soi wie der is gefuhren, is im akekengekimmen a ville
Führ mit Menschen. Hot er se of dem Weg nischt gewollt
derczeppen[1]) ün is se nuchgefohren, er soll sehen, wi se fuhren
Er hot gesehn, as se fuhren aweg vün sàn Hús, hot er sech
akeken se aniddergestellt ün hot se nischt gelosst fuhren, nor
se solln bà ihm blàben of Schabbes.

1) Anreden.

Hobb'n se nischt gewollt. Se hobbn gesugt, a dus is Pickiach nefesch Er hot ober se nischt gelosst wâter fuhren, nor se missen be im Schabbes holten. Er hot se zigesugt, as se er werd se geben de beste Pferd, se solln konnen nach Schabbes im Girsten[1]) fuhren. Se hob'n sech ze im imgekehrt of Schabbes ün ganz Schabbes hob'n se gur nischt gesuggt. Wie es is gekimmen zim Schalleschides, hot der Balbus ze se gesugt: „Aren se sech bissel zi! Es stehn schoin angespannt mâne beste Pferd ün Se konnen fuhren im Girsten wie Se darfen".

Hob'n de Orehim gesugt: „Azindert[2]) hob'n mir schoin Zât, as mer sennen nächten nicht gefuhren, darfen mer sech hant nischt âlen". Hot der Balbûs ze se gesugt: „Wus fär êne Gescheften hot Ihr?" Hob'n se im arângerifen in a klên Stibel ün hobn im gewisen sêre K'lê machschirim, as se sennen Gaslunem ün se hob'n ze im gesugt: „Azindert geb her Dân ganz Geld, wus Di host! Mir missen Dech hargenen".

Hot der Balbûs ver sê ungehoiben ze wênen ün hot ze sê gesugt: „Nazach[3]) das ganze Geld, wus ech vermog, abi lossts üns leben". Hobn die Gaslunem gesugt: „Nên, mir missen Ach hargenen, dus helft gôr nischt." Hot der Balbus ungehoiben zi beten: „Ech bin doch schoin bâ Ach in de Hend, ech bet Ach sehr, Ir sollt mir noch pozwolen[4]), 'melawwe Malke[5]) ze essen, wâl ech ess tumid melawwe Malke".

Hobn de Gaslunem sê pozwolet, mel. M. ze essen. Der hot sech anidergesetzt essen mel. M. ün hot sehr bâ de mel. M. gewênt. Ün hot de Liwwe Malke ubgegessen ün hot ze de Gaslunem gesugt: „Azindert konnt Ir mit uns tin, wus ir willt." Hob'n de Gaslunem genemmen ün hob'n zigeschlossen die Thiren ün hobn de alle Menschen gebinden ün hoben ungehoib'n das Geld mit alle Sachen zesammen ze packen. Asoi wie se hobn gehalten immit Packen, is angekimmen a Schkadron Seldner ün hob'n ungehoiben ze schlugen die Fenster, as men soll sê gibn Bromwen. Die Gaslunem hobn geschn, as men schluggt

---

1) Schleunigst. 2) Jetzt. 3) Nehmt Euch. 4) Erlauben. 5) Vgl. T. 165.

die Fenster, hobn se Moire gehat ün se hobn ungehoibn ze antloifen. Sennen se aroisgekimmen in Hüs ün se hob'n sech ofgeeffnet èn klène Thir, se solln awegloifen. Is gewèn a groisser Grib mit Wasser. Sennen se alle arángefallen ün sen dertrunken geworden.

Dernuch is arángekimmen Dowid hammelech ün hot die alle Menschen ofgebinden ün hot ze se gesugt: „Fer dem, wus Ir esst alle Woch màn Ssïde, hob ech Ach vün dem Toidǀgerattet"[1]).

4.[2]) Èn Mann hot Chassene gemacht a Tochter. A Tog vàr der Chassene hot die Mutter gesugt zi der Tochter, sie soll eppes thun ün sie hot nischt gewollt. Hot sie sie gescholten: „Der Riech[3]) soll Dech zünemen!" In der eigene Minüt is die Tochter arüsgegangen àf der Gass ün sie is verschwinden geworn.

Is die Mutter imgefohren zwischen alle gitte Jidden, hot men ir gesugt, se soll gahn be mer Schloss[3]) ün sie soll sech anider- stellen un soll gòr nischt redden. Sie werd sehn, as es werd verbeigehn Menschen Oizres[5]). Sie welln sie fregen, wo sie steh thu. soll se gòr nischt entwern, nor sie soll se kicken, bis werd kimmen ir Tochter, ün Menschen well'n nuchgehn, soll sie zilofen, soll die Tochter ünchappen ün soll sogen: „Dus is màn Kind". De Menschen welln zigehn, welln sie ràssen, sie soll sie nüchlosen, sie soll ober nischt heren, wùs man werd ir sogen, nor sie soll sie festholten.

Is sie hingegangen, hot sie geschn, as se geht verbei Menschen ün dernuch hot sie gehert Musik spielen, ober sie hot sich gòr nischt üngekickt zi die alle Sachen, bis sie hot gesehen, as me fihrt schoin ir Tochter zi de Chippe, is si zigelofen ün hot sie üngechappt ün hot gesugt: „Dus is màn Kind, ech los sie nischt üb."

Nü sie hot sie geholten a Schü[6]) oder meh ün se hob'n se alle vin ir gerissen ün sie hot sie nischt nüchgelosst, bis is gekimmen zwelef der Seger[7]), hot der Hühn gegeb'n a Krah,

---

[1]) Ueber die Dawidlegende vgl Maa Nro. 194. [2]) Vgl. Grimm a a. O. I, 308 f. [3]) Böser Geist. [4]) Vgl. Berach. 3 (Abenteuer R. Joses). [5]) „Die Menge". [6]) Stunde. [7]) Uhr.

sennen die alle Menschen, wus sie hot gesehn ver sech, verschwinden geword'n. Sie is geblibn allèn stehn mit ir Tochter ün hot sie hèmgenommen.

5) Is amûl gegangen a Mäd'l sich baden mit a Jing'l Hobn sie bède zi sech geredt, as sie sull'n bède amül chassenen. Rift sich un das Mäd'l: „Wiesoi hot me Chassene?" Hot sich das Jingl angerifen: „Host nischt gesehen bei Moisch'n sei Chippe, wie e soi se hob'n Chassene gehobt?" Sogt sie: „Nèn". Rift sich ün das Jingl: „Ech well Der wäsen". Ün hot ubgebrochen bäm Täch a Stickl Czeret[1]) ün hot gemacht a Fingerl[2]) ün hot ze ihr gesugt: „Hare at . . " A soi wie er hot ze ir gesugt: „Sehst, wiesoi me hot Chassene?", is sie vün seine Oigen verschwinden geworden".

Darnuch is die Mutter vün dem Mädl rumgefuhren sichen das Mädl. Is sie arangekimmen in a Stüdt. Is gewèn a Kischefmacher. Is se ze im gegangen ün hot ze im gesugt die ganze Geschichte, as se is schoin zehen Juhr verbei, wo se wesst nischt, wü d's Kind is.

Hot der Kischefmacher ze ir gesugt, sie soll sech aniddersetzen Schabbes in der Frih lem'än ängefallen Hüs ün soll ofgestelln das Värtach[3]), werd ze ir in Värtach aränfliehn Vegel vün der ganzer Welt. Soll se sehn, as es werd aränfliehn èn Voigel, wus er werd gehn af den Fiss arumgebinden a Bändel, soll sie dem Voigel unchappen ün soll mit im ahèmlofen. Hot sie asoi getun ün hot gechappt dem Voigel ün is mit im ahèmgeloffen ün wie sie hot dem Voigel ubgelosst in ir Stüb, is er gläch geworn a Mensch. Düs is gewèn ir Tochter.

6) Amül hot èner verstand'n Siches Ofes[4]). Hot er gehatt bei sich Ochsen ün Esel. Is er amül arûsgekimmen zi sehn in Stall arän. Hot er gehert, wie sie bède redden zi sech. Das Esel hot gesugt zim Ochs: „Di host lächtere Arbèt vün mir.

---

[1]) Schilf. [2] Ring (Vielleicht eine dunkle Erinnerung an das Märchen von den 7 Raben.) So ist auch das Grimm'che Märchen „Der Wolf und die Geiserchen", in der „Masse vin dem Babyzkole" (Ü. 1897, S. 13) wiederzuerkennen, ähnlich wie wir im „S. Maaseh Nissim" auf die Siegfried- und die Faustsage stossen. [3]) Vortuch, Schürze [4]) (Vogel-)Tier-Sprache. Vgl. Maa Nr. 143. Mitt. d. Schles. Ges. f. Volksk. 1897, S. 62.

Ech arbeit bei Tog ün bei Nacht ün Di arbeitst nor bei Tog
ün bei Nacht ruhst Di." Hot sich der Ochs angerifen zim Esel:
„De bist ei Naar". Hot das Esel gefregt: „Verwus?' Hot er
gesugt: „Wäl Di host kên Sechel nischt". „Wus sell ech thin?"
‚Der Balbüs werd Dir bald arüskimmen ün gibben essen
Sollst De Dech anidderlegen ün sollst nischt wellen essen, werd
er Dech schoin mehr ze kêner Arbet nischt nemen. Wirst De
schoin Ruh hob'n"[1]).

Der Balbüs ist der Minüt arüsgekimmen ze geb'n Essen.
Hot er gehört, wie se redden ze sech bêde. Is er zerickge-
kimmen in Stüb arän ün hot ungehoiben ze lachen Is das Wäb
ze im gekimmen ün hot in gefregt, wus er lacht. Hot er gesogt, dass er thor nischt aussugen. Das Wäb hot im ungehoiben ze beten un hot gesugt, se werd im nischt ubtreten, er
miss ir sogen, wus er hot gelacht. Hot er gesogt: „Wenn ech
sug Dir aus, wus ech hob gelacht, miss ech starb'n". Hot sie
gesogt: „Ech will ober wiss'n". Is er gegangen ün hot sech
aniddergelegt of dem Bett ün hot gewollt sogen, wus er hot
gelacht.

Er hot gehatt in Stüb ên Hind ün en Huhn. Der Hind hot
gesessen ün hot ên Bên gebiss'n ün de Huhn is mit de Hihner
arümgeloff'n. Sogt der Hind zi dem Huhn: „Dir g'lisst sich ze
spilen, der Balbus ligt af dem Bett ze starben?"[3] Sogt der
Hühn zim Hind: „Loss der Balbüs nischt sän kên Naar". Hot
der Hind gesugt: „Verwus?" Hot der Huhn geentwert: „Ech
hob a so viel Wäber ün vün deswegen hob'n se alle vor mir
Moire. Er hot ên Wäb, soll er doch hier starben".

Der Balbüs hot gehört, wie der Huhn mit den Hind reden
asoi bêde, is er arufgelof'n vün dem Bett ün hot genimmen a
Stecken ün hot se ungehoiben ze schlugen: „Wesst De schoin,
wus ech hob gelacht?" Hot sie ungehoiben ze schrein, se will
schoin nischt mehr wissen. Er hot se ober git geschlog'n, bis
se hot ungehoiben ze schreien, as se werd im schoin nischt
mehr fregen. Dü is de Maasse.

[1] Vgl. Midr. r. Ester 7. [2] Knochen. [3] Vgl. Wü 12).

7. S'is gewen a Purez[1]). Hot er gehat e Jid, wås hot mit im alle Geschäften gemacht. En mål is em verloiren gegangen en gitter Ring. Hot er geschickt rifen dem Jiden ün hot im gesogt: „Alle Geschäften versorgst Di mir ün ech bin vin se sehr zefrieden. Es is mer verloiren gegangen der gitter Ring ün ech bröch'n netig ze hob'n bis verzehn Tog. Hosti Zåt mir'n zi breng'n. Ech gib Dir Geld wieviel Di bedarfst ze hob'n ün führ mir sichen dem Ring"!

· Der Jid hot zigenernen das Geld ün is gefohren sichen dem Ring ün is imgefuhren die alle vierzehn Tog sichen dem Ring ün hot im nischt gekonnt gefinnen. Is er z'rickgekimmen zim Pårez ün hot im gebeten, as er soll im noch acht Tug Zåt giben. Ün dås is gewesen acht Tug var Pesach. Ün der achter Tåg is åsgekimmen die erschte Nacht Seder.

As der Purez hot geschn, as dås is schoin der achter Tug ün er is bald verbei, is er gegang'n sehn, wås der Jid tit. Der Jid hot gehat a Minneg, wie viel urme Jidden s'is gewen in Stådt, hot er se ze sech genemmen zim Seder. Ün wåter hot er gehat a Minneg, as s' is gekimmen ze „dajjene", hot er gesugt dem Pussek ün die alle Orchim hob'n gesugt „dajjene". Der Purez hot gehat e Meschores, hot er gehessen Dajjene. Hot er gehért, wie er sugt dem Pussek jedes Mål ün die alle Orchim sugen „dajjene", hot er zi sich getracht, as die alle Orchim sugen „dajjene", hot dem Ring sicher Dajjene. Ün is ahemgegangen ün hot genemmen schluggen dem Dajjene, bis er hot im den Ring ubgegib'n   B.

— —

Lokalsagen.

8. Posen: In der Jomkippur-Nacht halten die Toten in Schul Gottesdienst. Der zur Tora Aufgerufene muss rückwärts auf seinen Platz zurückkehren.[2])

9. Einst träumte der Rabbiner, es liege in der „Schul" eine von tückischer Feindeshand dahin gelegte Kindesleiche. In der

1) Graf, Edelmann, wohl von פָּרֶץ oder = פָּרִיץ. Sacher - Masoch, Polnische Judengeschichten (Jüd. Un.-Bibl. 9) S. 62, übersetzt: „Lumpiger Cavalier". 2) Vgl. Das. 11—12 S. 97 ff. Wu 441.

That fand er eine solche an Ort und Stelle und nur durch die schleunige Beseitigung des Leichnams wurde die Gemeinde vor schwerem Unheil bewahrt.

10. Köln: R. Amram, der in K. ein Beth ha-midrasch geleitet, wollte neben seinen Eltern in Mainz begraben sein. Seinen Sarg konnte niemand ans Land schaffen, bis man einige Juden zu Hilfe rief; denen gelang es. Die Christen bauten über der Landungsstelle eine Brücke, aber in einer Nacht wurde statt des R. Amram ein Dieb in seinen Sarg gelegt.

11. Worms: Die Mutter des Jehuda ha-chassid begegnete kurz vor seiner Geburt in einer engen Gasse zwei Reitern, die sie überritten hätten, wenn nicht plötzlich die Mauer, an die sie sich presste, nachgegeben und eine Nische sich gebildet hätte, die noch heute zu sehen ist[1]).

12. Die Wormser haben ein „Chumesch", das vor Jesus' Zeit geschrieben worden sein soll.

13. Sie glauben, der Messias werde in W. geboren werden.

14. W. hiess das kleine Beth ha-mikdosch[2]).

Über das נר התמיד לשני אירחים, die י״ב פרנסים und den Raschistuhl s. Maas. Niss. 9 u. s.

15. Dem Schammes zu Worms erschien der Geist eines bei Lebzeiten als lax in seiner Frömmigkeit bekannten Mannes und sagte dem Sch., sein Verdienst sei gross, weil er die Psuke-d'simra so schön vorzutragen verstanden. (Jos 35.)

16. In Aschkenas isst man Freitag Abend stets Kuchen. Einst wurde ein Kind den Eltern geraubt und nach einem Ort gebracht, wo auch Juden wohnten. Als nun der Sabbat kam, ergriff das Kind ein solches Verlangen nach dem Sabbatkuchen, dass die Räuber es garnicht beschwichtigen konnten, bis sie es in das Haus eines Juden brachten. So wurde das Kind aus ihren Händen befreit. (Jos. 78.)

1) Vgl Maas. Niss. 8. Jüd. Un. Bibl. 8. S. 49. 2) Vgl. Sch. I 407.

Trauring.

Nach einer photographischen Aufnahme des Herrn Stud.
Ernst Löwenherz, Hamburg.

———

Das Original befindet sich in Hamburg. Privatbesitz.

IV. Sitte und Brauch.[1]

„. . . . . . . wie wir gethan, wir und unsere Väter."
Jer. 44, 17.

1. Im Alltagsleben.

1. Beim Benschen lässt man kein ganzes Brot auf dem Tische[2] (weil heidn. Brauch), auch kein Messer, weil einer sich das Messer „ins Herz gestossen" bei der Stelle: וּכְנֶה[3]; oder man bedeckt sie[4]. Doch Brotkrumen, überhaupt ein Stück Brot, lässt man zurück, ebenso das Salz. 2. Das Vergiessen von Oel ist ein günstiges Zeichen[5]. 3 Man darf das Messer nicht mit der Schneide nach oben legen, sonst schneiden sich die Engel daran[6]. 4. Bevor man Wasser trinkt, muss man etwas davon abgiessen, sonst trinkt man den Dämon mit, der darauf ruht[7]. 5. Man esse nicht Suppe ohne Brot[8]. 6. Salz muss sofort nach dem Tischdecken auf den Tisch kommen[9]. 7. Man soll allezeit aus Höflichkeit etwas für die Aufwärter in der Schüssel lassen[11]. Daher wird dieser Rest „Derecherez" (Anstand) genannt[12]. (Scheint gegen einen Aberglauben gerichtet zu sein.) 8. Man schlafe nicht auf Hühner-[13] oder Taubenfedern und stehe nicht mit dem linken Fusse zuerst auf[14]. 9. Das Bett stehe zwischen Nord und Süd[15]. 10. Kindern schneide man die Haare am Rauschchaudesch, dann wachsen sie am besten. Kiss[16]. 11. Kindern unter einem Jahr soll man nicht die Haare schneiden. Kiss.[17]. 12. In Jemen schneidet einer dem anderen am Freitag das Haar[18]. 13. Abgeschnittene Nägel darf man nicht wegwerfen,

---

[1] Vgl. G. III, 12. [2] Mi 10. Vgl. Wu 293. [3] Ki. 55. Vgl. Wu 291. [4] Jos. 22b. Ki 55. [5] Jos. 201b. Vgl. Wu 197. [6] Ki 50. Wu 451. 292. [7] Jos. 203b. Vgl. Wu 293 [8] Jos. 204b [9] Jos. 13 Ueber die Furcht vor dem dreizehnten bei Tisch s. Wu. 197. [10] Ki 50. Vgl. Midr. Echa I, 1. [11] Vgl. Wu. 362. [12] Vgl Erubin 53. Vgl. oben „Redensarten" Nro. 63. [13] Vgl. Wu. 428. [14] Vgl. Wu. 294. [15] Jos. 25b. Wu 293. [16] Ueber die Chalaka, überhaupt „das Kind bei den Juden" s. U. II, 5. 34. Vgl. G. I, 50 u. s. und Wu 371. [17] Vgl. Wu 368. Ein Kind, dessen Haare abgeschnitten werden, bekommt einst den Weichselzopf. Der Grind (Parech) hingegen, den die Mutter zärtlich pflegt, verspricht schönes Haar. Pol. [18] Saf. I, 60. [19] Israel. Novellen IV, 21.

sonst muss man sie nach dem Tode („als Edluss") zusammenlesen.
Man wickelt sie in ein Stückchen Papier und legt ein Spänchen
Holz dazu, welches man von Thür oder Fenster oder (so die
Bachurim) von dem Tische, an dem man lernt[1]), abschneidet.
Wiss. In Polen wirft man die Nägel mit drei Stückchen Holz
hinter den S'forimschrank im Bethhamidrasch. 14. Nägel sind
am besten am Freitag abzuschneiden,[2]) jedenfalls nicht am Mitt-
woch, weil sie nach drei Tagen, das wäre also am Sabbat,
wieder zu wachsen beginnen. 15. Man schneide nicht an einem
Tage die Nägel an Händen und Füssen, das schadet dem
Gedächtnis. 16. Desgl., wenn sie „k'seder" (der Reihe nach)
geschnitten werden[4]). Die richtige Reihenfolge ist: Ringfinger,
Zeigefinger, Daumen, Mittelfinger. kleiner Finger. Wiss. Fkf.
a. M. 17. Man schneide sie nie am Schbesnachtabend. Kiss.

2. Beim Studium.

1. „Wenn Vater oder Mutter zum Cheder kommen, um zu
sehen, wie das Kind lernt, werfen sie von unten einen Groschen
auf die Alef Bes-Tafel, und der Melammed sagt zum Kind:
„Sieh, der Malach hat Der a Groschen geworfen, weil De kannst
lernen". Wiss. 2. Früher beschwor das Kind den Dämon der Ver-
gesslichkeit (Potheh), es zu verschonen[5]). 3. Am Schluss eines
Talmudtraktates, auch sonstiger Kurse, wird ein Sijum gehalten,
an welchem sogar Trauernde teilnehmen dürfen[6]). Aehnliche
Festlichkeiten fanden auch beim 60. Geburtstag, bei der Barmizwa
und der Hauseinweihung statt. 4. Wenn man eine Stelle nicht
versteht, werfe man etwas in die Z'dokobüchse[7]), oder man voll-
bringe sonst eine Mizwo (gute That), und die Schwierigkeiten
(die „Schalen" der Kabbalisten) sind gehoben. 5. Bevor man
Chulin, Jebamot, Mo'ed katan lernt, fastet man wegen der
traurigen Gegenstände. welche darin behandelt werden[7]). 6. Fünf
Dinge sind dem Studium schädlich[8]): Wenn man isst, wovon eine
Maus oder eine Katze gefressen, oder wenn man das Herz eines
Tieres, wenn man oft Oliven isst, wenn man Wasser, mit dem
man sich gewaschen, trinkt, die Füsse, einen auf dem anderen,

---

[1]) Dies erinnert an die alte Sitte, den Sarg aus dem Holze des
Studirtisches herzustellen. P. 16. G. III, 100. Vgl. Maa 112 f. [2]) Vgl.
Wu. 343 [4]) Vgl. G. I, 172. [5]) G. I, 53. [6]) Lw. 139. [7]) Jos. 151 b.
[7]) Jos. 149 b. [8]) Horajot 15. Jos. 153.

badet, nach einigen auch: wenn man seine Kleider unter den Kopf gelegt; ferner: wenn man unter einer Kamelhafter oder gar einem Kamel selbst hindurchgeht oder zwischen zwei Kamelen und zwei Frauen, und eine Schwangere zwischen zwei Männern, oder unter einer Brücke, unter der vierzig Tage lang kein Wasser geflossen, wenn man Brot isst, das nicht ausgebacken, Fleisch von der Gabel, wenn man aus der Wasserleitung trinkt, eine Schwangere zwischen Gräbern, wenn man einer Leiche ins Gesicht sieht, nach einigen: wenn man die Schrift auf Grabsteinen liest. Um letzterem vorzubeugen muss die Schrift vertieft sein, und man muss ein Steinchen darauf legen. Grund der Gefährlichkeit: Die falschen Lobeserhebungen machen an dem Charakter des Toten irre. 7. An jedem Neumondstage bringt das Kind dem Lehrer das „Chaudeschgeld." Pol. u sonst. 8 Der Chasidimrebbe weist bei Tisch den Jüngern einen Bissen zu, um den sie sich oft heftig streiten („Schrajim [Reste] Essen"). Pol.

--- --- ---

3. Geburt und erste Lebenstage.

1. Das Neugeborene darf das Wochenbett nicht verlassen, so lange die Mutter darin liegt[1]). 2. Ein Sefer (hg. Buch) muss unter seinem Kopfe liegen[2]). 3. Während des Wochenbettes darf bei Nacht vom Kinde nichts draussen bleiben, es stört seine Ruhe. 4. Ist ein Toter in der Stadt, so schläft das Kind nicht. 5. Das Kind bekommt in's erste Bad ein Stück Brot und Zucker. 6 Die Hebamme[3]) speit in die Wanne, ehe sie das Wasser hineinschüttet, damit die Wanne nicht leer sei. 7. Bis zum ersten Lebensjahre spielt das Kind mit Gott und Engeln. Sie zeigen ihm goldene Früchte. Kann das Kind sie erreichen, so lacht es, geht man damit an ihm vorüber, so weint es aus dem Schlaf. 8. Wenn ein Kind schwer gehen lernt, so soll man es drei Freitage hintereinander durch alle Zimmer des Hauses tragen. 9. Wenn ein Mädchen geboren wird, weinen die Wände[4]).

Beschneidung.

10. Drei Tage nach dem B'rith werden Frauen zu Kaffe und Kuchen (zur „Schlischemile") eingeladen. Die jungen kinder-

---

[1]) Bis [5]) von W. [2]) Vgl. Wu 356. [3]) Vgl. Wu 416. [4]) Vgl. T. 231.

losen Frauen werden gehänselt, müssen Likör u. ähnl. spendiren.
S. D. Pol. 11. Am Abend des siebenten Tages wacht man bei
der Wöchnerin [Wachnacht, Waizennacht[1])]. 12. In Kairo wird
das Kind mit Musik zur Synagoge gebracht, und während des
ganzen Aktes rufen die Frauen oben auf ihrer Galerie: „Lu,
lu, lu" (Frohlocken im Orient). Beim Festmahl giebt es kein
Fleisch, nur Fische, Käse, Rahm und Konfekt[2]). 13. Zum Sochor
(Freitagabend vor der Beschn.) lud der Schammes laut nach
dem Schluss des Gottesdienstes ein: „S' werd gepreit zum
Sochor!" Dieses Ausrufen kostete zwei Mark Die nächsten
Bekannten und der Mohel wurden besonders eingeladen. H.
14 Am Sabbatmorgen pflegt man das Kind zu besuchen
(„Sch'laum Sochor")[3]). Acht Tage nach der Beschn. wurde
das Kind auf ein Polster und ihm zu Häupten eine Sefertora
gelegt. Das Schuloberhaupt oder sonst eine angesehene Persönlich-
keit segnete es mit 1 M. 27. 28—30 und wünschte ihm Tora-
kenntnis und -liebe[4]). 15. Die Gevatterin trug meist das Kind
nach der Synagoge, doch kann es auch der Mann allein[5]).
16. Man beehrt nicht einen und denselben mehrere Male mit dem
Amt des Syndek (Syntekmos)[6]). 17. Wenn das Kind ein Jahr alt ist,
beschenkt man es, sowie die Mutter[7]). 18. Bei den Falascha
vollziehen die Frauen an den Knaben, die Männer an den
Mädchen die Prozedur[8]). 19. Drei Tage vor der Beschn. wird
eine besondere Wachskerze mit zwölf kleinen Lichtern besorgt,
je vier und vier zusammen geheftet, die bei der Beschn. angezündet werden[9]). 20 In Hessen wurden an die Gäste allerhand
Süssigkeiten verteilt[10]). 21. Noch heut erhält der Mohel die
Spitze des Hutzuckers[11]). 22. Wenn das Kind sechs Wochen
alt ist, werden für den Sabbatnachmittag einige junge Mädchen
zum „Cholle [Holle?] kreisch" eingeladen[12]). Sie heben die Wiege
des Kindes, das mit Tüchern und einem silbernen Gürtel ge-
schmückt, und zu dessen Häupten die Gevatterin sitzt, dreimal in die Höhe und rufen: „Chol-Kreisch! Wie soll das Kindchen
(bezw. Bübele) heissen?" Darauf sprechen sie dem Chasen, der dabei
einen Becher Wein in der Hand hält, den Namen des Kindes
nach. S. D. In Italien, wie im sonstigen Deutschland, wird der
Name einfach beim „Auswochengehen" vom Chasen in der
Synagoge ausgerufen.

[1]) G. III, 103. Ueber „Waizen" vgl. auch Wu 443. [2]) Saf. I. 10a.
[3]) Lw. 92. [4]) G. I, 101. [5]) Lw 99. [6]) U. II, 34. [7]) Vgl. Z. 4. [8]) Eld. 169.
[9]) Ki 157. [10]) Hi. h. 83. [11]) d. 81. [12]) Ki 164. Ob. 164. T. 222.

4. Verlobung. Brautstand, Hochzeit[1]).

1. Ein Stück vom Brautschleier bringt Glück. S. D. 2. Dasjenige Mädchen, welches in einem Napfkuchen eine absichtlich hineingebackene Bohne findet, heiratet zuerst unter den anwesenden Freundinnen. Frkf. a. M. 3. Brennen drei Lampen zugleich, so ist eine heimliche Braut im Hause Kiss. 4. Beim Knasmahl bei der Verlobung, wobei die Verwandten des Bräutigams mit Backwerk bewirtet, auch mit grossen, runden Faltenkragen beschenkt wurden[2]), wurde ein Gefäss zerbrochen, dessen Scherben die Gäste nach Hause mitnahmen[3]). 5) In Hessen schenkte der Bräutigam den verwandten Frauen Schuhe[4]), später nur der Braut, so noch heute[5]). 6. Der Sabbat nach der Verlobung, der grosse Empfangstag, heisst „Ausführung". Bad. 7. Bei der Verlobung reicht der Rabbiner oder der Schreiber des Kontraktes beiden Parteien einen Zipfel, den sie anfassen. Darauf werden zwei neue Töpfe, mitunter nur ein Topf, zerschlagen[6]). Die Scherben nimmt man später auf den Augen in den Sarg mit[7]). 8. Der Bräutigam darf die Braut nur am Mittwoch- und Sabbatabend und nie allein besuchen. H. 9. Bei der Einholung des Bräutigams ritten ihm befreundete Scholaren entgegen und führten ihm zu Ehren Kampfspiele auf[8]). 10. Acht Tage vor der Hochzeit gehen Braut und Bräutigam nicht allein (Pol.), bezw. (S. D.) überhaupt nicht, aus[9]). Ihre Freunde besuchen sie. 11. Kallehemd und Kittel näht man mit der Hand. H. Pol. 12. Die Wäsche der Braut wird vor der Hochzeit nicht mit dem Namen gezeichnet. H. 13. Der Bräutigam trägt den Kittel[10]). In Hamburg trug er den Bürgermantel zu einer Zeit, wo die Juden daselbst noch nicht das Bürgerrecht hatten[11]). Auch die Braut trug vielfach das Totenkleid[12]). 14. Die zum Heiraten geeignetste Zeit: einige Tage nach Neumond[13]). In Posen, Mainz, überhaupt in Deutschland am Freitag[14]), „weil dies der Tag der Freya (Venus) ist". Dienstag ganz modern, Montag niemals[15]). 15. Wenn möglich, nicht zwei Hochzeiten an einem Tage, auch nicht, wenn die eine christlich. 16. Der Bräutigam wirft das Glas, aus dem er getrunken, auf ein bereit gestelltes Tablett. Hamb. Port. 17. Die Braut sitzt bei der Trauung. Das. 18. Sie muss den Bräutigam bei einem Zipfel seines Rockes zu fassen suchen[16]). Die Zipfel des Gugelhutes, den

1) Vgl. Wu 125. 2) G. III a. a. O. 3) B. 25. 4) Hi h. 83. 5) Hi. d. 81. 6) Ob. 172. Vgl. Wu 347 7) Ki 173 8) Hi h. 83, G I, 60. 9) Sch. II, 416. Vgl. Wu 346. 10) Ueber den Ursprung dieses Brauches s. Lw 118. 11) G.III, 119. 12) Vgl. Wu 346. 13) Sch. II, 416. 14) G. III, 119. P. II. 22. 15) Se 6.

der Bräutigam trug, schlug man um den Kopf der Braut[1]). 19. Der Rabbiner führte in Mainz die Braut an einem Zipfel ihres Gewandes in die Synagoge[2]). 20. Mizwe-Tänzchen: man giebt der Braut, um die Berührung mit ihrer Hand zu vermeiden, das eine Ende des Sacktuches, das andere fasst man selbst. Pol. 21. Ring vom Finger ziehen bedeutet: Glück verlieren.[3]) H. 22. Am Morgen des Hochzeitstages geht der Brautvater auf die Gräber seiner Eltern. H. 23 Zu Ehren der Eltern des Brautpaares fand am Freitagabend vor der Hochzeit ein Festmahl statt, wobei besonders Nüsse[4]) verteilt wurden („Vorspiel"). 24. Der Abend vor der Hochzeit heisst in Baden „Schiflones". 25. Der Gemeindebauer lud ein „mit Löffel, Messer und Gabel". In der That brachten auch die Hochzeitsgäste ihr Besteck mit. Ja, in jeder grossen Familie hatte man solche Bestecke eigens für diese Gelegenheiten bereit[5]). 25. Zwei Tage vor der Hochzeit: das Me'annesmahl[7]).

Vorbereitungen zur Hochzeit.

26. Den Tag vor der Hochzeit giebt man den Jungfrauen und Junggesellen ein lustiges Mahl, wobei Braut und Bräutigam obenan sitzen. Der Nachbar des Bräutigams reicht ihm ein Glas Wein, nimmt des Bräutigams Arm und legt ihn um die Braut. Das Brautpaar küsst sich sodann hinter einem Hut, „wie die Juden pflegen aufzuhaben, wann sie in der Synagoge sind"[']). 27. Ein Gastmahl fand für die Freunde des Bräutigams zuerst bei der Aufsetzung des Ehepaktes statt („Knas-Mahl") und am Freitagabend vor der Hochzeit („Gastmahl des Brautgeschenkes" oder „Spinols, Spinholz") in Mainz am Donnerstag im Hause der Braut[']). 28. Vor dem Hochzeitstage wird die Braut mit Süssigkeiten beschenkt. O S. 29. Der Braut wird am Hochzeitstage frühzeitig ein Stuhl, worauf Betten oder Polster, in die Stube gestellt. Auf diesem Stuhl sitzt sie, während die alten Frauen unter halb traurigen, halb scherzhaften Gesängen ihr Haar flechten[']). Der Tisch ist dabei mit Branntwein und Lebkuchen besetzt[10]). 30. Braut und Bräutigam senden einander vor der Trauung [am Rhein nach der Trauung der Bräutigam der Braut: Mantel, Gürtel und Hut[11])] Gürtel Meist schon am Donnerstag vor der Hochzeit bringt der Rabbiner oder Gemeindevorsteher der Braut die „Sivlones"[12]). In Italien und sonst musste sie erst eine Frau dem Ueberbringer abnehmen[13]) In

---

[1]) G. III, 119. [2]) G. a. d. O. [3]) Vgl. Wu 381. [4]) B 25. [5]) Ka. 194. Vgl. Wu 414. [6]) T. 290. [7]) Se. 6. [8]) G III, 119. [9]) Se. 6. [10]) Sch. II, 2. [11]) G. I, 29. [12]) = Symbalon s. Grünb 497. [13]) G. I, 29.

Hamburg u. s. schenkt der Bräutigam der Braut die „Brauttefille" (Gebetbuch)[1]), Hausschuhe, ein Tuch (Umhang): die Braut dem Bräutigam 18 (חי) Münzen und den Tefillinbeutel, in Polen[2]) den Kittel nebst Mütze (Haube") und Talith. Früher schenkte der Bräutigam einen goldbesetzten Gürtel, Schleier, Kursen und Kränzchen; die Braut: Ring und Schuhe; ihre Mutter: einen Silbergürtel. 31. Vor der öffentlichen Trauung fand in Italien aus Furcht vor „Zauberei" eine geheime in Gegenwart zweier Zeugen statt[3]). 32. Am Morgen der Hochzeit fand bei Fackelbeleuchtung, wie noch heut die Brautjungfern und ihre Partner Lichtchen tragen, das „Meien" (heut „Mänführen", eine Art Reigen, im Schulhofe statt[4]).

Trauung.

33. Ort der Trauung: Hof der Synagoge oder (Fkf. a. M. und Worms)[5]) die Synagoge selbst (eine Witwe nicht in der Synagoge), sonst im Freien[6]). 34. Die Braut wird dreimal bezw. siebenmal um den Bräutigam herumgeführt[7]). 35. Die einzelnen Segenssprüche werden verteilt. H. 36. Die zum Segensspruche benutzten „Krausen" hatten hie und da, je nachdem die Braut Jungfrau oder Witwe war, verschiedene Gestalt[8]).

Zerbrechen des Glases.

37. Bei Jungfrauen an der Wand, bei Witwen auf der Erde[9]). An der Wand war ein Stern, nach dem gezielt wurde[10]) mit demselben Glase, über welches der Segen gesprochen war.

[קוֹל שָׂשׂוֹן קִ (שִׂמְחָה קָשׁ ✶ קִשׁ]
(קוֹל חָתָן וְקִ כַּלָה) קָח קָב

Die Chuppo

38. In Kairo wird statt der Chuppo das Talith benützt[11]). 39. Dem Bräutigem wird Asche auf das Haupt gestreut (Kleinrussland und Ungarn) oder 40. alle Knoten an den Kleidern aufgelöst[12]). (Litauen [Polen]).

1) G. III, 119. B. 25. 2) G. III, 260. 3) B 25. 4) G. III, 260. 5) G. III, 119. P. H. 10. 6) Sch. II, 2. P. H. 22. Lw. 108. 7) Ki 177. 8) An 115. Lw. 103. Vgl. Wu 351. 9) Vgl. G. III, 119. 10) Sch. II, 5. 11) G. III, a. a. O. Vgl. Wu 350. 12) Saf. 1, 10a. G. a. a. O. Grünb. 485. 13) P. H. 10,

41.   Trauungsurkunde

wird von einer Brautführerin der Braut in den Busen gesteckt[2]).
Die Uebersetzung in die Landessprache war vielfach üblich,
vom Kolbo wird sie verlangt[8]).

Ring.

42. Darauf stand gewöhnlich מזל טוב. Ohne Stein[4]. In
Cochin[5]) an den kleinen Finger gesteckt.

Festmahl:

43. Besonders Milch und Honig. 44. Hier erfolgte erst
die Ansprache, während welcher jedoch die Unterhaltung unge-
stört weiterlief.[1])

Symbole:

45. In Posen liess man einen Hahn und eine Henne über
die Chuppo fliegen[6]). 46. Der Braut wird nach der Trauung
ein rohes Ei vorgesetzt[7]) oder 47. das Brautpaar verzehrt in
einem besonderen Zimmer ein Ei und eine Henne[*]). 48. Beim
„Bedecken" wird Hopfen, Weizen oder Gerste auf die Braut
bezw. das Brautpaar oder auf den Boden gestreut[9]). 49. Auch
Salz wurde im Hause verschüttet. 50. Nach dem Zerbrechen
des Glases eilt die Braut nach Haus. Wer zuerst die Schwelle
betritt, wird die Herrschaft im Hause haben[10]). 51. Beim Einzug
ins Heim legt der Bräutigam die Hand der Braut an die obere
Thürpfoste, als Zeichen der Besitzergreifung[11]) 52. Am ersten
Sabbat der Ehe („Schenkwein") reicht der Mann nach der Rückkehr aus der Synagoge seiner Frau seinen Mantel, Gürtel und
Hut, eine Art Belehnung[12]). 53. Die nächsten acht Tage nach
der Hochzeit geht die Frau nicht aus. (Bad.) 54. Der Sabbat
nach der Hochzeit heisst „Heimführung". Bad. 55. In Bagdad
„nennt man die Nacht vor der Trauung Lel-al-Chana. Die
Verwandten der Braut versammeln sich im Hause der Eltern
derselben und beginnen zu singen und in landesüblicher Weise
zu musicieren. Nachdem so etwa zwei Stunden zugebracht
sind, nimmt man eine dazu bereitete Farbe (Chana) und be-
streicht damit der Braut und ihren Gespielinnen die Handflächen
mit den Nägeln und Fusssohlen bis über die Zehen. Dieselbe

1) G. III. 119. Seh. II, 2. 2) Se. 6. 3. P. H 22. 4) Sal II, 74.
5) Sch. II, 2 Lw. 103. 6) G III, 119. 7) Sch. II. 5. Ki 155. An. 145.
8) A. 102 G. a. a, O. 9) P. H. 19. 10) Ki 185. Vgl. Wu 350. 11) P. H. 22.
12) P 290.

Ceremonie wird im Hause des Bräutigams vollzogen und dann
in beiden Häusern die ganze Nacht mit Gesang und Musik hin-
gebracht, weil man es für Braut und Bräutigam schädlich hält,
die Nacht vor der Hochzeit zu schlafen . . . Am andern Tage
etwa drei Stunden vor Sonnenuntergang kommen die Chachamin
mit dem Bräutigam und seinen Verwandten in das Haus der
Braut. . . . Die Braut mit den Frauen sitzt verschleiert hinter
einem Vorhange. Der Chacham entschleiert das Gesicht der
Braut, zeigt sie dem Bräutigam und lässt dann den Schleier
wieder fallen . . . Die Hochzeitsfeierlichkeiten. . . währen sieben
Tage". Ben. 112.

5. Entdeckung von Verbrechen.

1. Wenn der Mörder sich seinem Opfer naht, blutet die
Wunde[1]. Deshalb nahe man nicht mit einem Messer, woran
Speisereste, einem Ermordeten; denn auch in diesem Falle blutet
die Wunde[2]. 2. Der Dieb verunreinigt, um unentdeckt zu
bleiben, das Haus[3].

6. Krankheit und deren Verhütung.

1. Bei den Karäern ist der Segen הַרְבִּינָה שְׂמִיחָה auch
für die Namengebung[4]) bei Mädchen nachgebildet. 2. Man
nennt die Kinder nicht nach den lebenden Eltern[5]). 3. Wenn
Eltern sich nicht über den Namen des Kindes einigen können,
entlehnt man den jüdischen Namen der einen, den anderen
Namen der anderen Familie. 4. Kranken Kindern giebt man
die Namen: Alter oder Babbe und verkauft sie dorthin, wo viele
Kinder sind. W.[6]) 5. Bei den Portugiesen heisst der Knabe,
welcher geboren wird, nachdem der älteste Sohn gestorben:
Chajim z. B. Jankob Chajim. H. 6 Das Kind wird hier gleichfalls,
wenn krank, verkauft und erhält den Namen: Merkado[7]). 7. Wenn
in einer Familie mehrere Kinder bereits gestorben sind, so er-

1) G. I, 200 ff. Vgl Wu 195. 2) Jos. 205. 3) Sch. 11, 130. 4) Z. 160.
5) Jos. 202b. Vgl. Wu 363. 6) Jos. 204 b. I.w. 110. 7) Vgl. Jellinek
Konteros ha-scheinot

halten die Nachgeborenen die Namen reissender Tiere, z. B.
Wolf Bär, Löw, in Polen: Namen, die mit אל oder יה zu-
sammengesetzt sind, z B. Refoel, Schemuel, Michoel, Jisroel
oder Jeschajo, Elijohu, Jirmijohu. 8. Man sammelt Hoschanes-
blätter zu Bädern für kranke Kinder. 9. Wird man in der Nacht
von Freitag zu Samstag krank, so ist der Tod unausbleiblich.
10. Wenn sich ein Unglück ereignet, gelobt man eine Spende
für Rabbi Meir ba'al nes[1]) 11. Wenn ein Kind schwer krank
ist, wird es gewogen und das gleiche Gewicht an Salz und
Brot verschenkt. H. 12. Einem Kranken soll man kein Licht
zu Häupten stellen, sonst stirbt er. Kiss. 13. Wenn einer „ein
Schlimmes" (Geschwür) hat, reibe er bei abnehmendem Monde
ein Tuch daran und werfe es hinter sich, dann schwindet sein
Leiden. Kiss. 14. Eine Warze umwickelt man mit einem
Zwirnsfaden und diesen vergräbt man mit einer Brocho. H. Oder
die Warze wird mit Taubenblut bestrichen. Pol. 15. Wenn jemand
krank ist, verrückt man das Bett. Bad 16. Eine Brand-
wunde wird durch Auflegen einer Vorhaut geheilt H. 17. Ein
Gerstenkorn (im Auge) bespeit man[2]). H. 18. Fliegen und Mücken
darf man nicht vom Krankenbett vertreiben[3]), Noch heut:
Wenn sich eine Fliege dem Kranken auf die Nase setzt, tritt
der Tod bald ein[4]). 19. Man scheut sich im Krankenzimmer
ein erlöschendes Licht anzusehen.

7. Schwangerschaft und Kindbett.

1. Wenn eine Schwangere vor der Geburt in die Mikwe
geht, wird das Kind ohne jedes Zeichen geboren, die Mikwe
wäscht alles ab. W. 2. Wenn eine Frau entbinden soll, lösen
sich alle Hausbewohner die Haare auf, damit die Entbindung
leichter von statten gehe. W. 3. Eine Schwangere darf keine
Leiche begleiten[5]). W. Pol. 4) Wenn eine Schwangere auf
abgeschnittene Nägel tritt, hat sie eine Fehlgeburt[6]). (Wird
an dem Beispiel einer Lehrerstochter, die unehelich gebären
sollte, demonstrirt.) Wiss. 5. Im siebenten Monat der Schwanger-
schaft wird „gelernt" und ein J'hi rozaun gesagt H. Pol. Man
lässt eine Schw. (an Hosch. r.) den Stil des Ethrogs (Adamsapfel) abbeissen. 6. Wenn eine Frau in Kindesnöten, recitirt

---

1) Vgl. J. h. 65 ff, 2) Vgl. Wu 329. 3) G. III, 128. 4) G. a. a. O.
5) Vgl. An. 149. W. 355. 6) Vgl. W. 353. 7) Vgl. W. 354.

man Ps. 20,2. schreibt ihn mitunter auch an die Thür. Zugleich
sagt man:

מאן דעני לאבך יענה יתך

„Der deine Mutter erhört hat, erhöre auch dich!"[1]). 7. Eine
Wöchnerin (ebenso Verlobte, Kranke, Trauernde, nach manchen
auch Gelehrte) lässt man nicht allein[2]). 8. Eine Wöchnerin
nimmt zum Schutz ein Messer in die Hand, selbst wenn sie
nach dem Wochenbett im eigenen Haus allein durch die
Zimmer geht. W. 9. Bei einer Wöchnerin hängt man „Schir
hamaalaus" (Ps. 121) auf mit diesem Zusatz:

אברהם ושרה · ‏ ‏ ‏ · מכשפה לא תהיה
יצחק ורבקה · ‏ ‏ · כי לא נחש ביעקב
יעקב ולאה · ‏ ‏ · לישועתך קייתי ה'

בשם ה' אלהי ישראל מימיני מיכאל ומשמאלי גבריאל ימלפני
אוריאל ומאחורי רפאל ועל ראשי שכינת אל:

10 Vier Schir hamaalaus werden hinter Glas über das Kind-
bett gehängt, bei Knaben andere, als bei Mädchen. H. 11. „Man
schüttet (in Kurdistan, wie im ganzen Orient) auf eine mit
glühenden Kohlen versehene Rauchpfanne wohlriechende Kräuter,
mit welchen zuerst die Synagoge und dann die Stube, in der
sich die Kindbetterin befindet, geräuchert wird". Ben. 94. 13. In
Hessen wird ein „Gräs" geschrieben, d. h. mit Kreide ein Kreis
auf dem Fussboden gezeichnet und darein Ps. 121, 2 geschrieben[3]). Anderswo zieht man einen Kreidestrich um die
ganze Stube[4]) oder schwarze Kreise an der Wand[5]). Wenn
dies nicht hilft, stellt man eine Torarolle in die Wochenstube[6]).
Nach der Entbindung heftet man Zettel mit Ps. 120 und 20 an
die Vorhänge des Bettes[7]). 14. Zu Häupten der Wöchnerin steckt
man einen blanken Degen in die Erde[8]), mit dem man 30 Tage
lang täglich dreimal auf dem Fussboden und an den Wänden

¹) L.w. 109. ²) Jos. 204. ³, An. 149. ⁴, Ki 149. 151. ⁵) L. 91.
U. II, 144, 196. IV, 95. Vgl. Wu 359. ⁶) Br. 50 ff. ⁸) Vgl. Wu 260, 359.

umherstreicht. Auch sagen Knaben am Bette 30 Tage lang
ihr Sch'magebet. 15. In Polen werden der Wöchnerin das Buch
„Rasiel"unter denKopf gelegt und Talismane „Brieflech",besonders
an Fenstern und Schornsteinen befestigt[1]). 16. Eine Geburt mit
Eihäuten ist glückverheissend[2]). 17. Ein Knabe ist ein Glück
für die ganze Familie[3]). 18. Im Kaukasus[4]) nimmt man Erde
vom Grabe einer Person, welche im Verlauf der letzten vierzig
Tage gestorben ist, thut die Erde in ein Glas mit Wasser und
giebt davon der Kreissenden zu trinken; hilft das Mittel nicht,
so holt man noch einmal Erde, aber tiefer aus dem Grabe und
verfährt wie früher (gegen das ausdrückliche Verbot der Rabbinen).
19. Auf die Zettel, die man in Deutschland an den Vorhang des
Kindbettes steckte, schrieb man:[5]) אדם וחוה חוץ לילית סנוי
סנסוי סנמנגלף. 20. Man liest Ps. 20 38. 91. 102[6]). Auch wird
der Wöchnerin Ps. 1, auf Pergament geschrieben, angehängt.
Drei Zettel aus Hirschpergament legt man ihr, einen aufs Haupt,
den anderen in den Mund, den dritten in die rechte Hand; drei
bis vier Frauen treten an sie heran und sprechen zwei Gebete:
„Auf mein rechten Fuss tret' ich u. s. w." Alle rufen: „Amen".
21. Ein Mann, dessen Frau Kindbetterin, nennt die Lilith nicht,
sonst stört sie ihm die Nachtruhe. (In Italien wird alles dies
als Aberglaube verachtet) 22. Man giebt einer Schw. eingemachte Nüsse zu essen H. (Den Biss in den Adamsapfel
soll auch die Königin Luise gethan haben)

8. Tod und Behandlung der Leiche.

1 Die Totenklage geschieht nach bestimmter Melodie. W.
2. Der Tote darf von keinem Angehörigen angeschaut werden.
W. 3 Totenbekleidung: ein Hemd, das den ganzen Körper
bedeckt, zwei Scherben auf den Augen. Pol. 4. Das Geschrei
des Toten, solange er auf der Erde liegt, welches von einem
Ende der Erde bis zum andern dringt, hört man, wenn man

---

[1]) An. 149. [2]) Vgl. Wu 357. [3]) Jos. 204. [4]) An. 182. [5]) Sch II, 6.
Vgl. Ka 98 ff. [6]) Ps. 67 soll, weil er sieben Verse und 49 Wörter und
im fünften Verse neunundvierzig Buchstaben enthält, in Form eines
Leuchters auf Dawids Schild gestanden haben. Daher diese Form der
jüd. Lesezeichen mit kleinen kabbalistischen Betgaben. Z. 149. [7]) Sch. II,13.
In Frkf. nahm eine alte Frau ein blosses rostiges Schwert alle Nacht in
die Hand; sie sprach: „Ich mach einen Kreis" u. s. w. und fuhr mit dem
Schwert in alle Ecken des Zimmers, die Schedim zu vertreiben.

das Ohr an die Thürschwelle des Zimmers legt, in dem der Tote sich befindet Wiss. 5) Terra santa wird auf die Augen gestreut. (Hamb. Port.), sonst auf Augen und Lippen; als Pulver käuflich. 6. Ein Glas Wein wird auf die Diele gestellt. Pol. 7 Wer am Sabbatausgang stirbt, wird selig. Pol. 8. Sowohl in demselben Haus, als auch in den drei benachbarten (in Polen in allen Häusern, soweit ihre Mauern aneinander stossen) zur Rechten und zur Linken wird alles Wasser ausgegossen[1]), da der Todesengel darin sein Schwert vom Blute reinigt, oder[2]) um den Nachbarn auf diese Weise (früher durch Hornblasen[3]), ausser am Sabbat und Pesach), den Todesfall anzuzeigen, oder mit Anspielung auf 4. M. 20, 1. 2. 9. In Frkf. a. M. wurde eine weisse „Handzwele" vor die Thür gehängt, und die Kohanim der ganzen Strassenseite mussten ihr Haus verlassen, so lange der Tote im Hause lag[4]). 10. Zu Tode erschrocken, macht der Sterbende den Mund auf, und der Todesengel träufelt ihm ein oder drei Tropfen bitterster Galle ein[5]). (Aehnlich der indischen Vorstellung.) 11. Nach dem Ableben führt man die Angehörigen hinaus und öffnet die Fenster[6]). 12 Der Daumen wird so gekrümmt, dass die ganze Hand an das Wort „Schaddai" erinnert. In dieser Lage wird sie mit einem der Schaufäden zusammengehalten[7]). 13. Bei der Leichenwaschung werden auch wohlriechende Ingredienzen ins Wasser gemengt, der Kopf mit Wein und Ei bestrichen[8]). 14. Manche sorgen schon bei Lebzeiten für ihre Totenkleider[9]).

---

9. Beerdigung.

1. Der Tote wird auf den Friedhof getragen (W.), doch bei grossen Entfernungen (auch in Polen) gefahren. 2. Den männlichen Toten darf keine Frau begleiten, weil sich der Malach ha-mowes unter den Weibern befinden soll[10]). In Worms wandten sich die Männer der Wand zu, wenn die Frauen

---

[1]) Br. 48 Ka. 189. Lw. 126. Vgl. Wu 430; 410. [2]) Mi 14b. Ki 216 Vgl. Wu 435; 383. [3]) Sch. II. 341. [4]) Sch II. 341. [5]) Sch. II. 337. P. 10ff. Vgl. Babl. Aboda zara 20. [6]) Lw. 120. Vgl. Wu 428 f. [7]) Sch. das. [8]) Sch. II, 341. P. 6. [9]) Lw. 118 Ueber die Geschichte der jüd. Totenkleidung s. P. 6. Hi. d. 157. [10]) Vgl. Berakot 61b (der „tanzende Tod" (vgl. Aruch compl. s. v. רקד) erinnert an die Totentänze, die schon die deutsche Epik des 12. Jhdts. kennt. Vgl. Nib. 1480, 4.)

kamen[1]). In Baden gehen die Frauen nur einen Teil des Weges mit. 3. Auf dem Friedhof wird der Leichnam aus dem Sarge herausgenommen und so in die Grube gesenkt. Pol. 4. Die Scherben fallen von den Augen, sobald jemand den Namen des Toten erhält. 5. Myrthe und Citrone sind von den portugiesischen Juden, die den Brauch mitgebracht, aber später aufgegeben haben, zu den Hamburger Christen übergegangen. P. 6. Säckchen mit Erde unter den Kopf[2]). H. Diese Säckchen füllen die Ehefrauen[3]). 7 Bei der Beerdigung wird für die „Schewa Zedokaus" gesammelt. H. 8. Die Bahre wird, ausser an den Tagen, an denen kein „Tachnun" gesagt wird[4]), dreimal umgedreht. H. 9. Ein offenes Grab ist von Geistern umgeben. Es darf daher nicht länger, als gerade nötig, offen bleiben, sonst stirbt einer in der Familie[5]). 10. Sobald die Leiche fortgetragen ist, wird ihr ein irdenes Gefäss nachgeworfen[6]). 11. Der Sarg musste unten ein Loch haben[7]). 12. Man lasse nicht erst die Leiche an sich vorbeikommen, sondern man gehe vom Trauerhause aus hinter dem Sarg her[8]). Während einer Beerdigung (man sage nicht: Begräbnis) nehme man kein Beil u. ähnl. unmittelbar aus der Hand eines anderen, man werfe es zunächst auf die Erde, um es alsdann aufzuheben[9]). 14. Entsprechend den ל״ו (36) Zaddikim legt man auf dem Friedhof 36 Reihen (Schuraus) an. H 15. Die Grabsteine[10]) der Portugiesen liegen auf den Gräbern (um sie unsichtbar zu machen?). Sie haben nur span. bezw. port. Aufschriften. 16. Die Falascha pflanzen Bäume auf den Gräbern[11]). 17. In Kairo[12]) errichtet man auf den Gräbern hohe Steinhaufen[13]), die von jedem, der am Grabe betet, mit Oel begossen werden. Man legt dabei die Schuhe ab und nähert sich dem Grabe auf Händen und Füssen; denn es gilt dort als sehr heilig. 18. Man legt Steinchen auf die Grabsteine[14]). 19. In Konstantinopel sind üblich: viereckige Gräber mit halbrunden Steinen[15]). 20 In Polen wird das Brett, auf dem „das Mess" liegt, auf zwei Stangen getragen, die untereinander mit einem Strick verbunden sind. In das Grab, in das der Tote ohne Sarg gesenkt wird (wie früher auch bei den Christen)[16]), kommen rechts und links je ein Seitenbrett und darüber zwei Bretter, die, wie die Scherben auf Mund und Augen, das Eindringen der Erde aufhalten sollen.

---

[1]) Jos. 190b. [2]) Sch. a. a. O. [3]) Ki. 217. Ueber besondere Grabesruhe in Paläst. s. G. I, 148 [4]) Vgl. Lw. 133. [5]) Sef. chas. Vgl. Wu 437. [6]) Sch. II, 311. Vgl. Wu 435. [7]) Sch. a. a. O. [8]) Jos. 190. [9]) Lw. 133. Vgl. Wu 397. [10]) Ueber die Sitte der Grabsteinsetzung s. Lw. 139. Vgl. Wu 443. [11]) Eld. 171. [12]) Saf. I, 10b. Vgl. Ben. 104. [13]) Vgl. P. 25 Brü. I, S. 16. [14]) Sch. II, 363. [15]) Sch. I, 57. [16]) Vgl G. III, 131.

Die Spalte zwischen diesen Brettern wird mit jenem Strick aus-
gefüllt, der die Stangen zusammengehalten; diese selbst werden
in vier Stücke gebrochen und als „Schammoschim" in die Erde
gesteckt. 21. Nur ein Kohen bekommt ein kleines Brett unter
den Rücken[1]). 22. Ein Säckchen mit Erde aus dem hg. Lande
bekommen in Polen nur besonders Würdige unter den Kopf.
24. In Hamburg wird im „Ohel" das Mess, das sich verschoben
haben kann, noch einmal „gericht'." Ausser den Kabronim darf
niemand zugegen sein 24. Man gehe nicht vom Friedhof denselben Weg heim, den man gekommen[2]). 25. Wenn der Sarg
in die Grube hinuntergelassen, zieht einer einen Sack aus dem
Sarg hervor und die Umstehenden füllen ihn mit Erde als
Kopfkissen für den Toten[3]. 26. In den Deckel schlägt jeder,
der an der Leichenwaschung beteiligt war, einen Nagel ein.
27. Sobald das Grab geschlossen ist, wirft man Gras hinter
sich und wäscht sich die Hände[4]). 28. Es wird ein Schloss in's Grab
gelegt und der Schlüssel über die Umstehenden hinweggeworfen.
Einer der nächsten Verwandten oder ein angesehenes Gemeinde-
mitglied muss vom Toten „Mechile beten"[5]). Os. Pol. Das
„Richten" des Leichnams nennt man „Kopf verdrehn". Os.
29. „Der Leichnam wurde mit einem langen Linnenstreifen auf
die Sprossen der Bahre gebunden[6]. .Hinterdrein gingen…nicht
selten viele Weiber, die unter fürchterlichem Geheul und Geplärre
das Verdienst des Hingeschiedenen und das Unglück der Familie,
sowie der ganzen Gemeinde durch den Verlust desselben ver-
kündeten". 30. Wie in Aschkenas Gras, so wirft man in Polen
Steinchen hinter sich.

10. Totenehrung.

1. In der „Schiw'o' (siebentägige Trauer auch bei den
Falascha)[7]) lässt man ein Licht brennen, „denn die Neschome
kommt allzeit auf das selbig Ort, wo sie abgeschieden is vom
Guf un trauert auf den Guf"[8]). Manche stellen eine Schüssel
oder ein Glas (so in Ungarn) mit Wasser auf und hängen
ein Handtuch daneben zum Bad für die wiederkehrende
Seele[9]) 2. Auch am Jahrzeitstage zündet man ein Licht an[10]).

[1]) Vgl. Jos. 191. [2]) Vgl. Wu 350. [3]) Ob. 193. [4]) Vgl. Br. 49. G. I'
206. [5]) Vgl. Maa S. 49a. T. 74. [6]) Ka 191. [7]) Eld. 171. [8]) Mi. 60b. Vgl.
P. 4. Wu 429 [9]) Lw. 135. Vgl. Wu 429. (Auch dies gegen die rabb.
Vorschrift.) [10]) Ueber „Jahrzeit" vgl. G. III, 128, 132. Grünb. 285/6.

3. „Den Kaddisch" sagt meist einer im Namen aller[1]); auch Frauen dürfen K. sagen. 4. Das Opfer für das Seelenheil der Verstorbenen bei den Falascha heisst: Teskar. Mose machte dadurch, so heisst es, die schwarzen Gebeine Rubens weiss[2]). 5. In Hamburg gab es früher ein El mole rachamim auch für verstorbene Bürgermeister. 6. Wer um den einen zu viel weint, weint schon um einen anderen[3]) 7 Man weine nur drei Tage lang[4]). 8 Man schickt dem Trauernden ein „hartgesottenes Ei und für zwölf Heller Semmel". Linsen werden gekocht[5]). 9. Geleit und Empfang beim „Schulgehen" des Trauernden[6]). Reste davon noch in Frkf. a. M., Prag u. s. w.[7]). 10 Auch die schlimmsten Bösewichte bleiben nur zwölf Monate im Gehinnom[8]). 11. Nach dem Glauben der Falascha bleibt die Seele in der Hölle bis zum dritten Tage, an dem das Opfer für ihr Seelenheil dargebracht wird. Alsdann kommt sie in den Himmel zu Abraham und den anderen Frommen[9]). 12 Wer nicht gebeichtet hat, bekommt kein Klagelied (פקידה[10]). 13. [Chibbut ha-kebher :]Sobald die ersten Schollen auf den Sarg gefallen, kommt der Todesengel (ausser in Palästina) mit einer glühenden Kette und fragt den Verstorbenen nach seinen Sünden. Dieser kann vor Schreck nicht Rede stehen. Er stösst einen Schrei aus, und wer diesen hört, stirbt im selben Jahr. Daher fliehen alle eiligst vom Grabe. Der Tote erhält zur Strafe drei Schläge mit jener Kette. Beim ersten fallen ihm die Glieder auseinander, beim zweiten werden sie zerschmettert, beim dritten zu Staub. Alsdann werden sie jedoch von guten Engeln wieder zusammengelesen[11]). 14. Sobald der Tote begraben ist, kommt eine Maus und beisst ihn in die Nase, so dass er laut aufschreit. Wer diesen Schrei hört, stirbt innerhalb der nächsten dreissig Tage[12]). 15. Gebete an Gräbern, besonders berühmter Rabbinen, haben besondere Kraft 16. Drei Tage nach dem Tode eines Prassers wird sein Leib gespalten und unter Vorhaltung seines Lebenswandels, sein Unrat ihm in's Gesicht geschleudert[13]). 17. In Kalkutta giebt der Trauernde an jedem Tage der „Schiw'o" ein grosses Mahl für arm und reich, ebenso am dreissigsten Tage und nach zwölf Monaten[14]). 18. Bezahlte Klageweiber und die verwandten Frauen recitiren Klageweisen und geben ihrer Trauer auch mimischen Ausdruck.

---

1) Lw. 138. 2) Eld. a. a. O. An. 88. 3) Vgl. Wu 431. 4) Jos. 192. Sef. chas. XI. 5) Sch. II, 341. 6) P. 81. 7) G. III, 128 Saf I, 10b. 8) Mi. 61. Vgl. P. 4 Ueber alte österr. u. rheinische Trauer- und sonstige Bräuche s. Z. 71. 9) Eld. a a O. 10) Ueber Beichte bei den Juden s. Ki 210. Jos. 188 b. 11) Sch. I, 78. Ob. 193. Vgl G I, 172. 12) Sch. II, 341. 13) Vgl. Sch. I. 367 u. a. 14) Jos. 17. 15) Saf. II, 100 ff.

19. In der Schiw'o nehme man aus dem Trauerhause nichts mit[1]).
20. In Hamburg geleiten die Frauen eine weibliche Leiche nur
bis in die Friedhofshalle (Ohel). 21. Sie machen auch keine
Kondolenzbesuche. 22 „So oft des Tages [die Hinterbliebenen]
Kaddisch sagen, so viel Stühle rückt [der Entschlafene] höher.
[Es] rührten sich dem Toten im Grabe seine Lippen und seine
Seele wäre fröhlich im Himmel"[2]).

11. Schutz gegen Einwirkung der Gestirne u. ähnl.[3]).

1. An den Aequinoctien (Tekufoth) trinke man kein
Wasser; denn in dieser Zeit herrscht der Todesengel. Der
mengt dem Wasser einen bitteren Tropfen bei, der jedem,
der davon trinkt, den Leib sprengt[4]). Man legt zum Schutz auf
alle Gefässe einen eisernen Deckel oder wenigstens ein Stückchen
Eisen oder Stahl[5]), einen Nagel oder ähnl. Denn בַּרְזֶל („Eisen")
erinnere an: B[ilha], R[ahel], S[ilpa], L[ea][6]). In Wahrheit soll
das Eisen, als Symbol des Mars (מַאֲדִים, „Blutvergiesser",
Adonis), Speise und Trank vor seiner bösen Einwirkung schützen.
Daher wird auch in's Butterfass eine Nadel gesteckt[7]) und beim
Einlegen von Sauerkohl ein Nagel[8]) in den „Dorsch" des untersten
Stückes gebohrt. Kiss. In älterer Zeit wurden Ingredienzen
in's Wasser gethan oder Salz hineingestreut, oder es wurde
versiegelt oder mit einem Tuch dicht verschlossen[9]). In manchen
Gegenden kennt man nur noch Tekufath Nisan und Tischri
(Bad.), in anderen nur die letztere (Kiss.) (Vor dem Aberglauben bei Naturerscheinungen zu warnen, schrieb schon ein
alter röm.-jüd. Dichter eine Selicha gelegentlich einer Sonnen-
finsternis[10]). 2. Amulette: Knaben tragen, bis sie ein Arbakanfoth
bekommen, ein silbernes Herzchen, worauf ein ח graviert ist,
um den Hals oder an die Kleider geknüpft Nur Leute,
die noch beide Eltern haben, dürfen es schenken. Mädchen
tragen ein „Kamechen", d. i. ein Beutelchen mit etwas Brot,
Salz und einigen Pfennigen bezw. Sechslingen, an den Unter-
rock geknüpft. H. 3. In Galizien, Litauen u. s. klebt man

---

1) Jos. 192. Vgl. Wu. 432. 2) Ki. 222. Vgl. Z. 156. 3) Vgl. Del. 156.
Ka. 156 f. 4) Ja. 40 b. 5) Stahl als Schutz gegen Zauber bei Wu. 77.
359. 364. 6) Tyr. 14 b. 7) U. VI, 101. Vgl. Wu. 420. 8) U. V, 133. 9) Tyr.
a. a. O. 10) Z. 130. Gegen Kameen vgl. Sef. 1457 f.

Pergamentstückchen auf Thüren und Fenster mit der Auf-
schrift: יואאחצעצבריריון. 4. Der Soldat sage in der Schlacht die
Stelle des והוא רחום-Gebetes: „אדני שמעה אדני סלחה וג.‟ —,
und er bleibt unversehrt. Hamb. Port. 5. Russische Juden
tragen Am. mit dem russ. Doppeladler. worauf auch der Gottes-
name ohne Scheu ausgeschrieben wird. H. 6. Die Süddeutschen
trugen ein auf Pergament geschriebenes judendeutsches Gebet
bei sich zum Schutz gegen Höllenpein. Chibbut ha-keblher[1]) und
mit der Bitte um langes Leben Es beginnt: „Ich hoff' zu
kein' andere Götter neiert zu Gott den Allmächtigen allein, der
thut Gutes alle die Bischeffnis . . .‟ H. B L. 7. Das Fusswasser
eines Chacham aus Jerusalem benützen die kurdischen Juden
als Schutzmittel gegen Krankheiten. Ben 95. ' Vgl 246.
8. Wenn man die Treppe hinauffällt, bekommt man vom Kaiser
von Oesterreich sieben Gulden (Kiss.), vom Gericht einen Thaler.
(H.). 9. Den ersten Erlös, das Handgeld, muss man anspeien,
um weiterhin Glück zu haben[2]). H. 10. Man gehe nie ohne Geld.
wenigstens einen Pfennig habe man bei sich, dann geht das
Glück nicht aus. Kiss. 11. Verborgenes Geldstück bringt Glück.
12. Altes und falsches Geld wird auf den Ladentisch genagelt).
Kiss. u. sonst. 13. Wer Vogelherzen isst[4]), verliert das Gedächtnis).
14. Desgl. wer Grabsteine liest[6]), wer seine Kleider als Kopfkissen benützt[7]), wer zwei Gewänder auf einmal anzieht[8]).
Hingegen stärkt, nach dem Buche Rasiel, Fasten am ersten
Siwan das Fassungsvermögen. (Mi 4b. „Wenn einer ein Sach
nit · wil vergess'n, do macht er ein Knopf an ein Gürtel‟)
15. Manche essen nicht den Kopf und die Eingeweide des
Tieres[9]). 16. Hängt man eine Zwiebel im Zimmer auf,
so hält diese alles Unheil fern, saugt sie alles Gift ein. 17 Ein
neues Haus lasse man im ersten Jahre unbewohnt. 18. Man
beziehe nicht ein Haus, in 'dem man bereits einmal gewohnt
hat[10]). 19. Die aufzüngelnde Lichtflamme kündet einen Gast
an[11]). 20. Wenn man beim Ausgehen etwas vergessen hat, soll
man nicht in's Haus zurückkehren, um es zu holen 21 Man
hüte sich vor dem Gesichtsschweiss[12]). Man nehme keine
Münze in den Mund[13]) und stelle keine Speisen oder Getränke
unters Bett[14]). 22. Man verschränke nicht die Finger beider Hände
ineinander[15]). 23. Man blase kein Licht aus[16]) 24· Man rufe die

---

[1]) Vgl. hierzu: Ez chajjim, Fürth 1754, fin. [2]) Vgl. Jos. 203 a u b.
U. III, 232. Vgl. Wu. 425. [4]) Vgl. oben S. 82 u. U. VII. 49. G. I, 120.
[5]) U. a. a. O. Jos 202 b. [6]) T. 35. P. 30. Vgl. Wu 297. [7]) Jos. 25 b.
[8]) Jos. 27 b. [11]) G. I, 200 ff [10]) Sef. chas. Jos. 204 b [12]) Vgl. Wu 125.
[13]) Vgl. Wu. 484. [14]) Jos. 204. [15]) Vgl. Jos 204 b. [16]) Vgl. Wu 199.

Eltern nicht beim Vornamen[1]). 25. Wer die „L'wone m'kaddesch ist", bleibt den betreffenden Monat am Leben. Frkf. a M. 26. Niesen beim Beten ist ein gutes Zeichen[2]). 27. Bei Tisch sage man nicht einmal einem Niesenden: „Asusa!", damit nicht etwas „in die unrechte Kehle" komme[3]). 28. Man werfe nicht mit den Fingern Schattenbilder an die Wand. Frkf. a. M. 29. Man soll nicht in den Mond sehen[4]). 30. Brot lege man nie verkehrt. Os. Eine Mannsperson darf nicht das Oberste vom Brot essen (Retke [Ränftel]). Das schadet dem Gedächtnis. Pol. 31. Wenn die Thür von selbst aufgeht, kommt Elienowe. Frkf. a. M. 32. Wenn man einem eine Stecknadel reicht, muss man dabei lachen. Frkf. a. M. 33. Streit im Haus, in dem eine Wöchnerin liegt, bringt dem Kinde Gefahr. Ebenso der Streit um des Kindes Namen oder bei einer Festlichkeit, z. B einer Hochzeit[5]). 34 Man darf beim Spiel nicht sprechen, das „verschreit" das Glück[6]). 35. Einen bösen Traum darf man nicht erzählen[7]). Pol. 36. Man deckt stets die Behälter, Waschkrüge u s. w. zu, damit sie nicht über Nacht „tome" werden. Frkf. a. M. 37. Riecht man an der Habdalakerze, so hat man in der Woche ein gutes Gedächtnis. 37a. Hält man sie hoch, so bekommt man einen grossen Mann. Frkf. a. M. 38. Vorbedeutungen. Wenn man Heu oder Schafe sieht. hat man Glück. 38a. Wenn der Hund Gras frisst, giebt's Regen Frkf. a M. 38b. Wenn es bei der Beerdigung regnet, ist es ein gutes Zeichen. H. 39. Wenn man ein „verwaistes", d h. gedankenloses Amen spricht, dann werden auch zur Strafe dafür die Kinder früh verwaist[8]). 40. „Haut man einen Baum aus", so gehen die Geschäfte zurück, oder es stirbt jemand im Hause. 41. Gegen Ajin horo[9]): Man geht zu drei Bechaurim, die blasen einem dreimal über das Gesicht und speien dreimal aus. Wiss. 42. Bei den Portug. wird dreimal: „Ariel!" über das Kind gerufen und 18 (חי) Münzen Zedaka gegeben. Hamb. Port. 43. Die „weise Frau" bedeckt ein Glas Wasser mit einem Läppchen, löscht dann in diesem Wasser drei glühende Holzkohlen aus, deckt das Wasser wieder zu, sagt einen Spruch. leckt dreimal die Augen des von dem Ajin horo Betroffenen und speit ihm über den Kopf. Pol. 44 Teig- oder Brotkrumen lasse man nicht auf der Erde liegen. H. 45. Beim Gewitter schlägt man das I. Buch Moses auf und stellt ein Salzfass (und Brot) auf den Tisch (Schormen [charme]). 46 Man stelle nie einem ein Licht zu Häupten, das bedeutet Tod. Pol.

---

1) H. B. 14, 67. 2) Ki. 26. 3) Ki. 49. 4) Jos. 56 b. 5) Jos. 163 b. 6) K 209. 7) Vgl. T. 243 8) Jos. 36 b. 9) Vgl. Wu. 153.

47. Nach dem Uriniren speie man aus[1]). 48. Wenn man an Urin vorübergeht oder darüber hinweggeht, bekommt man „Picken" im Gesicht. Pos. 49. Wenn ein Kind mit dem Finger gen Himmel zeigt, soll es sich zur Strafe in den Finger beissen; denn es ist verboten[2]). Wiss. 50. Der Hausherr geht nicht zuerst aus dem Haus[3]). („Ich hab' Zeit, bis ich als Mess hinaus muss"). H. 51. Man soll die Beine nicht kreuzen. 52. Man soll nicht in Strümpfen gehen, sich nicht auf die Erde setzen, kein Licht auf die Diele stellen[4]), nicht mit den Füssen auf die Thür zu liegen[5]) (H.), nicht Zeichen der Trauer anlegen[6]). 53. Fällt ein Portrait von der Wand, so stirbt die dargestellte Person. S. D. 54. Beim Nähen (etwa Annähen von Knöpfen) nimmt man den Faden in den Mund und spricht etwas, sonst stirbt die Person, der das Kleid gehört[7]). H. 55. Springt der Spiegel in sieben Stücke, so giebt es ein Unglück. S. D. 56. Die Kinder, deren Eltern noch am Leben sind, bleiben während der Totenfeier nicht in der Synagoge. Pol. 57. Ein Mädchen darf abends nicht ohne Schürze und Strumpfband ausgehen[8]). Pol.

---

12. Speisen.

1. Backwerk: Beigel (von „biegen"), Kringel. Pol. Kolisch oder Tatscher")=Ssude-Barches (Berchis). M. [Müssen länglich sein][10]). Ausser den „Challes" werden von demselben Mehl in platter ovaler Form zwei Kuchen gebacken. Pol. 2. Grieben, Grimseln. Brezeln, Naut.[11]) 3. Daimelcher (Rindsleber mit Schneidebohnen), Kress (weisses Halsfleisch). H 4 Am Sochor giebt's: „Graue (Kapuziner-) Erbsen", Hamb. Port.; in Polen: Trittlech (dünner Teig, mit Oel zubereitet), Krillerbsen, Met, Hamb.: Erbsen mit Pfeffer, Schnaps und Kuchen 5. Beim Chollekreisch giebt es Birnen, mit Erbsen gekocht[12]). 6. Bei der Hochzeit: Plewe, obenauf farbige Körnchen (gelb, rot, weiss) und Branntwein. Pol. Fische, weil die meisten Gerechten „in die Fische kommen", oder wegen eines gewissen Jonas, der einst darin eine grosse Perle gefunden. Fische werden von den

---

[1]) Vgl. Wu. 265. 418. [2]) Vgl. Wu. 12. 367. [3]) Vgl Wu. 380. [4]) Vgl. Wu. 431. [5]) Vgl. Wu. 431. [6]) Saf. II, 100 ff. [7]) Vgl. Wu. 295. [8]) Vgl. Wu. 381. [9]) T. 347. [10]) T. 347. Pf. 28. [11]) G. III, 133⁶. [12]) Sch. II, 6.

Männern selbst zerrissen[1]). Nach dem Essen: was zum Trinken reizt (Nüsse, Heringe, gesalzene Kuchen, gekochte Erbsen). 7. Am Freitagabend[2]): Kneidel mit Knobbeltunk und[3]) Krillerbsen. Pol Flammenkuchen (auch christl.) Bad. Hecht in Pfeffersauce[4]). 7. Am 15 Schebhat: 15. Arten Früchte werden aufgetragen H In Polen einfach Früchte. Die Portug. in der Türkei und Babylon feiern ihn als יוֹם הָדִין und essen 30 Arten Früchte[5]). 9 Am Freitag isst man milchig. 10. An Schabuot isst man milchige Speisen. W. IV. Mos. 28, 26.

"מחלב = מָנְחה[ן] חודשה[ן] לוה[ן] בוֹשבעתיבם[.]

Käskuchen. Pol. Bad. Butterkuchen. H (Hannöverscher Butterkuchen). An Jomtob überhaupt: Plebe, d. i. ein Kuchen aus Ei, Zucker und Mandeln, höher als Torte. H. Ein Kuchen, den man „Sinai" nannte[7]) (in Mainz). In Köln: „Burgerkuchen" (Honigkuchen) Schabuot und sonst: „Marktorte" aus Knochenmark. Zwei Mahlzeiten mit zwei Broten: Anspielung auf III. Mos. 23, 17[8]). Honig und Milch, weil die Tora damit verglichen wird. (Vgl. Cant. 4, 11.) 11. An Purim und Sukkot: „Krepplech" (dreieckig) in der Suppe. W. An Purim: „Hamankuchen", „Hamansohren" oder „Säckel" und „Taschen"[10]). Ragout, Reh- und Hirschbraten, Turteltauben. Fladen, kleine Torten, Pfefferkuchen, Gänse, Hühner, Pasteten, Kastanien, gestopfte Tauben, Enten, Fasanen, Rebhühner, Wachteln, Maccaronen und Kresse, קוליריץ (Gulasch?). Kompot: Nüsse in Honig. Wein, natürl. u. gewürzter Glühwein[11]). Brot-„Schnitten" in der Suppe, „Wein-Mert", Brot in Wein getaucht, „Lekuchen", „Deisse", Wrimsel, Feigenpfeffer, Huzzeln (getrockn. Birnen)[12]). Mitcher (Rindsfett), „Schlotten" (שיאלטם)[1³]), Leipeln, Grüne Nussschale. Früher waren die Challes einfach, und nur oben wurden einige Löcher mit dem Messer gegraben, um davor zu warnen, etwa nach Schabbes diese Brote, die oft mit Fett zubereitet waren, für milchdig zu halten[13]). Man isst im Monat Nisan und wann kein „Tachnun" gesagt wird, keine Linsen, weil diese Zeichen der Trauer[14]). Gold-Zimmes = gelbe Rüben. „Angebissen" wird stets mit (meist: Salz =) Hering. 12. Pesach. Am Seder-

1) Kirchner, Jüd. Cerem 1717. 2) Vgl. Pfitzer, Beschr. d. jüd. Sabbaths 1751, S. 28, 2. Aufl. 79. B. 22 3) Die deutschen Juden heissen „Zwiebel- und Knoblauchfresser" bei Abr. b. Mard. Farissol s. Karpeles, Gesch. d. jüd. Ltr. II, 871. Vgl. An. 69. U. II, 88. Eine natürliche Erklärung der Knoblauchliebhaberei bei Grünb. 560. 4) G. III, 133. 5) Saf. II, 106 b. 6) Lw. 71. 7) G. III, 112, 133. Ueber spanisches Brot s. An. 102. 8) Lw. 91. 9) G. II, 211 10) G. 212. 11) Christian a. a. O G. a. a. O. 12) Jos. 48 f. 13) 84. 70 b. 14) 89.

abend werden Eier in Salzwasser gegessen. Pol. Am ersten
Tage: Fleisch in Krén (poln. chrzan, poln.-jüd.: Chrein) gekocht.
Fürth. Borscht. Pol. Mörtelsuppe; dicke Mazze; auf den
Mizwot Figuren; Eiermazzes; viereckige Mazzeklös. Bad. Die
Portug. in Holland nehmen zu den Mazzot Rohrzucker[1]) In
Deutschland gab man den Kindern am ersten Abend Wein,
Nüsse und Kastanien, um ihre Neugier wachzurufen[2]). An Ereb
Pesach: Milch, zur Erinnerung an Sissera. An Pesach selbst:
Früchte und Fleisch[3]). Zwei Mahlzeiten, zur Erinnerung an Pesach
und Chagiga[4]). „Beschmierte", „überschlagene" Mazzes. Pol.
Met: aus Hopfen, Honig und Hefen vom Vorjährigen. Pol.
13. Rosch ha-schana: Hammelfleisch und Rüben (Bad.).
Gelbe Rüben. Pol. Widder- oder Bockskopf zum Andenken an
Isaks Opferung und mit Anspielung auf „Rosch"-haschana
(וְתִהְיֶה לְרֹאשׁ)[5]). Fische: Symbol der Fruchtbarkeit[6]). Keine
Nüsse, weil Egos (Nuss) dem Zahlenwerte gleich Chet (Sünde).
„Isst man am Neujahr gelbe Rüben, so bekommt man Geld im
Jahre" (ist auch von Christen angenommen)[7]). „Barben". (An-
spielung auf „Erbarmen"? Lutertrank und Morass[8]). 14.
Jomkippur: Koilitsch (Schneckenstritzel). Pol. 15. Simchat
Tora: Rosinen und Mandeln (Studentenfutter) werden unter
die Jugend verteilt. 16. Schemini Azeret: Gelbe Rüben
(Wurzeln). Pol. 17. Sabbat: „Kugel" oder „Kuchel".
Man nimmt dazu Mehl, zerschnittenes, noch nicht ausgelassenes
Fett, Gewürz, Rosenwasser, zuweilen Weinbeeren und geriebene
Lebkuchen, darauf Wasser. „Grümlen" aus weissem Mehl und
Eiern[9]). „Sauce" aus Essig und Knoblauch[10]). Vormittags:
Surtabel. Nachm.: Merate oder Merende[11]). „Breitling": Mar-
burger Sabbatpastete[12]). 18. Schabbat Schira: Gekochter
Weizen, weil auch „gespalten", wie das rote Meer. Manche
legen von diesem Weizen vor das Fenster für die Vögel[13]).
Weizen im Scholent soll an das Manna erinnern. 19. Schabbat
Chanucka: Gänse. Sonst an Chanucka: Käse, weil solchen die
Judit dem Holofernes reichte[14]). 20. Vor Tischab'ab isst man
ein Ei, in Asche getaucht, oder Linsen, beides Symbole der
Trauer[14]). 22. In den „Neun Täg" essen die Portugiesen als
Zeichen der Trauer schwarze Hühner[15]). 22. Hoschana
rabba („Kol m'bhasser!") wird weisser Kohl in Wasser
gekocht. H.

1) Sch. II, 320. 2) G. I, 116. 3) Lw. 71. 4) Das. 5) Tyr. 87. Chr.
272. 6) Lw. 81. 7) G. III, 131. Vgl. Wu. 63. 8) Das. 9) Sch. II, 174.
10) G. I, 73. 11) G. III, 133. 12) Das. 13) Dag. Magen Abraham. Vgl. U. V,
268. 14) Lw. 71. 15) Se 12. Ob. 135. 16) Sch. I, 266.

13. Bräuche an den Festen

Schabuot: 1. Am zweiten Tage wird bei den Portug. die Haftara portug. gesagt. 2. Pfingstbäume, dagegen der Gaon Elia Wilna[1]). 3. Maischenkränzchen. 3a. „Der Estrich der Synagoge war ... mit Maien, mit Kalmusrohr, mit Wiesenblumen bestreut und man hatte duftende Sträusse in den Händen"[2]). 4. Kräuter und Birken, Citronen und andere Früchte für die Schul; die Sefertora wird bekränzt. 5. In Smyrna ist der Umzug mit der Tora besonders feierlich[3]). 6. Rosch haschana[4]): Man soll den Schofar nicht ansehen, um den Bläser nicht zu beirren. Pol. In Süddeutschl. drehen sich die Frauen deshalb um. Sonst wird man blind. (Dasselbe beim „Duchenen"[5]), beim „Schema Jisroel[6])"). 7. Wenn der Schofar nicht gut bläst, sitzt der Satan[6]) darin, und der Bläser stirbt in demselben Jahr[7]). 8. Hoschana rabba[8]): Um Mitternacht öffnet sich der Himmel und es werden die Lose (Quittlech) verteilt, die an Rosch haschana und Jomkippur geschrieben und besiegelt worden. 9. Die Stengel der Hoschanes legt man zu den Tefillin. Sie schützen auf Reisen gegen Mörder und Räuber. 9a[10]) „Den [daneben ist ein Mann ohne Kopf zu sehen] hot geschlagen der Tropf, dass er hot kein' Kopf. Bei alle andern Tagen steht geschrieben כמישפט, un' bei dem siebenten Tag stet כמישפטם, zu weisen, was הקבׂׂרׂה hot gegesert am Rausch hasch. un' gechasment am Jomkippur, das weist er in der Lewono. Un' welcher den Schatten nit sicht, der bleibt aso nit leben das selb Jar. Den da weil am Hauschano rabbo is men „don" auf den Regen, ob das Jar sul ein „sol" sein oder nit. Drum waist men die Nacht darvor, weil viel Leut sein, das men hot zu speisen das Jar. Etliche tun ein Leilich um un gen, wo die Lewone scheint, un werfen das Leilich von ihnen, dass sie nacket bleiben, un spreiten sich ganz aus. Mangelt ihm der Kopf, so gilt es ihm sein Kopf. Mangelt ihm ein Finger, da gilt es seine Kerauwim. Mangelt ihm der Schatten vun der rechte Hand, so is es ein Simmon zu seine Söhn (רׂׂמׂ), un die linke Hand, is ein Simmon zu sein' Töchter (רׂׂמׂ). Aber den Schatten, den men sicht in der Lewone, meint nit ein rechten Schatten. Denn es muss wol selzum zugen, dass einer nit soll sein Schatten sehn.

---

[1]) Vgl Chajje Adam. [2]) Ka. 82 f. [3]) Z. 56. [6]) Lw. Vgl. Z. 14. [4]) Ueber den Ursprung des „Taschlich-Werfens" s. B. 23. [5]) Mi. 2a. [7]) Sc. 13. [7]) Ueber den Satan vgl. im übrigen Mi 33b Tyr. K. 217. [8]) Ki 130. [10]) Ki. 130. [11]) Mi. 49b (vgl. Horajot 12a. Sef. 1544. Sc. 18. Ki. 129. G. I, 206, wo auf IV. M. 14,9 verwiesen wird. Wu. 207).

Aber es meint der Schatten vum Schatten. Wenn men recht sicht auf den Schatten von Menschen, aso sicht men zwei Schatten. Denn der recht Schatten gibt wieder ein Schatten, die Chachomim s. A. heissen es Babuah d' babuah [vgl. Aruch compl]. Wir lernen in der Gemore: Einer, der über Land zieht un' will wissen, ob er wird heimkommen oder nit, der soll sehn sein Schatten. Sicht er den Schatten vum Schatten, aso kummt er wol wieder heim. Un' hinten in der Sch'muoh in der Gemore aso sagt die Gemore wieder, wie nischt dran is. Denn unterweilen derschreckt der Mensch un' macht bös sein Massel, dass er den Schatten nit sicht vun Furcht wegen. Drum welcher, der sich schon nit besicht in der Lewone am Hausch. rabbo. der is doch ein Jehudi". Vgl. T. 11ᵇ. 10. Die Frauen stecken Geld in die Tasche und klimpern damit auf der Strasse. Das bringt Massel und Broche in die Tasche[1]. 11. Bei den Portug. wurde nur Hosch r. Nacht (nicht Schabuot) gelernt. 12. An H. r. macht man kein Geschäft. (Bad.). 13. Die Hoschanes darf man nicht mit Füssen treten[2]. 14. Die Hoschanes, die mit sieben unversehrten Zweigen umwunden sind, werden abends in der Sucko bei dem Rest des Lichtes, das am Versöhnungstage gebrannt hat, an Eisen abgeschlagen[3]. 15. Auch vor Hosch. r. soll man keine Nüsse essen. 16. In Deutschland und Frankr. wurde H. r., im Ggstz. zu den Portug., bei denen Schofar geblasen wird und Jomkippurstimmung herrscht, wie ein Festtag gefeiert. In Worms war die Sabbatkeduscha üblich[4]. Auch in Aden: Gesang und Tanz[5]. 17. S i m c h a t T o r a : An S. T. wird nicht geduchent, weil die „Kauhanim schikker". 18 Die jungen Leute überfallen die Küchen und plündern die Kuchenvorräte. Bad. 19. Manchmal Baumfrüchte für die Jugend tonnenweise auf den Almemor getragen[6]. 20. Grosses Feuer auf dem Schulhof aus den Hoschanes und dem Material der Sukko, die die Jugend Haus für Haus gesammelt[7] hat. 21. In Sachsen gab der Chatan Tora ein Gastmahl für die ganze Gemeinde[8]. Aehnlich in Hamburg: Simchat Tora beim Chatan Tora, Schabbat Bereschit beim Chaan Bereschit. 22. S c h e m i n i A z e r e t : Eine Familie Dreifuss-Weinheim isst, statt morgens, mittags in der Sukko. H. 23. Am Nachmittag des Sch. Az. wurden in Mähren die Frauen, welche übrigens auch das Einkleiden der Torarollen für Simcha Tora besorgen durften, als Lohn für ihre Thätigkeit in der Chebra kadischa

---

[1] Vgl. Wu. 383. [2] Mi. 50. Vgl. Br. 31. [3] Ob. 107. [4] Z 95. [5] Saf. 11, 32. [6] B. 18. [7] B. 18. Ki. 131. [8] B. 18.

zur Tora „aufgerufen"[1]). 23a „Eine Simchastauro-Esserei". D.
24. In Ober-Ungarn werden den Kindern abends von der
Frauenschul in den Schulhof Aepfel zugeworfen. 25. Tischab'ab.
Einige Kinnot werden bei den Portug. portug. gesagt. 26. Man
geht in „Eckenschuhen" aus (Tuchecken geflochten). H. 27.
Die dreieckige Mütze über's Gesicht geklappt. H. 28. In Arabien
kleidet man die Torarolle schwarz und bestreut sie mit Asche
Mit den Kleinen wird in der Synagoge das Buch Hiob gelesen[2]).
29. Man legt auf das Grab der Eltern ein Tüchlein mit Salz
und Knoblauch und bittet sie, für ihr Kind zu Gott zu beten[3]).
30. Besondere Fasttage haben die verschiedenen Leichenbestattungs-
vereine[4]). 31 Lokale Fasttage hatten Erfurt, Carpentras, Köln,
Prag, Worms, Xanten, Bamberg[5]) (Zwetschen-Ta'anis) u. a[6]). 32.
Von jedem, der am „Schwoben-Tot" (תֹּת שׁוֶבבִים) nicht
fastete, forderte der Schammes eine Kopfsteuer ein, die für die
Armen bestimmt war. „Kopf per Kopf drei Sechsling!" H.
33. Montag, Donnerstag und den Tag vor Rosch chodesch
isst man „milchding". H. 34 Nach dem ersten Abh giebt man
nicht-jüd. Handwerkern Geräte zu arbeiten, die nach dem
neunten fertig sein müssen[5]). 35. Man kauft kein Holz nach
dem ersten Abh. Wenn es einer thut, nimmt man es ihm
weg und giebt es den Armen. 36 „Zum Andenken an die von
den Vätern am neunten Abh vollbrachten Heldenthaten waren
die Judenknaben am genannten Trauertage bewaffnet. Diese
Waffen, die wir uns selbst verfertigten, waren aber nur unge-
fährliche, hölzerne Symbole. Büchsen und Schwerter waren
aus Schindeln geschnitzt"[7]) 37. In Rom kennt man nur einen
Chatan Tora, nicht Ch. Bereschit[8]) 38. Tanzen mit den Sefer
Taures in Schul. Man behängt die Sefer T. und die Männer,
die zur Tora aufgerufen werden, mit allerhand Frauenschmuck[9]).
39. In Russland sitzen die Frauen unten bei den Männern. 40.
Die Kinder ziehen in Schul mit Fahnen um den Chasen herum
und gehen dann mit „Mäh"-Rufen nach Haus. Man nennt
dies „Zaun Kodoschim"[10]). 41. Sukkot: Die Verlobten senden
einander Geschenke[11]). (Zu Sukkes ze Gesind!) 42. Challemoëd
Sukkes fährt man auf die Bekick. (Brautschau). 43. In der
Sukko hängt man eine dürre Zwiebel auf, in der vier Gänse-
oder andere Federn stecken, oder ein ausgeblasenes Hühnerei,

[1] H. B. XIX, 8. [2] Saf. I, 208. [3] Ki. a. a O. [4] Z. 152. [5] J. d. 31.
[6] Jos. 107b. [7] Z. 126 [8] Ki. 81. Vgl. Sippurim Bd. V, S. 213. [9] Z. 87. Die
Sitte des Ch. T. stammt aus Frankr. Der Name Simch. Tora findet sich
zuerst bei Hai Gaon. [9] Ja. 72a. [10] Vgl. S. Mandelkern, Hebr.
Gedichte II 78. [11] Ki. 41.

worauf Lev. 23, 42 geschrieben. 44. Das Schütteln des Lulabh
„macht aufhalten die böse Ruchaus un' böse Regen un' den
Soten anzuschreien, dass er nit kann mekatreg sein"[1] 45.
Purim. Am Abend und am nächsten Morgen werden geflochtene
Fackeln angezündet[2] und Pulver hineingestreut, damit es um
so lauter knalle[3]. 46. Hamanfigur oder Hamanklopfer wurde
in Rom in's Feuer geworfen. 47. Bei Hamans Nennung wird
mit dem Hamansklöpel auf Bänke und Stühle geklopft 48. Auf
Holz und Stein[4] schrieb man Hamans Namen, der durch das
„Klappen" ausgelöscht werden sollte[5]. Frauen, auch Mädchen,
müssen nach Schul gehen. 49. Den Rabbinen sandte man
eine geräucherte Zunge, drei Pfefferkörner und einge-
machten Ingwer. 50. Sonst sandte man einander über-
zuckerte Figuren („Backwerk, Wein, Liqueure und Früchte"[6]).
51 In Jemen[7] formen Knaben aus Holz und Thon ein Hamansbild in Lebensgrösse, führen Mardechai auf einem Pferde umher,
Haman ihm voraus, mit bunten Farben angestrichen, hängen
dann den Haman im Schulhof an einen Baum und schleudern
Pfeile und Steine auf ihn, bis er in Stücke fällt. 51a Die Gemeinde
singt manche Verse der Megille mit, um die Kinder wach zu
halten[8]). Denselben Grund hat auch das Hamanklopfen. 52.
In Altona[9] wurde zweimal zum Klopfen kommandirt. 53. In
Frankfurt a. M. wurde des Haman und der Seres Bild an den
Wachslichten auf dem Almemor angezündet. 54. Früher wurde
im Schulhof ein Galgen errichtet, Hamans Bild daran gehängt
und beides nachher verbrannt[10]. 54a. Dem Hamankuchen wird der
Kopf abgebrochen 54b. Unter Trompetergeschmetter ritt man mit
Tannenzweigen in den Händen durch die Strassen, man um-
jubelte das Hamansbild, welches die Kinder mit Nüssen be-
warfen, und verbrannte es schliesslich auf einem Scheiterhaufen.
55. Auch das christliche Gesinde wurde beschenkt[11]. 55a Das
„Purim-Ansingen" Pol.-Ung. Der noch heute in Polen
neben dem „Humenklopper" gebräuchliche „Greger" (wohl vom
poln. graik „Spiel") erinnert lebhaft an die Charfreitag-Knarren
der Katholiken. 56. Die Frauen durften in Schul ihre Fenster-
gitter öffnen und in den Männerraum hinuntersehen[12]. 57. In
Susa[13]): In der Synagoge geniesst ein jeder ein Ei, mit Asche
bestreut, und einen Likör. Die Hauptmahlzeit wird nach Mincha

1) Mi. 47b. 2) T. 65. 3) Christian, Von den jüd. Fast-Nachten 1677.
4) Ja. 42. 5) Ob. 132 f. 6) Ka. 6. 7) Saf. 1, 86. 8) G. I, 116. 9) Sch. II.
10) G. II 211 11) G. I. 149. 12) Sch. II. 13) Allg. Isr. Wochenschrift.
Berlin, 19. März 1897. Ueber Purim Vinz in Frkf., vgl. Sch. II, 45, über
das Erfurter Purim 1631 s. Lundius 1071.

ausserhalb der Festungsstadt auf freiem Felde gemeinsam ein-
genommen, nachdem Tags zuvor für jede Familie durch einen
Pflock der Platz bestimmt worden. Auch die Frauen nehmen
ausnahmsweise daran teil, sie habe ihre Sitze hinter den Männern.
Die Männer verweilen hier bis zum Morgenanbruch in gelehrter
Disputation, doch finden auch Possenmacher und Zauberkünstler
dankbares Publikum. 58. In Tanger feiert man ein Purim de
los Bombas. Man schliesst die Läden und Schulen, geht auf
den Friedhof und verteilt Almosen. 59. Marokko. Tetuan
kennt ein Purim de los Christianos am zweiten Elul zu Ehren
der Schlacht der drei Könige oder Alcazar Kebir 1578, weil
König Sebastian von Portugal, der alle Ungläubigen hatte ausrotten wollen, in dieser Schlacht seinen Tod gefunden. 60.
Algier: am vierten Cheschwan wegen der Niederlage des span.
Heeres 1541. 61. Am Ereb Schabbat soll man alle Spinn-
weben wegschaffen[1]). 62. Man geht zur Stadt hinaus, den
Sabbat zu empfangen. Einst in der Prager Altneuschul mit
Pauken und Trompeten 63. Der Becher zum Benschen muss
über Nacht mit etwas Wein auf dem Tische bleiben[2]). 64. Am
Sabbat hat der Jude eine Seele mehr (Neschomo jesero), die
mit dem Sabbat ihn wieder verlässt. Daher auch, wie am
Rosch chodesch, ein Gericht mehr. 65. Sabbat. In der
Synagoge erhielt in Hamb. noch vor etwa 50 Jahren jeder vom
Schammes ein „Riecherche" (Blümchen). 65a. In Jerusalem reicht
man jedem beim Austritt aus der Synagoge nach dem Mussaf-
gottesdienst an Sabb. u Jomtob Blumen oder Früchte zum
Segensspruche?) 66. Vor dem Kiddusch sagt bei den Portug.
der Hausherr: „Sabrim madinam?" und die Anwesenden antworten: „Chajjim". Soll aus der Zeit stammen, wo die Rechts-
pflege noch in jüd Händen lag. Die Beisitzer wurden mit
dieser Formel um ihr Urteil befragt. Die Antwort: „Chajjim"
bedeutete: „Leben!", Schweigen: „Tod." Hamb. P 67. Man
schickte in Deutschl. die Kinder zur Mutter, sie möge Licht
zünden[4]) 68. Man zündet drei Lichte an (das dritte, wie den
„Schammes" an Chanucka[5])| 69. Wenn das Sabbatlicht einen
„Gannev" [Räuber] hat, legt man einen Berches unter. H. 70.
Siebenzackige Sabbatlampe. [„Lamp' hinunter, Sorg' hinauf!"[6]).
71. Wenn das Kind gern „Kugel" isst, wird es ein guter Jude
werden"[7]). 72. Nach der Schlischessude reissen manche rasch
das Tischtuch herab und meinen, „sie werden damit in kurzem

1) Pfitzer 28. 2) Das. 3) N. 382. 4) G. I, 116. 5) Ki. 79. 6) B, 21.
7) Pf. a. a. O.

ihrer Schulden loss werden"[1]). 72a. In der Synagoge zündete
man Nelken an[2]). 72b. Wem Vater oder Mutter gestorben, der
trinkt kein Wasser nach „Mincho"[3]). 73 Schbesnacht[4]): Ledowid
boruch heisst „Quergebet", weil man dabei nicht von hinten nach
vorn, sondern von rechts nach links schaukelt[5]). H. 74. Mit
dem Hawdole-Wein benetzt man (dreimal) Augen u. Taschen und
sprengt nach der Thür zu. Kiss. 75. Man dehnt die Gesänge,
weil die Bösewichte, mit Sabbat-Ausgang wieder in die Hölle
müssen, „dass sie nit aso bald drein gehn"[6]). 76. Bei der
Habhdala steht der Hausherr an einer Ecke des Tisches[7]).
77. Nach der Habhdala nahm der Hausherr den Hut ab, legte
die Hände auf sein Haupt und sagte dreimal: „Segen und Glück
mögen auf meinem Haupte ruhen!"[8]). 78. „Es ist ein guter
Simmen, dass men Wein verschütt"[9]). „Wie der Wein auf der
Erde, so sollen sich ihre Nachkommen" nach allen Richtungen
hin verbreiten, oder auch als Erquickung des Corah, von
welchen sie vorgeben, dass er mit seiner Rotte noch unter der
Erde lebe"[10]). 79. Niesen des jüngsten Kindes bringt Glück[11]).
80. Man schreibt nicht, weil einst einer einem anderen die Haut
abgezogen und darauf geschrieben[12]). 81. Man isst Berches und
trinkt dazu ein wenig Wasser, das schützt vor dem Aussatz[13]).
82. Die Frauen schöpfen „aso bald nach Borchu" Wasser, weil
der Brunnen Mirjams, der im See von Tiberias, sich mit allen
Brunnen vereinigt, und von Mirjams Brunnen wird jeder
geheilt, selbst „wenn er schon voller Franzosen wär"[14])
83. Ein Glied des menschlichen Körpers, das heisst נסכיʼי
das hat kein Hanooh vom Essen sonder am Schaboses zu
Nacht." 84. Kiddusch ha-lebhana. In Hamburg einst
(und noch jetzt z. B. in Wiesbaden) auf einer Holztafel mit
grossen Buchstaben gelesen. 85. Jomkippur. In Posen legt
man nicht zu Kolnidre[15]). das Talith an. 86. Am Vorabend
des Jomk. geisselt man sich gegenseitig[16]). 87. Tags darauf
grüsst man einander: „In Gott's Namen". H. 88 Die arabischen
Juden umarmen einander (wie überhaupt an den Festen) und.
sagen:

העתרו בתפלתכם והתחמי לחיים טיבים!

[1]) Ki. 84. Vgl. Wu. 65. [2]) Jos. 74. [3]) Jos. 86. [4]) Ueber die Form
des Gewürzbehälters vgl. Z. 67. [5]) Ueber das Schaukeln beim Beten u.
Studiren s. O. L. 1844, S. 706. 751; beim Tora verlesen s. Z. 83. [6]) Mi.
2a. Vgl. Wu. 442. [7]) Ki. a. a. O. [8]) G. III, 102 [9]) Mi. 2a [10]) Ki. 86.
Vgl. Wu. 133, 197. [11]) U. IV. 44. Vgl. T. 142. Wu. 194. [12]) G. III, 129.
[13]) Ki. 85. Vgl. U, IV, 42. 120. 290. [14]) Mi 3a. Or. ch. 299. [15]) Ueber
Kolnidre vgl. Z. 96. Zum „Kapporoschlagen" vgl. Wu. 274 f. [16]) Vgl. Mi. 41.

Pesach. In Baden gilt die Judenmazz', wie die Hostie, sie wird gegen Ostereier eingetauscht, oder die Christen schenken dafür den Juden am Abend nach Pesach Brot. Sie wird von den Bauern im Zimmer aufgehängt, an die Scheune genagelt zum Schutz gegen Blitz und Hexerei[1] 90. Die Mizwoth heissen: mit einem Schnitt, Kauhen", mit zweien „Lewi", mit dreien „Jisroel". 91. Am Seder wurde stets der Ofen geheizt wegen des Scheker-Bilbuls. Pol. 92. Beim Seder darf kein Messer auf dem Tisch liegen. H. 93. Kinder verstecken den Afikaumen und bekommen dafür vom Vater Lösegeld. Bad. Pol. 94. Nach poln. Brauch zieht der Hausherr den Sterbekittel an und betrachtet sich als „Melech", die Hausfrau als „Malke". 95. In Jemen[2]) werden die Mazzot täglich frisch gebacken. Beim Seder setzt man sich um einen kleinen Tisch auf die Erde. Dieser wird während des Haggada-Vortrages beiseite gestellt, bis man an die Stelle kommt: אֱלֵי הַיְשִׁיאָנוּ. Bei דֵיְנוּ wird der Tisch ein wenig in die Höhe gehoben. Die Haggada wird für Frauen und Kinder ins Arabische übersetzt. 96. In die Speiseschränke legt man, um sich besser vor Chomez zu hüten, Tücher oder Bretter[3]). 97 Die vier Becher entsprechen den vier Ausdrücken für Befreiung II. M. 6, 6. 7. 98 Der rote Wein erinnert an das Kinderblut, in dem der aussätzige Pharao gebadet haben soll. 98a. Man trägt ein Stückchen Mazzo in der Hand, um bes. im Verkehr mit Nichtjuden stets des Chomezverbotes eingedenk zu bleiben[4]). 99 Der „Afikumim" wird von den Portug. in Hambg. wie ein Talisman mit auf Reisen genommen, das ganze Jahr zwischen der Wäsche verwahrt 100. Ehe die Thür für Elia geöffnet wird, wird eine Ofengabel gegen die Thür gelehnt. Sobald sie beim Öffnen in die Stube hereinfällt, rufen die Kinder: „Der Elia ha-nowi und der Moschiach kommt!"[5]). In den russ. Ostseeprovinzen lässt man eine Ziege herein. 101. Beim Mizwo-Wasser braucht man nicht wegen der Tekufo besorgt zu sein Es wird auch bei Todesfällen nicht ausgegossen[6]). 102. Beim Backen der Mizwot heizt man mit Esrogim und der[7]) Suckodecke[7]) 103. Mit dem Chomez verbrennt man die Reste des Lulabh[8]). 103a. An Pesachausgang wird eine Strohpuppe „der chomezdicke Borchu" im Schulhof umtanzt und verbrannt. D). 104. Chanucka. Die Reste der Lichte werden acht Tage nach dem Feste an einem Orte ausserhalb des Hauses verbrannt[9]). 105. Die Juden in Frkf. a. M. erlaubten sich das am Chanucka gestattete (Karten-) Spiel auch noch zwei Tage nach

1) Vgl. Wu. 376. 2) Saf. I, 88. 3) Sch. II, 320. 4) Jos. 78. 5) Ch. I, 53. 6) Mi. 14b. 7) Mi. 16b. 8) Tyr. 15b. 9) Ki. 135. Vgl. Wu. 68.

dem Feste, da ihnen die beiden dareinfallenden Sabbate für das Spiel verloren gegangen. Doch wurde nach dem grossen Brand 1714, ausser bei Kranken und Wöchnerinnen, das Spiel vierzehn Jahre lang ausgesetzt[1]). 106. S e f i r a. Wer gut „omert", bekommt am Schabuot Cholisch[2]).

Berufsarten.

1. Fast alle Handwerker in Arab. sind Juden[3]). 2. In Persien sind fast alle Ärzte[4]) und Apotheker Juden[5])

---

[1]) Sch. II, 817. [2]) Minhagim (Mahrail) 111b, vgl. G. III. 112. Wu. 295
[3]) Saf 1, 44. Ebenso früher in Sizilien: G. II, 287, vgl. II, 239, 249, 312,
III, 169 ff, 176 f. An. 191, 195. Sch II' 170, 172. [4]) Vgl. G. III, 196 ff.
B. 47. Karpeles, Gesch. der jüd. Lit. II, 1154. L. 37. Sch. II, 382 387.
[5]) De le Roi, Die Juden III, 208.

V. Weissagung, Zauber u. ähnl.

„Damit prüft euch der Herr". V. M. 13, 7.

1. Wahrsagen[1].

1. Aus Münzen und Bohnen, je nach ihrer Lage und nach
den Münzenbildern Bad. 2. Wenn man nicht weiss, wo ein
Ertrunkener liegt, lasse man eine hölzerne Schüssel schwimmen.
Wo sie anhält, da liegt der Leichnam[2].

---

2. Beschwörung.

3. Der vor einigen Jahren verstorbene „Grätzer Row"
Gutmacher hat in Gegenwart von Zeugen einem jungen Mädchen,
welches Tag und Nacht eine fremde Stimme aus sich heraus-
schreien hörte, diesen „Dibbuk" ausgetrieben L. 4. In Krakau
wurde der Rabbiner Schaule Landau zu einer Wöchnerin gerufen, der bisher jedes Kind im Wochenbett gestorben war.
Kaum war er in's Zimmer getreten, da öffnete sich die Thür,
ohne dass man einen eintreten sah. L. rief zur Thür gewandt:
„Du, Machschefe, du sollst hier keine Schelte (Macht) haben!"
In demselben Augenblicke stand ein altes Weib vor ihm und
bat ihn um Schonung, sie sei „geheissen" worden. L 5. Wenn
man von einem Hunde angefallen wird, ruft man: אלהא
דרמאיר עניני[4]). H.

1) Ueber das Bath kol s. Wessely, Wiener Kalender 1845. O. L.
1845, 347. 2) Jos. 203. 3) Ueber Träume vgl. Mi. 9. Sch. I, 68. H B.
XIV, 122. G 1, 81. Zunz, Raschi 370. Kronberg, Raschi als Exeget 261').
Joël, Aberglaube 98. Asulai. Schem ha-gedolim 13 143. 178. Ueber die
Bedeutung der dreimaligen Wiederholung s. Jos. 203. Vgl. Wu. 87. 304.
4) Abod. zara 18b.

3. Feuersegen.

6. Man soll[1]), so heisst es in einer Verordnung der mecklenburgischen Regierung vom 24. Dezember 17.., „auf verschiedene hölzerne Teller, worauf schon gegessen, des Freitags bei abnehmendem Mond zwischen 11 und 12 mit frischer Tinte und neuen Federn schreiben":

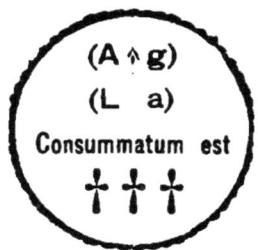

und sie mit den Worten: „Im Namen Gottes" ins Feuer werfen.

Den gleichen Befehl erliess 1742 Herzog Ernst August zu Sachsen[2]).

4. Volksmedizin[3]).

6.[4]) In Arabien zieht man bei jeder Krankheit Blut · aus dem Nacken, für jede hat man ein besonderes Kraut. Dürre und Regenmangel schreibt man auch den Zauberern zu 7. Wer in der Agonie liegt, dem gebe man nicht mehr zu essen, als höchstens ein Absud von Salbei[5]). 8. Fenchel ist gut gegen Unterleibsleiden und Fehlgeburt. 9. Vor letzterer schützt die Frauen ein Stein, am Halse getragen. 10. Kastanien trägt man bei sich zum Schutz gegen Gicht. H 11. Ein Vorbeter sprach von einem heissen Stein, den er in der Brust trage. Er legte deshalb beim Beten immer frische Umschläge zur Kühlung auf.

---

1) U. II, 145. Vgl. Wu. 377. 286. 2) G. II, 336. 3) Saf. I, 59. 4) Ueber die Verwendung der Psalmen bei den verschiedenen Krankheiten giebt das Büchlein „Schimmusch Tillien" Auskunft. 5) G. I, 212.

Trauung.
(Vergl. Raschi Ta'anit 8a).

Aus einer Handschrift der Hamb. Stadtbibliothek.
(Cod. hebr. 337. Steinschneider No. 352).

Holzschnitt nach einer photographischen Aufnahme des
Herrn Stud. Ernst Löwenherz, Hamburg.

VI. Volkstracht. Hausbau u. ähnl.

„Daheim kennt man den Namen, in der Fremde
das Kleid".   Schabb. 145.

1. Trachten.

1. Die Süddeutschen trugen bunte Kleider, und, wie auch andere Juden, Kniehosen. 2. Die Chasidim trugen (z. B. in Hamb.) am Rausch chaudesch ein blaues Tuch, am Schabbos rote, an Schewuaus grüne, an Rausch haschono und Jomkippur schwarze Röcke, dabei schwarze Schulmäntel, einen (blauen) Kontusch (Pellerine mit kurzem Kragen), nicht weiss (vom Gaon Elia Wilna, ausdrücklich verboten). Vorn an der Misrachwand standen nur Leute mit „rauchen Mütschen" (Pelzmützen). 3. Gabboim und Kabronim tragen schwarze Mäntelchen. H. 4. Am „Schwarz Schabbes"[2] (Sch. Chason) [wie „Schwarzer Sonntag] trägt man schwarze Kravatten, sonst am Schabbos weisse. H. 5. „Die Chelmer tragen das Hemd über'm Rock". 6. Die Chasidim in Russ.-Pol. gehen schwarz, nur die Strümpfe sind blau. 7. In Jemen trägt man nur am Sabbat weiss, sonst schwarz, nur das Talith bleibt auch am Sabbat schwarz, wie sonst[3]. 8. Die Männer trugen bei Beerdigungen ein schwarzes Tuch auf dem Kopf das sie wie eine Kappe hinten über den Rücken warfen[4], ähnlich heute noch die Kabronim in Hamb. Die Frauen nahmen ein Tuch über den Kopf. 7. Der Trauernde kam am Sabbat mit einer Trauerkappe in die Synagoge vier Wochen, wenn die Eltern, acht Tage, wenn ein Kind gestorben[5]. 10 In Aegypten[6] tragen die Juden, während sonst die Eifersucht der Muhamedaner ihnen nur den Fez gestattet den Turban. Beim Rasiren des Kopfes lassen sie (gemäss der Vorschrift des Maimonides) vierzig Haare stehen. 11. Die Frauen in Kairo[7] tragen beim Ausgehen schwarze Seidenmäntel von Kopf bis Fuss, und von Kopf bis Brust ein Tuch, welches nur die

---

[1] Ueber mittelalterliche Trachten vgl. G. III. 127. Sch. I, 272; II, 141 (die Judenzeichen). [2] Mi 31. Ueber die Tracht der Frauen am Jomkippur s. Sch. II, 299. [3] Saf. I, 60. Vgl. Pf. 28. [4] Sch. II, 341. [5] Das. [6] Saf. I, 10a. [7] 10b.

geschminkten Augen frei lässt. 12. In Aden[1]) färben sich die
Frauen vor den Festen Hände und Füsse mit Chinarinde[2]). Die
Männer sind nur von den Lenden abwärts (schwarz) bekleidet.
Ebenso die Männer in Jemen. 13. Nachts[3]) stecken sie sich
ganz in einen grossen Sack, den sie auch auf Reisen mit-
nehmen, zum Schutze vor den Insekten. 14 Sie waschen sich
mit gekochter Butter und schminken sich jede Stunde die
Augen; das schärfe die Sehkraft. 15. Am Arm tragen sie eine
eiserne Spange, an der grossen Zehe einen eisernen Ring; das
mache stärker. 16. Sie sammeln aus neun Häusern Nägel von
neunerlei[4]) Eisen, daraus schmieden sie sich zu bestimmter Zeit,
wobei sie gewisse Sprüche hersagen, eine Halsspange und
tragen diese nach der Ordnung der Gestirne bis nach der Hochzeit. 17. Auch in Indien trägt man nur einen Lendenschurz[5]).
18. In der asiat. Türkei trug man lange, schwarze Tuchröcke,
violette Babouches, ein Barett von Filz, mit Tuch überzogen[6])
19. Die polnischen Juden haben die poln. Tracht[7]). 20 In
Kalkutta tragen die Trauernden von Hals bis Brust ein weisses
Tuch. Die Trauergewänder legt man nach Schluss der Trauer
nie mehr an[8]). 21. In Hamb. trugen die Vorbeter früher bis
1859 keinen Talar. Das Barett hatte folgende zwei Formen:

Der „zweite Chasen", der Kaure und Schammes trugen Kniehosen, Schnallenschuhe und den dreieckigen Hut. 22 In Arab.
tragen auch die Jungfrauen das Kopfhaar bedeckt[9]). 23. In
Rumänien tragen die Frommen den Kaftan in der Mitte mit
einem Gürtel zusammengehalten, auf dem Kopf den Jarmuck,
eine Art Kopfdecke, die man unter dem Hute trägt, und die
hinten heraussehen muss. Wer sich europäisch kleidet, wird
„Dätsch" genannt. W. 24 Die arab. Juden nennen ihre „Pees:"
Simmonim[10]). 24a. Es gab einen besonderen Sabbat-Mantel
„Sarbel", auf der rechten Seite zu schliessen, um an das Verbot
des Tragens zu mahnen[11]) 24b Man machte den Mädchen
von den Rändern der Sefertores, Tefillin und Mesuses Schapel
(sonst auch Kameen u. s. w)[12]) קן ראשקירין שיקיטא וקיטא מצנפה כיסרבל[13]).

---

[1]) Saf. II. 19   [2]) Für das Altertum vgl. Hartmann, Die Hebräerin
am Putztisch. [3]) Saf. I 58. [4]) Vgl. W. 415 [5]) Saf. II, 55. [6]) Sch. I, 71.
[7]) Isr. Wochenschrift, 18. Sept. 96 [8]) Saf. II. 100 ff [9]) Saf. I, 59. Vgl.
Rückert, Hamasa II, 118. [10]) Saf. I. 44. [11]) Jos. 72b. [12]) 166a. [13]) 187.

24c. „Talar von weissem Seidendamast . . . vorn mit silbernen Krampen geschlossen[1])". 25. Die jüdischen Musikanten (wie die Zigeuner waren sie Naturmusiker) . . . bei Hochzeiten etc. in einem langen Kaftan [„Schibeze", vgl. poln. zupan] und einem ungeheuer hohen komischen Hut von gestepptem Tuche."[2]). 26. „Die älteren Frauen . trugen ein halb orientalisches, halb russisches Costüm. Dasselbe bestand aus einem Kleide von schwerem Brocat und aus einem Kopfputz, dem „Geschleier", einer goldenen Kappe mit einer breiten goldenen Stirnbinde, deren beide Enden kreuzweise über den Rücken fielen. Einige trugen auch den „Perlenbund", der dem Krakoschnik, dem bekannten russischen, sehr kleidsamen Kopfschmuck ähnlich und mit Perlen und Diamanten reich verziert war . . . Die Hälfte ihres Vermögens hatten die Juden damals in Kleinodien stecken. Die Mitgift bestand fast zur Hälfte aus Goldschmuck und Edelsteinen . . Es hatte seinen Grund . . in den Gefahren, denen bisher das Eigenthum der Juden ausgesetzt gewesen"[3]). „Der Schulklopfer ging an Sonnabenden und Festtagen im Festgewand und in einem langen schwarzseidenen Mantel"[4]).

2. Wohnung.

„Haus und Hausrat der Väter Erbe".
Spr. 19, 14.

1. In Kairo wohnen die Juden heute noch im Ghetto[5]). 2. Eine Stelle der Wand lässt man unangestrichen[6]). 3. Die Häuser der kurdischen Juden sind aus Flechtwerk errichtet, einstöckig, doch ziemlich hoch und von Innen und Aussen mit einer Art Mörtel bekleidet[7])

3. Gemeindeleben.

1. Die Ehrenämter in der Synagoge[8]) wurden an Simchat Tora vertheilt: Lieferung der Lichter, des Kiddusch- und Habhdolo-weines, das Segensprechen und die Stellvertretung. 2. Die Aschkenasim in Jerusalem sondern sich in Peruschim, welche ihren Namen daher tragen, weil sie ursprünglich mit den Sefardim eine Gemeinde gebildet[9]), sich aber später „abgesondert" haben, und in Chasidim. 3. Das Insiegel der jüd. Gemeinde zu Rom ist ein Leuchter[10]).

[1]) Ka. 1 (Lissa). [2]) Ka. 141. Vgl. das. die Napoleon-Anekdote. [3]) K. 143. [4]) Ka. 193. [5]) Saf. I, 9b. Vgl. B X, 59. 107. [6]) Vgl. Bab. batr. 60. Jellinek Aus der Zeit II, 67. [7]) Ben 96. [8]) Ueber die Namen der Synag.-Aemter in Sizilien vgl. G. II, 276. 281. [9]) N. 369. [10]) Hi. d 116. Ueber Siegel vgl. Levy, Siegel Löw, Graph. Requisiten II, 54. 141.

4. S y n a g o g e n b a u u. ä h n l. [1]).

„Welch ein Haus baut ihr mir?"
Jes. 66, 1

1. An der Wand stand (שיבה=הִתְפִילָה בשעת הִתְפִילָה שתיקה הֵיפה)[2]).
2. In Fürth ragte neben der Synagoge eine hohe Stange,
„weil des Juden Joels Haus selbige in der Höhe übertrifft[3]".
3. Arabische Juden auf Fellen und Teppichen, dulden nicht
Bänke in der Synagoge[4]). 4. In Cochin[5]) steht neben der
prächtigen Synagoge ein hoher Turm mit einer Uhr auf den
vier Seiten. An dem Turm liest man 12 indische Buchstaben,
darunter auf einer Tafel: ימינו כצל עובר בלִי שֵנִוּי כמו הגה
5. Der Kalk ist mit Milch und Kokusnussöl untermengt, um
lester zu halten. 6. In Frankf. stand an der Zedoke-Büchse:[6])
מתן בסתר יכפה אף Spr. 21, 14). In der Synagoge in Kempen
hatte der Oren ha-kaudesch eine weit berühmte Verzierung
(Vögel).

Zu den jüdischen Namen.
Von Professor Dr. D. Kaufmann.

Die Frankfurter Namen zum Drachen und zum fröhlichen
Mann müssen aus der Reihe jüdischer Spitznamen (oben S. 25)
ausgeschieden werden. Sie sind einfach Benennungen Frankfurter Judenhäuser und von diesen allerdings auf die Bewohner
übergegangen. Diese Hausschilder, die einst an den einzelnen
Häusern, um sie kenntlich und unterscheidbar zu machen, statt
unserer kahlen Nummern auf Tafeln und in Bildern angebracht
waren, sind eine Quelle jüdischer Familiennamen für Deutschland geworden. Aus dem Hause zum rothen oder zum schwarzen
Schild sind die Roth- und Schwarzschild hervorgegangen, wie
aus denen zum Drachen und zur Kante oder Kanne die Drach
und Kann stammen. Darum begegnen uns auf den Frankfurter
Grabschriften fast all die Häusernamen, die wir aus der Doppel-
liste bei S c h u d t kennen, als Familiennamen oder nähere Be-
zeichnungen der Zugehörigkeit zu bestimmten Geschlechtern.

---

1) Ueber das Wort „Judenschul" vgl. G. III. 94 H. B. X, 45.
2) Murr 31 Auch vor dem Toravorlesen wurde ausgerufen: שתיקה יפה
בשעת קריאת התורה 3) Kr. 19, vgl. das 64. Bergl 140. 4) Saf. I, 11b.
5) Das. II. 89. 6) Sch. II. 120.

Aff und Elefant, Papagei und Vogelgesang. Bisemknopf und
Meerschilf, Bund, Kirsch und Bundschuh, Pfau und Kranich.
Nothstall und Paradeis, Krachbein und Wedel, Wann und
Springbrunn, um nur einige hervorzuheben, begegnen uns
hier in hebräischer Umschrift, oft, um so recht ins Auge zu
fallen, eine besondere Zeile einnehmend. Dieselbe Erscheinung
nehmen wir in Worms wahr. Auch da gab es jüdische Häuser
zum Halbmond, zum Riesen, zum weissen Schlüssel, zum Bären,
zur Blume, zum Hufeisen, zum Schwanen u. s. w (vgl. Kaufmann, R. Jair Chajjim Bacharach S. 14 n 3) Diese redenden
Embleme wurden oft noch im „Hause der Ewigkeit" statt der
Familiennamen oder neben denselben auf den Grabsteinen angebracht, wie sie einst auch in den Siegeln geführt wurden, wo
sie darum nicht mit Wappen oder Symbolen verwechselt werden
dürfen. Auf den Denkmälern des alten jüdischen Friedhofes in
Prag begegnen uns oft solche natürliche Zeichen von Familiennamen in den gemeisselten Emblemen gewisser Handwerke und
Geschlechtergruppen, denen einmal noch im Zusammenhange
genauere Aufmerksamkeit zuzuwenden sein wird. Auf einem
Grabsteine des alten Wiener Friedhofes in der Rossau unter
dem nach L. A. Frankl, Grab der Inschriften, wie ich seine
Inschriften nennen möchte, No. 166 ein Jude aus Berlin im J.
1648 schlafen soll, da noch keine Juden in Berlin wohnen
durften[1]), ist ein Brillenhändler begraben, auf dessen zum Familiennamen gewordenes Handwerk eine gross und breit ausgehauene
Brille, wie mir Dr. Salomon Fuchs s. A. berichtet hat, von
Weitem den Beschauer hinweist.

Es hat darum freilich zu keiner Zeit auch an Spitznamen
gefehlt, die, vom Witz der Judengasse erfunden, mit unablöslicher
Zähigkeit sich an ihre Opfer hefteten und später, zur Harm-
losigkeit abgeblasst und von der Gewohnheit gemildert, selbst
in amtliche Schriftstücke übergingen. Auf die etwas zu lang
Gerathenen hatte man es besonders von jeher abgesehen. In
der Pariser Steuerliste von 1296 figurirt Ancron le Lonc, als
ob er von Geburt an so geheissen hätte Von solch einem
überlebensgrossen Ahnen muss sich der Familienname הארוך
herschreiben, der uns auf den Blättern der jüdischen Litteratur
begegnet. Der Name רביכן, dem wir früh bereits in Prag
begegnen, scheint, wenn wir die Analogie von England als
massgebend annehmen, von der blonden Farbe des Haupthaares
hergenommen zu sein. Dort begegnen uns zahlreiche Le Blund,

1) Vgl. Landshuth תולדות אנשי השם p. 6 n. 2.

die in den hebräischen Wechselbriefen, die M. D. Davis in seinem kostbaren Buche „שטרות‟ Hebrew Deeds of English Jews befor 1290 gesammelt hat, sich הרבן nennen und unter- schreiben. So finden wir hier Ahron und Samuel (Nr. 195) und Meir b. Samson (Nr 41, 55), die alle den Namen Le Blund führen. Josef in Norwich, der als Schwarzhaariger aufgefallen sein muss, unterschreibt sich 1249 selber: יוסי השיחור. Namen, die von körperlichen Gebrechen hergenommen waren, fehlen ebensowenig

Deutsche Spitznamen, pflegten. wenn sie von Eigenschaften hergenommen waren, nach Art derselben vor den Eigennamen zu treten. So hören wir, dass R. Samson Bachrach 1627 in Ungarisch Brod in Mähren, der Schwiegersohn des Isaac b. Phöbus, der im Gegensatz zu seinem ob seines Leibesumfangs Dick-Jsaac genannten Schwagers in der Gemeinde unter dem Namen Dünn-Jsaac bekannt war. (Kaufmann a. a. O 24 n 4) Von Dick- R. Jakob in Frankfurt berichtet uns R. Juspe Hahn in § 368 seines יוסף אימץ. R. Ephraim Cohen aus Wilna, nachmals Rabbiner in Ofen, unterrichtete nach seiner Flucht vor den Kosaken im Hause eines Reich-Kaufmann genannten, angesehenen Mannes zu Trebitsch in Mähren (Kaufmann. die Erstürmung Ofens pag. 17 n. 2).

Bei der Durchforschung des sog. grünen Buches von Worms habe ich auch dieser Seite des jüdischen Gemeinde- lebens. dem Spotte und Scherze in der Namengebung ihrer Mitglieder meine Aufmerksamkeit zugewendet. Da begegnen uns denn vor Allem die Langen: Lang-Salman, der am 27. Adar 1604 das Zeitliche gesegnet hat, Lang-Jakob und Frau, die beide an Einem Tage, am Freitag der Woche, in der man den Abschnitt לך לך las, 1622 dahinstarben; 1649 erscheint beim Tode seiner Wittwe Mindlen ein anderer Lang-Jacob, am Mitt- woch den 1. Tammus 1623 wird der Tod Lang-Eisik's berichtet, Sonntag den 5 Jjar 1632 der Lang-Löb's eingetragen. 1581 am 9. Tebeth wird der Tod Lang-Riwka's verzeichnet. die ohne Rücksicht gegen die Frau dieses schmückende Beiwort bis zum Grabe verfolgt. Vom Humor der Gasse zeugt die Ein- tragung. die Montag den 20 Kislew 1607 den Tod einer Tochter Mose Leberessers berichtet

Nachtrag.

Zu Seite 8ff:

Anzeiger für deutsches Alterthum . . hrsg. von Steinmeyer.
Bd XV 1889, S. 53ff. XVIII 1892 S 291 ff. (Werner)
American journal of philology, XIV. 1893. S. 41ff
(Wiener).
J. Babad, Ueber jüd. u. christl. Vor- u Zunamen. Wien
1894. (Sep.-A.)

Benf. Th. Benfey, Orient u. Occident. Göttingen 1862 ff.

Bo. Bogrow G. J., Memoiren eines russ. Juden. Deutsch von M.
Ascharin St. Petersb 1880.

Gedichte und Scherze in jüd. Mundart. Mit komischen
Illustrationen Berlin.

1 Schmonzes-Berjonzes. Von Nathan Tulpenthal.
2 Chalaumes mit Backfisch. Von Pimpele Gefen mit'n
Weinstock.
3. Heisst'n Stuss! Von Schmock Achtzehn.
4 Einer von uns're Leut' Von Mehrere von uns're Leut'
5 Aufgewärmte Lockschen. Von Awrohm Auscher.
6. Gut Schabbes. Von Vögele der Maggid.
7 Allerlei Narrischkeiten Von Mendel der Gibbor
8. Reb Henoch, oder: Was thut man damit? Von Reb
Schlaume Eichel.
9. Johann Hoff und Johann Hoff . . . Von Karlchen Miessnick.
10. Koschere Mezies. Von Reb Moser Graggler.
11. Eingemachte Esraugim. Von Pinte von Amsterdam.
12. Jüdische Chochmes Von einem Chochem aus der
Manischtanno.
13 Gurken sind auch Compott! Von Leibche Frank
14 Kommt raus der Jid! Von Gumpel Assesponim
15. Schlachmonaus zu Purim Von David Hamanklopper.
16. Wer mir Guts ginnt! Von Hirsch Mumpitz
17 Worum? — Dorum! Von Isaak Silberstein.
18. Taule Fisch und Klapp dazu. Von Jainkew Medinegeier.
19 Zwischen Minche und Mahrew Von Cham Bal
20. Kein Bischen Risches. Von Wolf Chuzbedick.
21. Frisch, gesund und meschugge! Von Leiser Menuwel.
22 Masseltoff! Von Seege mit de Klappen.
23. Was meinen Sie, wie gesund ist das! Von Mortje
Omeinsager.

G. Deutsche Sagen Hrsg. von den Brüdern Grimm.
Berl 1816/18.
Hurwitz H., Sagen der Hebräer. Aus d. Engl Leipz. 1826
(S 69ff, vgl. Benf. I, 442; S. 142ff. vgl. Benf. I, 445).

Isr. Israelitische Novellen. Hamb.-Lpzg. 1869. Bd. IX. Kulke,
Aus dem jüd. Volksleben (Alt-Eisik wird tänzerig. Der
Kunstenmacher). Bd. X. Forts. (Ein Schnorrerkind.
Die Jüden-Christel,
Kisch M., Vorhang-Purim (Sep -A. a. d. „Oest. Wochenschr.)
Wien 1888.

Kreuzzeitung vom 10. Sept. 1897. (Vortrag des Pastors
   Faber über seine Reise nach dem Orient, worin die
   Bergjuden, „kriegerische, tapfere Völker", erwähnt
   wurden).
Landsberger J., Die Fabeln des Sophos. Posen 1859.
   (Vgl. Benf I, 354ff.)
Lenz, Die Fremdwörter des Handschuhheimer Dialektes
   II. Theil. Beil z Jahresb d höh. Mädchenschule zu
   Baden-Baden 1896/97.
Lundius Joh, Die alten jüdischen Heiligthümer. Hamb. 1722.

Sef. = Sefer chassidim. Hrsg. von J. Wistinetzki Berlin 1891/93.
S. = Sippurim (Jüdische Universal-Bibliothek). Prag.
   1. Raschi. — Der Feigenbaum als Zeuge.
   II. Sagen der Prager Juden. Der Golem. Die goldene
      Gasse. Meisel. Die Pinchasgasse. Die Beleles-
      gasse. — Der Kadisch vor Kol-Nidre.
   III. Der hohe Rabbi Löw und der Graf.
   VI. Reb Paltiel oder der „chomezige Borchu".
Sipp. = Sippurim. Hrsg. von Pascheles. (V, Prag 1864: Rabbi Chaim.
   Mesusa. Ein jüd. Peter Schlemihl.)
Steinschneider, Letteratura italiana dei giudei.
               über ital. übersetzte hebr. Namen in Deutsche
               Lit.-Ztg. 1897 Nr. 48. (Nach der freundl.
               Mitteilung des Herrn Prof. Stein-
               schneider)
Wohlstein Jos., Dämonenbeschwörungen aus nachtalmud.
   Zeit, Inschr. auf Thongefässen des kgl. Mus. in Berlin,
   Berlin 1894. (Vgl. M. 1877, S. 185f.)

Berichtigungen.

Lies S. 14 vor Urquell: U =
  „   „ 23 Z. 13 von unt. statt Mordechai—Mardechai.
  „   „ 23 Z. 8 von unt. statt Alegra—Allegra.
  „   „ 28 hinter Nr 44: Essew giebt Ma'aser von Stroh. H. [Vgl. Ber.
            r. Wajjischlach]
  „   „ 30 Anm. 3: J. A. Christian, מכה רבה
  „   „ 37 Anm. 3 statt unten Sagen 17: Jos. 97.
Vgl. „ 38 Anm. 2: Grimm, D. Sagen II, 232 („O Ofen Ofen, ich muss dir
            klagen . . .").
  „   „ 44 Nr. 1: Schabbat 53a.
Lies „ 51 Z. 4 v. unt. statt Feigele: Veigele.
  „   „ 63 Z. 7: (vgl. Benfey, Orient u. Occident I, 413).
  „   „ 69 statt Note ⁸): ⁶).
  „   „ 69 statt Note ²) U. II, 111: ⁸) U. II, 111.
  „   „ 69 Nr. 4: Vgl. Sef. 1466.
  „   „ 71 statt וְדֵי: וַיְדֵי
  „   „ 72 statt Note ⁴): ⁸)
  „   „ 72 statt Note ⁸): ⁴).
  „   „ 72 Z. 9 v. unt. statt Die: Di.
  „   „ 74 Z. 2 statt nichs: nischt.
  „   „ 74 Z. 4 v. unt. statt Grimm'che: Grimmsche.

Mitteilungen

der

Gesellschaft für jüdische Volkskunde

unter Mitwirkung hervorragender Gelehrter

herausgegeben

von

M. Grunwald.

———

Heft II

mit einem Anhang:

Die Sammlung jüdischer Kultgeräte im Hamburgischen Museum
für Kunst und Gewerbe

von Prof. Dr. J. Brinckmann.

——— ———

HAMBURG 1898.

Selbstverlag der Gesellschaft.

Sederschüssel (s. Seite 61).

Mitteilungen

der

Gesellschaft für jüdische Volkskunde

unter Mitwirkung hervorragender Gelehrter

herausgegeben von

M. Grunwald.

| Jahrg. 1898. | Hamburg. | Heft II. |

Märchen
und Sagen der deutschen Juden.

> Es wird dem Menschen von heimathswegen ein
> guter Engel beigegeben, der ihn, wann er ins
> Leben auszieht, unter der vertraulichen Gestalt
> eines Mitwandernden begleitet; wer nicht ahnt, was
> ihm Gutes dadurch widerfährt, der mag es fühlen,
> wenn er die Grenze des Vaterlands überschreitet,
> wo ihn jener verlässt. Diese wohlthätige Be-
> gleitung ist das unerschöpfliche Gut der Märchen,
> Sagen und Geschichte. —
>
> Grimm, Deutsche Sagen, Vorr. V.

Was für den Astronomen die Sternwarte, ist für den Völkerpsychologen die Kinderstube. Hier am Himmel des Kindergemütes erkennt der geschärfte Blick leicht die Bahnen, die des Volkes Geschick beschreibt. Hier lassen sich für seine Zukunft mit grosser Wahrscheinlichkeit kulturgeschichtliche Konstellationen berechnen. Ja, noch mehr! Wie sonst nirgends nähert sich hier die Völkerpsychologie dem Ideal aller Seelen-kunde: der experimentellen Forschung. Denn das Mittel, das ihr hier zur Verfügung steht, heisst Erziehung.

Dies frühzeitig erkannt und für seinen Zweck fruchtbar gemacht zu haben, ist ein Ruhmestitel des Judentums. „Unter-weisen sollt ihr eure Kinder[1])! Erzählen sollst du deinem Kinde[2])!" So lauten die Leitmotive der Lehre Israels. Unterweisung durch Unterhaltung, Erziehen durch Erzählen, das ist die beispiellose Kunst der heiligen Geschichte. Und hierin das Muster aller Volkserziehung zu bewundern, war man lange vor Lessing bereits in jüdischen Kreisen gewohnt[3]).

Doch blieb man nicht bei der Bewunderung stehen. Man lernte nicht allein diese Geschichte, man lernte auch von ihr. Die erziehliche Macht des lebendigen Beispiels, welche in den Idealgestalten der Urvätergeschichte all' ihre Zauberkraft spielen liess und die alten wie die jungen Herzen zu bannen wusste, begnügte man sich nicht feierlich anzuerkennen, in dem man die teuren Namen einschloss in den Segenswunsch für die Zukunft des Kindes. Man bahnte auch diesen Worten den Weg zum Kindesherzen. Mehr als lebendig, wo möglich lebend wollte man diese Beispiele vor Augen führen. Jedes neue Geschlecht suchte seine Sonderart zu leben und zu denken auf diese Modelle zuzuschneiden. Und waren auch unter solchem Auftrag die Züge des Urbilds mitunter kaum noch zu erkennen, man hatte jedenfalls allgemein menschliche Typen geschaffen, sie dem Herzen erhalten. Was schadet's Raffaels oder Rembrandts Bibelbildern, dass sie in Beiwerk und Gewandung nicht historisch sind? Und was hindert die Modernsten, an den Weg nach Emmaus die nordische Eiche zu pflanzen?

Was vom Beispiel, gilt noch mehr vom Worte. Aus persönlicher Erfahrung, aus dem geschichtlichen und Naturleben gewann man dem Schriftwort Stützen und Belege. In immer neuem Geiste und immer wechselnden, oft seltsamen. Formen versuchte sich jüdische Erziehungskunst daran, seinen Sinn zu vertiefen, seine Anwendung zu erweitern. Wie Q o h e l e t h den ethischen Niederschlag einer ganzen Kulturepoche und zugleich die Summe eines reichen Menschenlebens, so geben uns die „K e r n sprüche der Väter",[4] späterhin ihre „Testamente",[5] den K e r n, das Bleibende in der Lebenserfahrung sowohl wie in den Zeiterlebnissen „der Weisen." Die Axen aber, um die sich diese Kristalle schliessen, sind, mehr oder minder deutlich erkennbar, Gedanken und Worte des Buches der Bücher; ihr Bildungsgesetz der Geist „des Gesetzes." So wird die Volksgeschichte zu einer Perlenschnur höchster sittlicher Erkenntnisse, die alle den Faden, der sich am Sinai entsponnen, durchschimmern lassen.

Denn wie den Gestalten und Worten der Bibel, so erging es den Helden und Lehren des späteren jüdischen Schrifttums. Bei aller Nüchternheit, die eher zu Anthropomorphismen als zur Apotheose neigte, wusste doch die raslos und unerschöpflich schaffende Sage ihre Lieblinge in einen Nimbus literarischer Unsterblichkeit zu weben. Hand in Hand gingen Märchen, Fabel und Geschichte, um Gesetz und Brauch auf psychologischen Unterbau zu stützen. Das Maschal, das altbiblische Gleichnis,

wurde hervorgeholt, zumal wo die Umgebung Muster lieferte.
Die Ma'asse, das geschichtliche Ereignis, wurde zur Zeugen-
schaft aufgerufen. Hier liegen die Anfänge der jüdischen Ge-
schichtsschreibung, wobei freilich noch oft genug Sage zur
Geschichte, wie Geschichte zur Sage wird.

An Lust und Anregung zum Erzählen konnte es nicht
fehlen da, wo dem Gebote: „Erzählen sollst du deinem Kinde!"
die Mahnung entgegenkam: „Frage deinen Vater, dass er dir
erzähle[6])!" Und um Stoff war man nicht verlegen. Persien
und Rom, Hellas und Arabien, Deutschland und Aegypten,
Spanien und Polen, die Judengasse und das naturwüchsige
Dorfleben[7]), sie lagen ja dem jüdischen Streben nach Brot und
Lehre nicht weit genug auseinander, um sie nicht alle mit
geistigem Bande umfassen zu können. Wer als Kaufmann oder
fahrender Schüler[8]) fast beständig unterwegs war, wer anderen
Völkern fremde Geistesschätze, und ganz besonders ferne Märchen-
welten, erschliessen konnte[9]), wer an der Volksdichtung der
Zeitgenossen regen, thätigen Anteil nahm[10]), der hatte wohl auch
zu Haus den Seinen etwas zu erzählen, der wusste wohl auch
hier in der Kinderstube Orient und Occident, die alte und die neue
Heimat zu verschmelzen, der besass wohl auch Sinn für die
alte Sanges- und Sagenwelt der Väter.

Auch hier bewährte sich wieder der alte Grundsatz jüdischer
Erziehung. Das Erzählen war dem Vater ja nicht nur Ver-
gnügen, nicht blosse Lust am Fabuliren. „Erzählen sollst
du!", das war ein Gebot, ein Gebot Gottes. So hatte er denn
wohl darauf zu achten, ob auch, was er dem Kinde erzählte,
der heiligen Aufgabe entsprach, die er als erste Vaterpflicht
betrachten musste: der Erziehung zum Gottesdienste.

> „Nicht zu leinen aus dem Buche von Kühen[11])
> Und von Dieterich von Bern und Meister Hildebrand sollt ihr auch
> nicht euch thun mühen.
> Nun es sein wärlich eitel Schmitz,
> Sie geben euch nicht noch Wärm' noch Hitz.
> Auch sein sie nicht gütlich darbei,
> Ihr bedarft wohl, dass euch Gott verzeih.
> Unsere *Soferim* schreiben, es ist ein' Sünd' as ein Haus,
> Zu leinen an den heiligen *Schabboth* daraus.
> Wollet ihr aber euer Zeit mit Leinen vertreiben,
> Aso will ich ein schön Ma'assebuch schreiben."

In dieser Absicht geht der Verfasser des Ma'assebuches[12])
an die Arbeit, und mit ihm viele Gleichstrebende[13]). Die Quellen,
aus denen sie schöpften, waren die wiederholt zusammengestellten
Märchen und Legenden in Talmud und Midrasch, das Sefer
ha-qabbala, die Mussarbücher, die kabbalistischen Schriften und

vor allem die mündliche Ueberlieferung. Da diese meist an
bestimmte örtliche und zeitliche Verhältnisse anknüpfen und bestimmte Personen zu Trägern der Handlung machen, lässt sich
hier schwerer als sonst zwischen Märchen und Sage scheiden.

Der Ton der Erzählung ist durchaus volkstümlich[14]), die
Form die bekannte Märchenart: zunächst die Frage „woher
kommt das Sprichwort usw.?", „weshalb führt diese Stadt
diesen Namen?" und dann die Antwort mit einem „es war
einmal", „Ma'asse von einem, der usw." Den Schluss bildet
die mitunter gereimte Moral der Geschichte, oft in einem
Schriftvers wiedergegeben. Die Sprache ist die bei den da-
maligen deutschen Juden gebräuchliche mittelhochdeutsche,
Reminiscenzen aus dem jüdischen Leben und Schrifttum sind im
hebräischen Original beibehalten[15]). Die Zeit ihrer Entstehung
lässt sich bei den meisten Erzählungen, soweit nicht geschichtliche Vorgänge zu grunde liegen, ebensowenig mit Sicherheit
bestimmen, wie bei den deutschen Sagen und Märchen, denen
sie nachgebildet oder als beachtenswerte Ergänzungen an die
Seite zu stellen sind[16]).

So erkennt man auf den ersten Blick in (N. 2) „den drei
Waffenschmieden" zu W o r m s die Brüder Gunther, Gernot
Giselher, in der vom Drachen befreiten Königin Brunhilde wieder.
Der wackere Volker von Alzey findet sein Ebenbild in dem
„getreuen Lautenschläger" (N. 9). Auch der Geiger in „Frau
Holle" begegnet uns da.

An Gudruns Treue und Horants List wie an den „getreuen
Johannes" erinnert N. 3. „Der grünende Stab" (N. 5) ist uns
aus dem Tannhäuser und dem Märchen „Die drei grünen Zweige"
bekannt. Das „goldene Frauenhaar", welches eine Schwalbe dem
Könige zuwirft, giebt den Anlass zu Tristans Fahrt wie zu Chaninas
Abenteuern (N. 4), in denen, wie im „Fernand getrü" die Treue
der „dankbaren Tiere" den Boten zum Ziele führt.

In den weiten Kreis der Faust- und verwandten Sagen, welche
welche besonders nachhaltig auf die jüdische Phantasie eingewirkt haben, gehören N. 6, 7, 18 u. a. So zeigt fast eine jede der
hier wiedergegebenen Erzählungen, wenn auch bunt durch einander,
wie im Kaleidoskop, Beziehungen zur deutschen Volksdichtung.

Jedenfalls gewinnen wir so einen Einblick in die altjüdische
Kinderstube und den Erziehungsplan des deutschen Ghettojuden.

— 5 —

1. Kunz und sein Schafhirt.[1)]

Die Leute pflegten einst zu sagen: „Du kommst dahinter,
wie Kunz hinter das Vieh gekommen ist." Wie kam denn aber
Kunz hinter das Vieh? Das will ich euch erzählen.

Es war einmal ein mächtiger König. Der hatte einen
Minister[2)], der hiess Kunz. Und so oft der König von seinen
Ministern einen Rat haben wollte und die Minister unter sich
den Rat beschlossen hatten, da eilte der schlaue[3)] Kunz sogleich
zum Könige und sprach: So und so haben wir[4)] beschlossen.
Er that so, als ob er allein allemal den rechten Rat gefunden
hätte und die anderen Minister allemal nur ihm folgten, weil sie
selbst keinen finden könnten.

Die anderen Räte des Königs merkten gar bald, dass ihr
Herr den Kunz besonders lieb und wert halte. Das verdross
sie sehr, denn sie wussten, dass sie alle klüger waren, als unser
Kunz und dem Könige bessere Dienste leisteten. Sie fassten
sich also ein Herz und sprachen eines Tages zum Könige:
„Herr König[5)]! Nimm es nicht übel auf, aber wie du sonst uns
immer fragst, so möchten wir dich heute eines fragen. Weshalb
wohl[6)] ziehst du uns, deinen treuen Dienern, den Kunz so vor,
der doch am wenigsten von uns allen taugt? Versuch es doch
einmal mit uns, gieb jedem einzelnen Fragen auf und du wirst
sehen, wie dir Kunz die Antwort schuldig bleibt."

Der König, der gegen jedermann gerecht sein wollte, liess
nun seinen Liebling Kunz rufen und sprach zu ihm: „Mein
lieber Kunz! Ich halte dich für den treuesten und klügsten
Mann[7)] an meinem Hofe. Deshalb will ich dir etwas anvertrauen,
was ich sonst keinem offenbaren möchte. Antworte mir zunächst
auf die Fragen: „„Wo geht die Sonne auf?"" und „„Wie weit ist

der Himmel von der Erde?"" Alsdann sage mir, was ich im Sinne habe[6]!"

Kunz war nicht wenig erschrocken. Doch rasch fasste er sich und sprach: „Gnädigster Herr! Das sind grosse, schwere Fragen. Man kann sie sobald nicht beantworten, man muss Zeit dazu haben. Darum bitt' ich dich: Gieb mir drei Tage Frist, so hoff' ich, die Antworten zu finden." „Gut", meinte der König, „das sei dir gewährt!"

Um sich von seinem Schreck zu erholen, eilte nun Kunz hinaus in's Freie auf eine Wiese, wo gerade sein treuer Hirte die Schafe weidete. Als der seinen Herrn so bekümmert und in Gedanken vertieft des Weges kommen sah, da grüsste er ihn geziemend und sprach: „Mein werter Herr! Ihr mögt es mir verzeihen, wenn ich euch anzureden wage. Aber ich sehe wohl, dass ihr ein[9] gross' Anliegen auf dem Herzen habt. Vielleicht könnte ich euch raten. Denn das Sprichwort geht: Es giebt oft einer einen Rat, der selber keinen hat."

In seiner Herzensangst erzählt auch Kunz dem Schäfer, was der König von ihm wolle. „Mein werter Herr!', so tröstet ihn der getreue Diener, „das soll eure Sorge nicht sein. Gebt mir nur einmal euren schönen Rock[10] und ziehet indess' mein schlechtes[11] Wamms an, so will ich statt eurer in die Stadt zum Könige gehen." Gesagt, gethan. Rasch hatten sie die Kleider getauscht, und bald sass der feine Kunz bei den Schafen, als ob er sein Leben lang mit dem Vieh wär' umgegangen.

Mein guter Schäfer eilte inzwischen nach der Stadt und mit verstellter Stimme sprach er zum Könige: „Herr König! Ich hab' mich inzwischen besonnen auf die drei Sachen, die du mich gefragt hast." Der König freute sich bereits, dass er sich in seinem Kunz doch nicht getäuscht habe und begann: „So sag' mir denn, mein Freund: Wo geht die Sonne auf?" Da sagte der Schäfer: „Im Osten[12]) geht sie auf und im Westen[13]) geht sie wieder unter." „Wie weit ist der Himmel von der Erde?" fuhr der König fort. „So weit, als die Erd' vom Himmel ist", lautete die Antwort. Da fragte der König zum dritten: „Was hab' ich denn in meinem Sinn?" Der Schäfer erwiderte pfiffig: „Herr König! Das will ich dir sagen. Du meinst in deinem Sinn, dass ich Kunz, dein Minister, bin. Aber ich bin es nicht, sondern sein Schäfer, ein armer Wicht."

Da der König das hörte, da sprach er zu dem klugen Hirten: „Dieweil du Kunz so gut geraten hast, so sollst du fortan mein Rat sein, und er bleibe draussen und hüte die Schafe!" Also musste Kunz die Schafe hüten. Daher kommt das Sprichwort: Du kommst dahinter, wie Kunz hinter das Vieh. Also ging es Kunz, viel besser geh' es uns[13]!

2. Die drei Waffenschmiede.[1]

Vor alten Zeiten[2] lebten in der Stadt Worms am Rheine drei wackere Brüder, Riesen von Ansehen. Die betrieben das edle Schmiedehandwerk. Da kam[3] eines Tages von ungefähr ein greulicher Lindwurm[4] vor die Stadt, der hatte einen so giftigen Atem, dass alles, was sein Hauch berührte, verdorren musste, und einen Rachen, dass er den grössten Ochsen lebendig verschlingen konnte. Er that den armen Bürgern grossen Schaden[5]. Denn wo er nur konnte, riss er mit seinem gewaltigen Ringelleibe die Häuser um und verschlang er Menschen und Tiere[6].

Doch wenn man ihm täglich einen Menschen zur Speise von der Mauer herunterwerfen wollte, dann versprach er, die anderen alle zu verschonen. Dass sich keiner freiwillig dem Lindwurm ausliefern wollte, kann man sich wohl denken. Da bestimmte denn die Königin, welche nach dem Tode ihres Gemahls die Stadt Worms beherrschte, dass sie alle das Los ziehen wollten Auf wen es falle, der solle dem Wurm vorgeworfen werden. Als nun die guten Wormser sahen, dass selbst die Königin für das Wohl der Stadt ihr Leben lassen wollte, gingen sie darauf ein und Tag für Tag erhielt der Lindwurm sein unglückliches Opfer und des Klagens und Weinens war kein Ende.

Doppelt gross aber wurde das Leid der Wormser, als das Los einstens auf die Königin selbst gefallen war. Schon wollte sie auch ihr Versprechen halten und sich dem Lindwurm ausliefern lassen. Da wurde dem argen Wurm ein Schnippchen geschlagen.

Unsere drei Waffenschmiede hatten sich nämlich einen Panzer geschmiedet, aus festem Stahl und über und über mit langen scharfen Messern bedeckt. Wen von ihnen das Los treffen würde, der sollte diesen Panzer anlegen und, sobald ihn der Wurm verschlungen, mit den spitzen. scharfen Messern ihm den Leib aufschlitzen.

Kaum hatte nun der eine der Brüder von dem Unglück der Königin gehört, da trat er vor sie hin und sprach: „Edle Frau Königin, ich will für dich das Leben wagen. Nur musst du mir versprechen, mein Ehgemahl zu werden, wenn ich lebendig zurückkomme." Die Königin willigte mit Freuden ein, und kaum hatte der Wurm den tapferen Schmied in seinem Rachen, da lag er auch schon mit gespaltenem Leib in seinem Blute.

Wie gross war der Jubel der Wormser, als sie den Helden

gerettet und das böse Ungetüm verenden sahen! Nun atmete
alles auf nach der langen Angst und Plage. Der mutige Schmied
wurde der Ehegemahl der Königin und Beherrscher der Stadt
und beide freuten sich noch lange ihres Glückes.

Zum ewigen Andenken aber erhielt die Stadt damals nach
dem greulichen W u r m den Namen W o r m s und von dem
wackeren Schmied einen Schlüssel zum Wappen. Und die
führt sie noch heute.

3. Von einem, der nicht schwören wollte.[1]

Ein frommer Mann hatte niemals in seinem Leben geschworen und war dabei sehr gut gefahren und zu Geld und
Gut gekommen. So nahm er denn auf seinem Sterbebette auch
seinem Sohne das Versprechen ab, gleichfalls nie einen Eid zu
leisten. Die bösen Nachbarn hatten dies erfahren, und kaum
war der Vater gestorben, da kamen sie einer nach dem anderen
zu dem Sohne und sprachen: „Dein Vater ist uns Geld schuldig
geblieben. Bezahle uns oder wir müssen dich verklagen!" Der
treue Sohn wollte jedoch lieber alles Geld hergeben, ehe es
gegen sein Versprechen vor dem Richter geschworen hätte, dasr
er ihnen nichts schuldig sei So kam er denn nach und nach
um sein ganzes Vermögen und schliesslich, als man ihm nichts
mehr nehmen konnte, in Schuldhaft[2].

Er hatte aber ein braves Weib, welches durch Wäsche-
waschen sich und ihre Kinder vor der äussersten Not zu schützen
wusste. Und einst, als sie gerade am Meeresufer Wäsche
wusch[3], da legte ein fremdes Schiff an und der Schiffsherr,
dem ihre Schönheit gar wohl gefiel, gab ihr Wäsche zu waschen
und zahlte ihr den Lohn im voraus. Der war so reichlich,
dass sie damit ihren Mann auslösen konnte.

Als sie aber die Wäsche abliefern wollte und soeben das
Schiff bestiegen hatte, da liess der Schiffsherr das Schiff mit
voller Kraft vom Land abstossen[4], und die Kinder sahen mit
Schrecken und erzählten es dem unglücklichen Vater, wie ihnen
ihre teure Mutter auf's weite Meer hinaus entführt wurde Was
blieb nun dem armen Manne übrig? Er verdingte sich als
Schafhirt und weidete eine Herde in der Nähe des Meeresufers,
um zu sehen, ob nicht eines der ankommenden Schiffe sein
teures Weib brächte.

Eines Tages musste er die Schafe kurze Zeit seinen Kindern
zur Hut überlassen. Aber kaum hatte er sich entfernt, so kam
dasselbe Schiff, welches die Mutter geraubt hatte, und nahm

nun auch die Kinder mit Der Vater konnte bei seiner Rückkehr nur noch sehen, wie die Kinder aus der Ferne ihm die Ärmchen entgegenstreckten. Was half da sein Jammern und Rufen?

In seinem Gram und Herzeleid warf er sich nieder und wünschte sich den Tod. Es war gerade unter einem Baume, in dessen Nähe gefährliche Schlangen hausten[5] Gar manches Totengebein, das da unbeerdigt lag, erzählte von Menschen, die ihr giftiger Zahn getroffen hatte. Wie glücklich waren diese Toten doch jetzt im Vergleich zu ihm!

Schon wollte er sich in seiner Verzweiflung in die Wogen stürzen, da hörte er eine Stimme vom Himmel rufen: „Halt ein. Betörter! Dort unter jenem Baum liegt ein grosser Schatz verborgen, der kann dir helfen."

Das gab dem Armen neuen Mut. Er grub und fand einen Schatz, wie er ihn noch nie gesehen. Das war ein schöner Lohn seiner Treue.

Was that er nun damit? Er pachtete vom Könige das Amt, von jedem Schiffe, das dort einlief, den Zoll zu erheben. Und als er einst ein solches Schiff, wie es seines Amtes war, auf seine zollpflichtige Ladung hin untersuchen wollte, da fand er darin sein treues Weib und seine lieben Kinder wieder. Die Freude des Wiedersehens war so gross, dass sogar dem argen Schiffsmann von den Glücklichen verziehen wurde Sonst hätte ihn seine Bosheit gewiss das Leben gekostet.

4. Die dankbaren Tiere.[1]

Ein frommer Mann im Lande der Väter hatte einen Sohn, namens Chanina. Dem gab er kurz vor seinem Tode den Auftrag, sobald die erste Trauer vorbei sei, auf den Markt[2] zu gehen und um jeden Preis das erste, was ihm angeboten werde, zu kaufen und in Ehren zu halten.

Der Sohn that, wie ihm der Vater befohlen hatte. Er kaufte eine silberne Dose, die er weit über den Wert bezahlen musste. Als er sie aber zu Hause öffnete, da fand er darin eine zweite Dose und in dieser einen Frosch[3], der ganz vergnügt umhersprang. Chanina pflegte, wie er dem Vater versprochen hatte, den Frosch mit aller Sorgfalt. Doch der Frosch wurde immer grösser und grösser[4], brauchte bald gar eine ganze Kammer für sich allein und kostete den braven Sohn das ganze Vermögen. Endlich entschloss er sich, dem unheimlichen Gast in aller Freundschaft die Wohnung zu kündigen.

Da sprach der Frosch: „Mein lieber Wirt! Nun soll dir

erst zum Lohn für deine Güte in Erfüllung gehen, was nur immer dein Herz begehrt." Chanina bat, in der heiligen Lehre unterrichtet zu werden. Und kaum hatte ihm der Frosch einen Zettel eingegeben[5]), auf welchem einige Worte geschrieben standen, da kannte sein Schüler auch schon die ganze heilige Lehre und all' die siebzig Sprachen, ja sogar die Sprache der Tiere und Vögel.

Aber auch seine Wirtin wollte der dankbare Frosch belohnen. Er bat das Paar, ihm bis zum Walde das Geleit zu geben, und hier angelangt, rief der Frosch auf ein Zeichen alle Tiere und Vögel des Waldes zusammen und befahl ihnen, Edelsteine, soviel sie nur tragen könnten, seiner Wirtin in's Haus zu bringen und heilsame Kräuter, deren Wunderkraft er zugleich der Frau erklärte.

Alsdann sprach der Frosch: „Gott lohne euch die Mühe, die ihr mit mir gehabt! Und ihr habt mich nicht gefragt, wer ich bin[6]). Aber ich will es euch doch sagen. Ich bin des ersten Menschen Sohn, den ihm Lilit[7]) geboren hat in den hundert und dreissig Jahren, die er von Eva geschieden war. Gott hat mir die Macht gegeben mich in jede Form oder Gestalt zu kleiden, die mir behagt." Damit nahm er Abschied.

Nicht lange darauf geschah es, dass der König des Landes auf den Rat seiner Freunde sich entschloss, ein Weib zu nehmen. Da liess eines Tages ein Vogel, der gerade vorüberflog, aus seinem Schnabel ein wunderschönes, goldblondes Frauenhaar auf die Schulter des Königs hinabfallen[8]), und nur das Weib, dem dieses Haar gehörte, wollte der König zur Gemahlin haben. Die Wahl, wer diese Schöne suchen sollte, fiel auf unseren Chanina, der inzwischen vermöge seines Wissens und seines Reichtums zu grossen Ehren gelangt war. Er machte sich sogleich auf die Reise.

Unterwegs, als er ermattet unter einem Baume rastete, hörte er einen Raben[9]), der auf dem Baume sass, gar wehmütig über Hunger klagen. Sogleich reichte ihm Chanina von seiner Wegzehrung. Ebenso rettete er bald darauf einen Hund vom Hungertode, und als er an einem grossen Wasser vorüberkam, aus welchem die Fischer gerade einen grossen Fisch heraufzogen, da kaufte er ihnen den Fisch ab und liess ihn wieder in's Wasser.

Endlich fand er die Besitzerin jenes Haares, eine mächtige Königin, und unverzagt teilte er ihr seinen Auftrag mit. Sie versprach auch, ihm zu folgen, doch müsse er ihr zuvor zwei Bitten erfüllen. Zunächst wünschte sie zwei Krüglein[10]), das eine mit Wasser aus der Hölle, das andere mit Wasser aus dem Paradies gefüllt.

Als nun Chanina einst darüber nachdachte, wie er diese Bitte erfüllen könne, da flog jener Rabe herzu, dem er das Leben gerettet hatte nahm die Krüglein und brachte sie gefüllt zurück Die Königin prüfte sogleich die beiden Wassersorten. Zuerst goss sie von dem Höllenwasser auf ihre Hand, da wurde diese ganz verbrannt. Doch kaum netzte sie sie mit dem Wasser aus dem anderen Krüglein, da war sie wieder so heil, wie zuvor.

Nun stellte die Königin die zweite Bedingung. Chanina sollte ihr einen Ring zur Stelle schaffen, den sie einst auf einer Seefahrt hatte in's Wasser fallen lassen. Wo sollte man den Ring suchen? Traurig und ratlos ging Chanina am Ufer des Meeres auf und ab. Da kam mit einem Mal jener Fisch geschwommen, dem er einst die Freiheit wiedergegeben hatte Kaum hatte ihm Chanina sein Leid geklagt, so schwamm er eiligst zu Liwjatan, dem gewaltigen Könige der Fische, und trug ihm vor, wie er Chanina nun so gern sich dankbar zeigen möchte. Liwjatan gebietet nun bei Strafe seiner allerhöchsten Ungnade[11] dem Fische, der jenen Ring verschlungen, ihn sogleich herauszugeben. Ein Fischlein brachte ihn auch herbei und Chaninas Freund trug ihn seinem Retter zu Doch wie er den Ring eben an's Land gespien hatte, da kam ein Eber und verschlang ihn. In demselben Augenblicke kam aber der Hund gelaufen, dem Chanina das Leben gerettet hatte, und im Nu war der Eber zerrissen und der Ring in Chaninas Händen. Nun musste die Königin ihr Versprechen halten und mit Chanina ziehen.

Schon sollte ihre Hochzeit mit dem Könige gefeiert werden, da fand man den getreuen Chanina eines Tages ermordet. Die Höflinge, die ihn von jeher beneidet hatten, die auch die Wahl für die gefahrvolle Botschaft auf ihn gelenkt und ihm gerade dadurch nun wider Willen zu den höchsten Ehrenstellen verholfen hatten, glaubten ihn bereits auf diese Weise aus dem Wege geräumt zu haben. Doch die Königin benetzte ihren treuen Diener nur mit einigen Tropfen ihres Paradieswassers und Chanina war wieder lebendig.

Der König, der dies gesehen hatte, wollte nun dieses Wunder durchaus auch an sich erproben. So sehr ihn seine Braut, die Königin, auch warnte, er liess sich totschlagen. Aber die Königin begoss ihn nun absichtlich nicht mit dem Paradies-, sondern mit dem Höllenwasser. Da wurde sein Leib ganz und gar zu Staub und Asche. Und nun wählte sich seine Braut, die schon längst statt des Wüterichs den braven Chanina[12], nachdem inzwischen seine Frau gestorben war, liebgewonnen hatte, diesen zum Ehegemahl. So wurde er sogar der Nachfolger seines Königs und herrschte an der Seite seiner Gemahlin über viele Völker.

5. Der grünende Stab.[1]

Einst kam zu Meister Jehuda, dem Frommen[2], ein Mann, welcher den Glauben der Väter verlassen hatte, aber nun reuig umkehren wollte. Doch der Meister wies ihn zornig ab[3] und sprach: „So wenig, wie dieser Stab in meiner Hand kann grüne Blätter sprossen, so wenig findest du Vergebung[4]." Nach wenigen[5] Tagen begann aber der Stab wirklich zu grünen. Meister Jehuda liess den Büsser rufen und that ihm das Wunder kund. „Hast du nicht einmal", so fragte er ihn, „deinen einstigen Glaubensbrüdern einen grossen Dienst geleistet?"

Der Büsser wusste sich einer solchen That nicht zu entsinnen. „Nur einmal", erzählte er, „kam ich in eine Stadt, in welcher viele Juden wohnten. Sie alle sollten um's Leben kommen, weil man sie beschuldigt hatte, ein Christenkind ermordet zu haben, um das Blut zu religiösen Zwecken zu gebrauchen. Da wählte man denn mich, der ich die Satzungen des Judentums kannte und doch nicht zu den Juden hielt, zum Sachverständigen. Wie konnte ich anders, als der Wahrheit die Ehre geben? Daraufhin liess man von der Verfolgung der Juden ab."

Nun erkannte Meister Jehuda den Grund des Wunders.

6. Der fahrende Schüler.[1]

In dem Hause „zu dem Springbrunnen" in Worms lebte einst ein frommer Mann, der hatte eine einzige Tochter, die ebenso fromm als schön war. Eines Abends, als sie in der Hausthür stand, ging ein fahrender Student[2] vorbei und rief ihr zu, er werde des Nachts in's Haus kommen.

Mit den fahrenden Studenten stand es aber so: Ein Hexenmeister hatte einmal ein Zauberrad gemacht[3]. Auf dieses Rad konnten vor jedem Umdrehen zehn Menschen sich setzen. Aber bevor es einmal herum war, hatte der Meister jedesmal einen von ihnen um's Leben gebracht. Dafür hatten die anderen dabei die ganze Hexenkunst[4] gelernt und konnten thun, was ihnen beliebte. Als später dieser Unfug überhandnahm, wurde das Rad vernichtet. Aber die fahrenden Studenten hatten ohnehin in jener Zeit grosse Freiheiten und thaten, was sie wollten.[5]

Um also den Anschlag des Studenten zu vereiteln, lud der Vater des Mädchens zehn Gelehrte ein, welche die ganze Nacht hindurch studiren und disputiren sollten. Mitten unter ihnen sass seine Tochter.

Als jedoch die Mitternacht herankam, schliefen die Gelehrten einer nach dem andern ein. So laut das Mädchen in seiner Angst auch rief, sie waren nicht zu wecken. Da trat der Student herein und sprach: „Siehst du, was all' dein Sorgen und Schreien nützt?" Doch das mutige Mädchen hatte zur Vorsorge ein Messer bereit gehalten und damit stiess sie den frechen Eindringling nieder. Es entstand ein grosser Lärm und Auflauf und alle Nachbarn lobten des Mädchens Beherztheit.

Doch wie sollte man nun die Gelehrten aus dem Schlafe wecken? Da sagte eine Frau, welche mit den anderen herbeigelaufen war, man solle doch im Rauchfang nachsehen, dort hätte der Student zehn Lichtchen angezündet, und wenn er sie nicht selbst wieder auslöschte, müssten die zehn Gelehrten bis an ihr Lebensende schlafen.

Die Lichtchen fand man, aber wie sollte der tote Student sie auslöschen? Da war einer unter dem Volkshaufen, der wusste Rat. Man führte mit dem Leichnam des Bösewichtes solche Bewegungen aus, dass ein Licht nach dem andern dadurch ausgelöscht und somit auch ein Gelehrter nach dem anderen aus dem Schlafe geweckt wurde.

---

7 Der Wolkenritt von Worms nach Spanien.[1]

Der berühmte spanische Weise Nachmanides[2] wusste lange Zeit trotz allen Scharfsinnes viele Stellen der Gotteslehre nicht zu erklären. Denn er kannte, wie alle seine Landsleute, damals noch nicht die Geheimkunst der Kabbalisten, von denen man sagte, dass sie allein jene schwierigen Stellen verstünden.

In einer Nacht nun, es war gerade die zweite Nacht vor dem Pesachfeste, wurde im Himmel ausgerufen: „Wer will den spanischen Meister in der Geheimkunst unterweisen und zugleich ihn und seine Stadt von dem Bösewicht befreien, der mit solcher Grausamkeit über sie herrscht?" Unter den frommen Seelen, die da jede Nacht im Himmel sich einfinden und am Morgen wieder in ihre Leiber zurückkehren, nachdem diese sich durch den Schlaf neu gestärkt haben, war auch die Seele des grossen Meisters der Geheimkunst Rokeach[3] aus Worms. Die meldete sich und erhielt die Erlaubnis, die Geheimkunst[4] dabei anwenden zu dürfen.

Am nächsten Morgen bereits machte sich unser Rokeach auf den Weg. Er bestieg eine Wolke, welche er mit Hilfe seiner Kunst herbeibeschworen hatte, und fort ging's in's ferne Spanien. Die Wolke flog so schnell, dass die frischgebackenen Osterbrote, welche der Meister der Vorsicht halber mitgenommen hatte, noch ganz warm waren, als er in der Stadt des Nachmanides landete[5]).

Des Abends ging er in's Gotteshaus, wo man gerade das Pesachfest begrüsste, und stellte sich in die Nähe des Meisters Nachmanides. Dieser bat den Fremden, als der Gottesdienst beendigt war und alle freudig zum Seder eilten, sein Gast zu sein. Der Rokeach erzählte nun auf dem Heimweg, dass er ein Wanderprediger sei, wie sie damals von Ort zu Ort zu ziehen pflegten, um in den jüdischen Gemeinden belehrende Vorträge zu halten, und sprach den Wunsch aus, am nächsten Tage im Gotteshause zu predigen. Doch als Nachmanides bei Tisch mit seinen Gästen gar eifrig die Haggada las und erklärte und er den Rokeach so stumm dasitzen sah, da bekam er von seinem Wissen keine hohe Meinung. In Wahrheit schwieg aber der Wormser Weise nur, weil er allein mit Hilfe seiner Kunst die Haggada richtig zu verstehen glaubte. Auch kamen ihm seine Osterbrote, die auf kabbalistische Art gebacken waren, bei Tische trefflich zu statten.

Als Nachmanides nun seinem Gaste die Ruhestätte anwies, warnte er ihn nachdrücklich, ja nicht ohne ihn das Haus zu verlassen. Denn der böse Fürst der Stadt liesse jeden töten, der in einer bestimmten verrufenen Gasse ergriffen würde, zu der nur der Fürst und sein Hof Zutritt hatten. Leicht könnte sich der Rokeach, wenn er allein ausginge, dahin verirren[6]). Kaum war alles zur Ruhe gegangen, da eilte unser Rokeach absichtlich in jene Gasse. Die Häscher des Fürsten ergriffen ihn und sogleich wurde auf des Fürsten Befehl gerade an dem Wege, der zum Gotteshause führte, ein grosser Scheiterhaufen errichtet, auf dem der fromme Rokeach am nächsten Morgen verbrannt werden sollte.

Wie war nun der gute Nachmanides erschrocken, als er seinen Gast nicht vorfand und bald darauf von dem nächtlichen Vorfall hörte. Man eilte in's Gotteshaus, und da von dem Zorn des Fürsten noch weitere Grausamkeiten zu befürchten waren, so sputete man sich, recht bald wieder bei den Seinigen zu Haus zu sein. Auf dem Heimwege sahen die Gläubigen den Scheiterhaufen bereits in lichten Flammen stehen. Dicht davor stand der arme Rokeach und ihm gegenüber der Fürst, welcher sich an dem blutigen Schauspiel weiden wollte. Als nun Nachmanides vorüberkam, da rief ihm sein unglücklicher Gast zu, er solle mit dem Kiddusch auf ihn warten. Das musste ihn doch in seiner Ansicht bestärken, dass der Fremde nicht recht bei Sinnen sei.

Inzwischen hatten die Henkersknechte das Feuer genügend geschürt, und nun sollte der Gefangene in die Flammen geworfen werden. Doch in diesem Augenblick beschwur der kluge Meister einen Engel, welcher ihm das Aussehen des Fürsten und diesem das seinige gab, und im Handumdrehen war der Bösewicht ergriffen und in den Flammen verschwunden.

Nachmanides hatte soeben den Kiddusch begonnen, als sich die Thür aufthat und sein Gast hereinspazierte, den er vor wenigen Minuten hatte zum Tode führen sehen. Der Wundermann versprach ihm eine Erklärung seines rätselhaften Verhaltens in der Predigt, die er nachmittags im Gotteshause zu halten gewünscht hatte. Hier zählte er nun zunächst zum grossen und freudigen Erstaunen seines Wirtes all' die Schwierigkeiten auf, die diesem beim Studium der Gotteslehre je aufgestossen waren. Er wusste sie alle mit Hilfe seiner Kunst zu beseitigen. Alsdann erklärte er vor versammeltem Volke seine Sendung und Rettung und alle gaben ihm das Ehrengeleit, als er sich wieder mit seinem Wirte heimbegab

Diesen unterwies er nun gründlich in seiner Kunst, für welche sich Nachmanides so begeisterte, dass er sie allen Gelehrten im Lande der Väter und in anderen Landen auf's wärmste empfahl[7]).

---

8. Der magische Briefbote.[1])

Drei Mönche[2]), welche der Magie wohl kundig waren, kamen einst zu Samuel[3]), dem Frommen, der als Meister in dieser Kunst weit und breit berühmt war, um sich mit ihm zu messen. Er gab ihnen zur Probe auf, einen Brief an einen fernen Freund[4]) hin- und zurückzubefördern, ohne sich dabei vom Platz zu rühren. Sie gingen nun mit ihm an einen heimlichen Ort und sprachen: ,,Einer von uns dreien soll einen Kreis[5]) ziehen, sich hineinstellen und ein anderer soll ihn beschwören, dass ihm seine Seele aus dem Leibe fahre und nach drei Tagen mit dem Briefe zurückkehre." So blieb denn der eine Mönch, welcher sich der Botschaft unterzogen hatte, drei Tage lang wie tot liegen.

Als aber die Seele am dritten Tage nach verrichteter Sache in den Leib zurück wollte, da beschwor Meister Samuel den Geist[6]), der dabei im Spiele war, die Seele nicht in den

Leib zu lassen. Die beiden Mönche waren in grosser Angst: denn sie sahen ihren Gefährten unverändert regungslos daliegen. Alle ihre Künste, ihn wieder zu beleben, blieben ohne Erfolg. Da zeigte ihnen denn Meister Samuel seine Ueberlegenheit, indem er mit einem Worte den Gesellen wieder zum Leben erweckte.

9, Der getreue Lautenschläger.[1]

Ein mächtiger und reicher König hatte eine einzige Tochter, die wollte er keinem zur Frau geben, der nicht so reich wäre, wie er selbst[2]). Gar viele Freier warben vergebens um das stolze Königskind Doch eines Tages kam an den Hof ein Königssohn, der war noch viel reicher, als ihr Vater. Der gewann sie zur Gemahlin.

Nach einiger Zeit, nachdem die Hochzeit glänzend gefeiert war, brach er auf, um in sein eigenes Reich heimzukehren, und ein grosses Gefolge gab dem Paare das Geleit. Als sie aber drei Tage lang gereist und vor einer grossen Stadt angelangt waren, da hiess der Königssohn das Gefolge umkehren, sonst müssten sie ihr Seelenheil verlieren Er sprach: „Ich bin nicht, wofür ihr mich haltet. Sondern ich bin ein böser Geist, der Hochmutsteufel. Ich habe euren König nur für seine Hoffart strafen wollen, indem ich ihm seine Tochter raubte. Und daran sollt ihr erkennen und eurem Herrn beweisen, dass ich die Wahrheit · sage: zu dem Wege, den ihr mit mir in drei Tage zurückgelegt habt, werdet ihr auf der Heimreise volle drei Wochen brauchen." Und so geschah es.

Nur ein alter Lautenschläger des Königs[3]), der wollte das Kind seines Herrn nicht verlassen. Er zog ohne Furcht mit in die Stadt, wo eitel böse Geister[4]) wohnten, ja sogar bis an den Rachen der Hölle, in welche der Hochmutsteufel sein Ehgemahl stiess. Hier gewahrte er zu seinem Erstaunen einen anderen Lautenschläger, einen alten lieben Freund, der in der Hölle noch die Laute schlug. Der erzählte ihm, er geniesse diese Vergünstigung nur, weil er bei Lebzeiten den Juden auf ihren Hochzeiten zum Tanze aufspielte. „Nun", sagte sich unser treuer Lautenschläger, „wie muss es dann mir erst ergehen, wenn ich ganz Jude werde." So ging er denn in die nächste Stadt, wo Juden wohnten, und liess sich zu ihrem Glauben bekehren.

---

10. Die Ausfahrt.[1]

Der König von Pommern[2] hatte einen Sohn, den er so
liebte, dass er ihn gar nicht von seiner Seite lassen wollte.
So wuchs der Sohn heran, ohne sich in der Welt umgesehen
zu haben. Er verstand sich auf nichts ausser auf Essen und
Trinken, wie ein rechtes heimgezogenes Kalb[3]. Endlich entschloss sich aber der König doch, den Prinzen mit seinem
klugen Stallmeister auf Reisen zu schicken.

Sie kamen gar bald zu einem mächtigen Könige und wurden
von ihm zur Tafel geladen. Nun war es Sitte[4] bei Tisch, dass man
einem jeden einen Brotteller vorsetzte, auf welchem man speiste.
Und wenn man gespeist hatte, wurden die Teller wieder aufgehoben
und das Brot unter die armen Leute, die draussen standen, verteilt. Kaum hatte man aber unserem Königssohn den Teller ge-
reicht, so griff er danach und ass alles auf. Der König und seine
Hofleute waren darob entsetzt. Doch der kluge Stallmeister
trat an's Fenster und warf den Armen Geld hinab, als hätte der
Königssohn keine Unart begangen, sondern gerade zeigen
wollen, dass man die Armut nicht mit Resten unterstützen solle.

Kurz darauf waren sie bei einem anderen König zu Gaste.
Nach Tisch forderte der Wirt seine Gäste auf, es solle jeder
zur Kurzweil seine Ausfahrt sagen[5] Der Stallmeister wusste
doch, dass sein Prinz nichts zu erzählen habe. So sagte er ihm
denn heimlich: „Werter Prinz! Wenn ihr sehet, dass ich auf
eure Gesundheit trinken will[6], so stellt euch, als ob ihr es übel
aufnähmet und sprecht: „„Mein lieber Herr Stallmeister! Soll
ich euch auch noch Bescheid thun? Habe ich nicht schon den
anderen Herren[7] genug zuzutrinken?"" Thuet so, als wäret
ihr des Trinkens müde und wolltet ein wenig schlummern.
Dann werden euch die Herren eure Ausfahrt schenken." So
entschlüpfte der Prinz auch dieser Falle.

Sie kamen alsdann zu einem Grafen, der hatte drei wunder-
schöne Töchter. Der Prinz verliebte sich sogleich. Allein der
Graf begehrte ihn keineswegs zum Schwiegersohne. Da wusste
das Prinzlein Rat.

Der Graf besass eine Mühle, in welcher Edelsteine ge-
schliffen und durchlöchert wurden. Und als einst, wie üblich,
neben dem Schlosse des Grafen der Jahrmarkt abgehalten wurde,
da fand der Prinz bei einem Händler drei Karfunkel von ganz
besonderer Schönheit. Er war nicht faul, legte sogleich Narren-
kleider an und erstand so, da der Händler das niedrige Angebot
eines Narren nicht ernst genommen und ihm die Steine dafür
zum Scherz verkauft hatte, aber, als der Prinz sich zu erkennen

gab, auch dafür lassen musste, mit List die drei Karfunkel.
Als die Grafentöchter die prächtigen Steine sahen, wollten sie
sie um jeden Preis haben. Sie versprachen ihm, eine jede von
ihnen wolle mit ihm eine Stunde lang spielen „der Frauen Spiel,
wie man denn die Gaben geben soll."

Die Aelteste sollte beginnen. Da ging sie zum Türmer[8])
und bat ihn, er möge heimlich zusehen Und sobald der Prinz
ihr eine „falsche Gabe geben" wolle, so sollte er rasch die
Glocke schlagen Dann werde der Prinz meinen, die Stunde
sei um. Die List glückte ihr, und die zweite Schwester machte
es ebenso. Nur der jüngsten gab der Prinz „eine falsche Gabe."
Doch auch die beiden anderen überlistete er. Er verlangte noch
einen anderen Preis von ihnen, sonst wollte er den ganzen
Handel dem Vater verraten. Was blieb den törichten Mädchen
übrig? Sie mussten auf alles eingehen und erhielten die Steine
schliesslich doch nicht.

Die Jüngste wurde aber immer bleicher und härmte sich
sehr, dass ihr der Vater den Prinzen nicht zum Manne geben
wollte. Da nahm der Prinz auf den Rat seines Stallmeisters
den einen Karfunkel und machte darein einen Ritz, so fein, dass
ihn wohl niemand ausser dem Prinzen selbst erkennen konnte.
Den übergab er dem Grafen, um ihn in seiner Mühle durch-
löchern zu lassen. Allein der Stein zerbrach, wie ja vorauszusehen war, und nun raufte sich der Graf das Haar vor Gram,
weil er den Stein nicht ersetzen konnte. Da forderte der
schlaue Prinz als Ersatz die jüngste Tochter, die er am liebsten
hatte, und bald wurde fröhliche Hochzeit gefeiert.

Bei Tisch konnte der Bräutigam nun eine Ausfahrt sagen:
„Ich ging einmal auf einem Acker. Da begegneten mir drei
schöne weisse Tauben und eine unter den dreien war gar besonders weiss. Ich schoss nach einer, da konnt ich sie nicht
treffen. Danach zielt ich auf die andere, die konnt ich auch
nicht treffen. Aber die dritte, die traf ich zwischen die Flügel,
dass ihr der Leib auflief." Wie solches die Herren hörten, da
lachten sie unbändig und merkten es gar wohl und waren heiter
und guter Dinge.

---

11. Der rechte Eidam.[1])

Ein frommer und reicher Mann hatte ein Töchterlein, das
besass alle Tugenden der Welt. Und da Vater und Mutter
bereits bei Jahren waren, so dachten sie daran, ihr Kind aus-
zugeben[2]). Nun hatte der Mann einen Schwiegersohn, der war

sehr gelehrt und reich. Aber die Frau, die dachte wiederum
an einen Bruderssohn, der war wohl nicht minder gelehrt, aber
bettelarm. Da sich nun die beiden Gatten nicht einig werden
konnten, wem sie ihr Kind geben sollten, so luden sie ihre
ganze Verwandtschaft und Freundschaft ein, die sollten entscheiden.

Die Gäste rieten lange hin und her. Endlich sprachen
sie zu ihren Wirten: „Gebet jedem der beiden Freier zwei-
hundert Thaler, damit sollen sie ein Jahr lang auf die Wander-
schaft gehen. Alsdann wird sich zeigen, wer damit besser ge-
wirtschaftet hat." Die Wirte waren es zufrieden Auch die
beiden Nebenbuhler waren darob hochbeglückt. Ein jeder
meinte, er wolle die schöne Jungfrau⁸) schon bekommen, als
wär' ihm eine gebratene Taub' in's Maul geflogen⁴). Sie kauften
ein, der eine Waren, der andere Edelsteine⁵) und zogen froh-
gemut von dannen.

Aber schon in der ersten Herberge, in der sie einkehrten,
wurden sie arg bestohlen. Dem einen nahm man den Beutel,
worin er sein bares Geld verwahrte, dem anderen aber mit dem
Beutel sein ganzes Hab' und Gut; denn all' sein Edelgestein
hatte er darein gethan. Jener zog nun freudig heim, da ihm
seine Waren noch geblieben waren, während der andere
hilflos zurückbleiben musste.

In seiner Hilflosigkeit trat er in ein Lehrhaus ein, an
welchem er gerade vorüberkam. Es war das Lehrhaus des
Fürsten⁶) von Babylon. Nicht weniger, als vierhundert emsige
Schüler fand er da zu den Füssen des grossen Meisters.⁷) Der
Arme⁸) setzte sich bescheiden hinter den Ofen und getraute
sich nicht, ein Wort mitzureden. Da hörte er, wie der Meister
den Schülern für den nächsten Tag eine schwierige Aufgabe⁹)
zu lösen gab. Von keinem bemerkt, blieb er im Lehrsaal
zurück, und als es Nacht geworden war, setzte er sich an die
Bücher, in denen er wohl bewandert war, und begann der
Frage nachzusinnen. Und siehe da! Es öffnete sich die Thür
und herein trat der Profet Elia.¹⁰) Er setzte sich neben den
Freiersmann und half ihm die Aufgabe lösen.

Wie freute sich nun der Meister über den Scharfsinn seiner
Jünger, als er am nächsten Morgen auf seinem Pulte die Lösung
seiner Aufgabe vorfand. Doch keiner seiner Schüler wollte der
Verfasser sein. Als sich derselbe Vorgang am nächsten Tage
wiederholte, wurde der Meister doch neugierig. Er machte in
die Thür des Lehrsaales eine kleine Oeffnung und beobachtete
durch das Loch den Fremden, wie er aus seinem Versteck
hervorkam und eifrig studirte. Den Profeten Elia gewahrte er
nicht. Tags darauf holte er den Armen hinter dem Ofen hervor,
erzählte seinen Schülern, was er gesehen, und wollte den Braven

dadurch ehren, dass er ihm seine einzige Tochter zur Ehe versprach. Doch als er sein Missgeschick erfahren hatte, da liess er ihn mit reichen Geschenken von dannen ziehen und gab ihm mit seinen Schülern feierliches Geleit.

Auf seinem Wandern geriet unser Jüngling in einen grossen Wald. Drei Tage hatte er bereits den Wald durchirrt und nichts zu essen gefunden. Da erblickte er endlich einen Apfelbaum. Die Aepfel sahen ihn so einladend an, dass er sich sogleich welche herunterholte. Aber kaum hatte er in einen hineingebissen, da wurde er von heftigen Schmerzen geplagt und von einer schweren Krankheit befallen. Aber der Hunger trieb ihn, einmal einen anderen Apfelbaum, der dicht daneben stand, zu versuchen. Und welches Wunder! Er brauchte nur von diesen Aepfeln einen zu kosten, da war er auch schon von seinen Leiden geheilt. Klug wie er war, steckte er sich nun von den giftigen, wie von den guten Aepfeln so viel in die Taschen, als er nur tragen konnte.

Endlich lichtete sich der Wald, und er kam in eine grosse Stadt, die Hauptstadt des Landes. Hier fand er alle Leute in tiefer Trauer. Ihr vielgeliebter König lag an einem schweren Leiden[11]) danieder. Es war gerade jene Krankheit, die man sich von jenen giftigen Aepfeln holte. Stracks liess sich unser Freund vor den König führen. Er wollte, was allen Doktoren[12]) misslungen war, versuchen. Zuerst gab er dem Kranken von den giftigen Aepfeln zu essen. Dadurch wurden die Schmerzen auf das Höchste getrieben. Hierauf reichte er ihm sogleich von den anderen Aepfeln, und im Nu fühlte sich der König gesund und munter. Er versprach seinem Retter das halbe Königreich. Doch dieser erbat sich nur eine Stadt, nämlich die, in der er geboren war und seine Eltern und Verwandten wohnten. Der König schenkte ihm nicht nur die Stadt, sondern obendrein eine stattliche Gefolgschaft der besten Ritter.

Unschreiblich war die Pracht und die Freude, mit welcher der neue Stadtherr von den Bürgern empfangen wurde. Auch die Judenschaft brachte ihm auf der Burg ihre Huldigung dar. Ihr Führer überreichte einen kostbaren Aufsatz[18]) und zwanzig aparte Gläser dazu. Der Burgherr hatte unter den Juden sogleich seinen Vater erkannt, der in ärmlicher Kleidung beiseite stand, und ihm wies er das Geschenk zu. „Der kann es wohl besser gebrauchen“, meinte er freundlich. „Doch wenn ihr einmal eine Hochzeit oder sonst eines eurer Feste feiert, so möchte ich gern dabei sein, um mich mit euren Bräuchen und Sitten bekannt zu machen.“ Da lud ihn denn der Führer, der kein anderer, als sein Oheim war, sogleich zur Hochzeit seiner Tochter ein, die noch in derselben Woche sollte gefeiert werden, da ja das Jahr um und der eine Freier noch immer nicht zur Stelle war.

Der Burgherr fand sich auch pünktlich zur Hochzeit ein. Und gerade, wie das Paar zur Trauung schritt, da trat er vor und erzählte sein seltsames Schicksal. Sein Nebenbuhler[14]) zog beschämt ab, und er trat an seine Stelle. Er und seine Kindeskinder beherrschten[15]) noch lange die Stadt in Glück und Frieden.

Nun seht ihr wohl: wem Gott hilft, dem kann niemand schaden. Wie Gott dem armen Freiersmann geholfen hat, so möge er auch uns gnädig sein!

12. Die Zauberwurzel.[1])

Ein Gauner, den es nach dem Gelde eines ehrlichen und angesehenen Mannes gelüstete, wusste den Schneider seiner Tochter zu bestechen, dass er ihr in den Rock eine Zauberwurzel einnähte. So lange nun das Mädchen den Rock trug, musste sie dem Gauner in allen Dingen zu willen sein. Sobald sie ihn aber ausgezogen, kam sie zum Bewusstsein und jammerte über ihre Schwäche. Sie kam schliesslich so weit, dass sie, die sonst als ehrbar und züchtig vor allen bekannt war, ihren eigenen Vater bestahl und das Geld dem Gauner zutrug. Endlich wurde das Geheimnis verraten, und die beiden Bösewichte erhielten den verdienten Lohn.

13. Die Vögel des Himmels werden es verraten.[1])

Es geschah einst[2]), dass ein Jude über Land ging. Da kam ein Räuber[3]) und nahm ihm alles, was er bei sich hatte. Und als er es ihm genommen hatte, sprach der Räuber: „Nun muss ich dich auch um dein Leben bringen. Denn wenn ich dich leben lasse, so wirst du mich verraten[4]) und mich um's Leben bringen. Drum will ich dich töten, so weiss ich gewiss, dass mir nichts geschieht." Der Jude jammerte gar kläglich und sprach: „Lieber! Ich bitt' dich, lass mich doch leben! Ich will dich gewiss nicht verraten. Aber das sag' ich dir, wenn du mich um mein Leben bringst, so werden die Vögel dich verraten und du wirst doch um dein Leben kommen." Da wurde der Räuber zornig und rief: „Ich sehe, du spottest meiner." „Nein", sprach der Jude, „es steht geschrieben in unserer heiligen

Schrift[5]): die Vögel, die zwischen Himmel und Erde fliegen, die werden es aussagen. Drum sieh! Der Vogel[6]), der dort auf jenem Baume sitzt, der sagt es aus[7]).« Da wurde der Räuber noch grimmiger und erschlug den Juden[8])

Unterwegs kam er in ein Wirtshaus, und der Wirt setzte ihm einen solchen Vogel gebraten vor, wie er ihn auf jenem Baum hatte sitzen sehen Da dachte der Räuber an die Worte des Juden und hob laut zu lachen an. Der Wirt stand an dem Tisch und sprach: „Warum lachst du so? Dieweil du so ohne Grund[9]) lachst, muss doch gewiss eine Schalkheit dahinter stecken. Drum, Lieber, sag mir's, was lachst du?«

Der Räuber dachte: es war ja nur ein Jude, was ist denn daran viel gelegen? Und er erzählte dem Wirt den ganzen Handel. Der sagte sich aber: „Hat der den Juden erschlagen, so hat er gewiss noch mehr auf dem Gewissen.« Er eilte sogleich im Geheimen zum Bürgermeister[10]) und berichtete ihm, was er wusste. Alsdann setzte er sich wieder, wie wenn nichts geschehen wäre, zu seinem Gaste. Da trat mit einem Male der Bürgermeister mit drei Schergen herein und rief dem Räuber zu: „Gieb dich gefangen!« Nun konnte sich der Räuber vor Schreck gar nicht rühren. Er wurde sogleich auf die Folter gespannt[11]) und gestand alle seine Schändlichkeiten. Die sollte er gar bald auf dem Rade büssen[12]).

So ist es wahr geworden, was der Jude gesagt hat: „Die Vögel des Himmels werden es verraten.''

---

14. Der Wunschring.[1])

Im Lande Uz[2]), weit, weit von hier, lebte einst ein gar köstlicher[3]) Meister, der besass ungezählte Schätze[4]) und war so klug, dass er alle Sprachen der Welt[5]) kannte. Er unterhielt ein ganzes Lehrhaus[6]) mit vielen wackeren Schülern[7]), die alle an seinem Tische speisten und bei ihm wohnten. Kurzum[8]), es war ein Mann, wie er selten gefunden wird[9]). Nur hatte er ein böses Weib, die verdross es sehr, dass ihr Mann auf diese Art das Geld verthat[10]). Nun sagt das Sprichwort: „Wenn das Seil zum strengsten, so reisst[11]) es gern.« So geschah es dem Meister auch. Sein Geld wurde immer weniger, und schliesslich war er so arm, dass er heimlich aus der Stadt ziehen wollte[12]), nur um des Bettlers Schande zu entgehen. So machte er sich denn mit fünfzig seiner Schüler, die ihm treu blieben, auf den Weg. Niemand in der Stadt wusste, wohin er sich gewendet habe.

Unterwegs, in bitterster Not, sah er einst, als er hinter seinen Begleitern ein wenig zurückgeblieben war, an einem Brunnen ein Wieselchen[13]) vorüberlaufen, das hielt in seinem Maul ein hübsches goldenes Ringelein[14]). Als der Meister ihm nachsetzen wollte, da liess es den Ring fallen und lief weiter. Der Ring schien aber gar nichts wert zu sein. Nur als der Meister ihn näher betrachtete, da bemerkte[15]) er darauf eine alte Schrift[16]):

Ob ich gleich schlecht bin anzuseh'n,
Kann mich keiner doch ersteh'n.

Der Meister war nicht auf den Kopf gefallen und dachte: „Das muss doch eine eigne Bewandtnis[17]) haben." Er steckte den Ring an den Finger und wünschte sich sogleich einen Sack[18]) voll Geld. Kaum hatte er das Wort ausgesprochen, so lag der Sack schon vor ihm. Und als sie in die nächste Stadt gekommen waren, da zeigte er seinen Gefährten all' das Geld und sagte, das hätte ihm ein Verwandter, der dort wohnte, zum Geschenk gemacht. Man kehrte nun heim, und alles ging wieder seinen alten Gang[19]).

Da begab es sich eines Sabbats, als sich der Meister, wie sein Brauch war, zur Ruhe niederlegte, um alsdann seinen Schülern vorzutragen[20], dass sein Weib ihn fragte, woher er denn zu all' dem Reichtum gekommen sei. Sie bat so lange, bis er ihr das Geheimnis verriet. Aber als er ihr nun gar den Ring in die Hand gab, da wünschte das böse Weib sogleich: „Dass[21]) mein Mann doch ein Werwolf wär' und hinaus in den Wald unter die wilden Tiere[22]) liefe!"

Kaum war das Wort aus ihrem Munde, da sprang der gute Meister[23]) zum Fenster hinaus und lief, bis er in einen grossen Wald kam, den man den Böhmerwald nennt. Hier richtete er grossen Schaden an und frass viele Menschen, so dass sich keiner mehr durch den Wald zu gehen getraute. Denn so ein Werwolf[24]) ist viel stärker, als ein Löwe und hat obendrein noch Menschenverstand. Nur einem Kohlenbrenner[25]) that der Werwolf nichts, er hielt mit ihm gute Kameradschaft und blieb auch meist in der Nähe seiner Hütte.

Da liess der König des Landes bekannt machen: „Wer mir den Werwolf bringt, es sei lebendig oder tot, dem will ich meine Tochter geben, und der soll einst mein Erbe werden." Einer der Ritter, ein siegreicher Held, unterzieht sich dem Wagnis. Er achtet der Warnung des Köhlers nicht und nimmt es mit dem Werwolf auf. Doch dreimal wird er zu Boden geschleudert, und wenn nicht der Köhler für ihn gebeten hätte, wäre er gewiss um's Leben gekommen. Nun wurde aber der Werwolf mit einem Male sehr zutraulich. Er lässt sich von dem Ritter, wie ein Hund, an seinem Gürtel führen und kommt so vor den König[26]). Der König macht den Helden zu seinem Schwiegersohne, und nach kurzer Frist, als der König starb, bestieg er den Thron.

Eines Wintertages, da er mit seinem Wolfe auf die Jagd ging, sah er den Werwolf mit der Tatze merkwürdige Zeichen in den Schnee schreiben. Der König berief sofort alle Gelehrten und einer, der Hebräisch verstand, las aus den Zeichen die ganze Leidensgeschichte des armen Meisters und erzählte sie dem Könige: „Wenn er," so schloss seine Rede, „jenen Wunsch-ring nicht erhält, so muss er Zeit seines Lebens ein Werwolf bleiben."

Den König dauerte sein treuer Wolf. Er machte sich sogleich mit drei Dienern nach der Stadt des Meisters auf und liess ausrufen: „Wer altfränkisch' Arbeit[27]) zu verkaufen hat, dem zahle ich die höchsten Preise." Man führte ihn, da man ihn für einen Kaufmann hielt, zu dem bösen Weibe, das ja durch den Ring zu einem Reichtum gekommen war, der kein Mass und keine Schätzung kannte[28]) Hier wurden ihm kostbare Ringe zum Kauf angeboten, und auch jener Wunschring war aus Versehen mit darunter geraten. Der König erkannte ihn sogleich nach der Beschreibung des Wolfes und erstand ihn mit all' den anderen Ringen um einen hohen Preis.

Nach Hause zurückgekehrt, gab er allen seinen Grossen ein prächtiges Mahl und mitten unter der Tafel steckte er seinem Wolf den Ring an. Sogleich stand der wackere Meister da.

Er nahm nun von dem Könige herzlichen Abschied und zog heimwärts. Unterwegs sammelte er wieder fünfzig Schüler und kleidete sie fein in schwarzen Samt. Als er vor seiner Heimatstadt angelangt war, verwünschte er sein böses Weib als Eselin[29]) unter die anderen Tiere des Stalles. Wie bestürzt war nun das Hausgesinde, als der Meister nach seiner Frau fragte und niemand sie finden konnte![30])

Der Meister führte wieder die alte Hausordnung ein. Sein Weib aber strafte er, indem sie als Eselin zu einem Gotteshause, welches er zum Dank für seine Rettung errichtete, die Steine zusammentragen musste, wobei er es an Schlägen nicht fehlen liess. Das Geheimnis des Ringes aber nahm er mit in's Grab. Darauf hat der König Salomo gesagt: „Man soll einem Weib kein Geheimnis anvertrauen[31])."

.

15. Die Sabbatfeier.[1])

Drei Freunde gingen einst über Land, und sie hatten noch keine Herberge erreicht, als sie der Sabbat überraschte. Zwei

von ihnen zogen aus Furcht vor den wilden Tieren und vor
Räubern weiter. Nur der dritte scheute sich, die Sabbatruhe
zu entweihen. Er schlug sein Zelt auf und bereitete das
Sabbatmahl.

Da kam ein ungeheurer Bär in das Zelt, that aber dem
Frommen nichts und frass, was er ihm reichte. In der Nacht
behütete der Bär den Schlaf seines Wirtes und auch am nächsten
Tage teilten sie sich in die Mahlzeiten. Erst nach Sabbatausgang
zogen sie gemeinsam weiter.

Gar bald hatten sie die beiden anderen Wanderer einge-
holt, und kaum war der Bär ihrer ansichtig geworden, da zerriss
er sie in Stücke. Hierauf begegneten sie einer Räuberbande.
Doch als der Fromme sagte, er komme vom Hofe des Königs
und der Bär sei ihm zur Begleitung mitgegeben worden[2]), da
beschenkten ihn die Räuber reichlich und baten ihn, sie ja nicht
dem Könige zu verraten. Der Bär verliess ihn aber nicht eher,
als bis er glücklich wieder zu Hause angelangt war.

Deshalb soll ein jeder den Sabbat halten in acht,
So wird Gott[3]) vor ihm halten die Wacht.
Der kann euch doch wohl beschirmen vor Räubern und
wilden Tieren,
Wie ihr in dieser Geschichte wohl konntet merken und
spüren.
D'rum lasst euch ja nicht verführen!

16. König Liwjatan.[1])

Ein Vater hatte in seiner letzten Stunde seinem Sohne
das Versprechen abgenommen, täglich ein Stück Brot in's Wasser
zu werfen[2]). Es werde ihm am Ende grosses Glück bringen.

Der Sohn hielt sein Versprechen getreulich, und stets war
es ein und derselbe Fisch, der sich das Brot holte. Davon
wurde er so gross und stark, dass ihn die anderen Fische, die
ihn beneideten, bei Liwjatan, dem Könige der Fische[3]), ver-
leumdeten: „Wie lange noch, und er ist so mächtig, wie du?"

Da befahl Liwjatan jenem Fische, seinen Wohlthäter zu
verschlingen und vor seinen Thron zu bringen. Kaum war aber
dies geschehen, so verschlang er ihn selbst. Als er jedoch hörte,
weshalb er, als getreuer Sohn, jenen Fisch hatte füttern müssen,
liess er ihn sogleich wieder an's Land bringen. Hier schlief der
Gerettete vor Müdigkeit ein.

In seinem Halbschlummer konnte er zwei Krähen sich
unterhalten hören. Denn Liwjatan hatte ihm zum Lohne für
seine Kindestreue jede, auch die Vogelsprache beigebracht[4]).

Die eine Krähe wollte ihm, den sie für tot hielt, die Augen aushacken. Doch die andere, ihr Vater, warnte sie davor. Trotzdem flog die ungehorsame Krähe auf den gehorsamen Sohn, doch dieser griff rasch zu und wollte ihr den Hals umdrehen[5]). Die andere bat ihn aber inständig um das Leben ihres Kindes und zeigte ihn dafür unter einem Baume einen grossen Schatz. So ging des Vaters Verheissung in Erfüllung.

17. Der Wasserkönig.[1])

Haninna, die Tochter eines reichen Prager Juden, folgt ihrem Geliebten, dem Könige der Elbe und der Moldau, als Gattin in sein unterirdisches Reich. Durch diese Treue erlöst sie ihn aus einem tausendjährigen Bann, den Dagon[2]), der Herrscher aller Fluten, über ihn verhängt hatte[3]). Einige Zeit darauf wird ihre Muhme Schiffre[4]), die Wehmutter, mitten in der Nacht zu einer Frau geholt. Ihr Führer bringt sie auf rätselhafte Weise in einen Palast und in der kreissenden Königin erkennt sie Haninna wieder, die ihr an demselben Nachmittage bereits in Gestalt einer schwarzen Katze[5]) erschienen war. In dieser Verwandlung durfte sie nämlich, so oft es ihr beliebte, unter den Menschen leben.

Nachdem Schiffre ihren Dienst verrichtet, bietet ihr der Wasserkönig Gold und Edelstein zum Lohne. Doch, von Haninna gewarnt, erbittet sie sich nur einige Kohlen, die sich jedoch nach ihrer Rückkehr auf die Oberwelt in eitel Gold verwandeln[6]).

18. Das Unglück.[1])

A. In einer Stadt lebten zwei Brüder, der eine reich, der andere arm. An einem strengen Wintertage sprach der Arme zum Unglück[2]), seinem ständigen Gaste: „Wie wär's, wenn wir in den Wald gingen, um Holz zu holen? Du willst doch ebenso gut, wie ich, eine warme Stube haben." „Gut," meinte das Unglück.

So kamen sie denn in den Wald, und der Arme fällte einen starken Baumstamm und wollte ihn spalten. „Mein Lieber," sprach er alsdann zum Unglück, „sieh' doch nur, ich habe meinen Keil zu Haus vergessen, willst du nicht ein kleines Weilchen mir behilflich sein, den Baum zu spalten?" Das Unglück steckte auch die Hand in den Spalt, um ihn offen zu halten.

Doch sofort zog nun sein schlauer Wirt die Axt heraus, und das Unglück war gefangen.

Lustig zog er nun heim, und da er jetzt das Unglück los war, wurde er in kurzem ein reicher Mann Dem reichen Bruder liess der Neid keine Ruh'. Er drang solange in den Bruder, bis dieser ihm einmal in einer guten Laune die ganze Geschichte zum besten gab. Da eilte der Neidhart sogleich in den Wald, um dem Unglück aus der Klemme zu helfen und es seinem Bruder wieder in's Haus zu schicken. Schon von weitem hört er das Unglück schreien und dem treulosen Wirte fluchen. Da ruft er ihm zu: „Ich will dich befreien. Doch schwöre mir, dass du mir f o l g e n willst!" Das that das Unglück nur zu gern. Sie gingen zusammen nach der Stadt zurück, und vor der Stadt begann der böse Geselle: „Nun, mein liebes Unglück, halte dein Versprechen, mir zu f o l g e n, und gehe in dein altes Heim zurück!" „I", sprach da Unglück, „zu dem schlechten Kerl soll ich zurückkehren, der mich so betrogen hat? Nein, d i r zu f o l g e n habe ich geschworen, und das will ich denn auch thun."

So wurde der Bösewicht das Unglück nicht mehr los[3]) und erntete reichlich den verdienten Lohn.

———————

B Einst[4]) kehrte das Unglück bei einem Wormser Juden[5]) ein. Der wurde bald so arm, dass er die Gemeindesteuern nicht mehr zahlen konnte.[6]) Da ging er zum Rabbiner und klagte ihm sein Leid. „Ich ziehe nicht gern aus der Gemeinde weg," so sprach er, „weil ich doch Kaddisch u-borchu[7]) auf dem Dorf[8]) nicht hören kann." Doch der Rabbiner riet ihm[9]): „Ziehe getrost hinweg! Nimm den Bock und halte ihn gegen den Sock', d. h. nimm den Bo[rchu] K[addisch], den du in der Gemeinde· hören kannst, und halte dagegen S[in] o K[inno][10]). die du auf dem Dorfe nicht zu fürchten hast, wie in einer Stadt, wo viele Juden bei einander wohnen!"

Der Mann liess sich das gesagt sein. Er nahm all' sein Hab' und Gut, das wenige, das er noch hatte, und lud es auf einen Wagen. Aber wie er das Haus eben zugeschlossen hatte, da klopfte es von innen an die Thür. Er rief: „Wer ist da? Mein Weib und Kind sitzen ja schon auf dem Wagen." Doch das Klopfen wollte nicht nachlassen. Da rief er wieder: „Wer ist denn noch im Haus?" Und von innen hörte man[11]) antworten: „Das Unglück ist noch da, das muss auch mit dir auf's Dorf." Wie er das hörte, da sprach er: „Nun so will ich lieber hier in der Gemeinde bleiben." Er zog in ein anderes Haus und kam zu Geld und Ehren.

19. Der betrogene Teufel.[1]

Ein armer Hausirer wanderte einst des Nachts bei hellem Mondschein eiligst der Heimat zu; denn er hatte in seiner Familie ein freudiges Ereignis zu erwarten. Da sah er plötzlich auf einem Baume an der Landstrasse dicht vor sich eine Gestalt sitzen, welche mit vollen Händen Goldstücke herabwarf. Die Gestalt rief ihm zu: „Sieh, mein Lieber, all' dies Geld soll dein sein, wenn du mir dafür das Neueste schenkst, das du zu Haus antriffst."

Der arme Mann sah nur das blinkende Gold, er dachte gar nicht weiter der Rede nach und ging den Handel ein. Aber bald beschlich ihn ein Grauen, eine böse Ahnung, und kaum war er in seinem Heimatsorte, als er auch schon zu einem weisen Freunde eilte und ihm den Vorgang erzählte. „Die Gestalt," so erklärte ihm dieser das Erlebnis, „die Gestalt, die du gesehen hast, ist der Teufel, und das Neueste, das er von dir kaufen wollte, das ist das Kindchen, das du erwartest."

Um dem Teufel seine Beute abzujagen, nahm man nun eine Katze, welche Junge werfen wollte in des Hausirers Haus, und ein Kätzchen, welches bei seinem Eintritt in sein Haus soeben war geboren worden, löste wirklich sein Kind aus. Denn kaum war dieses zur Welt gekommnn, da ging ein furchtbares Krachen durch das ganze Haus, die Lichter erloschen, und in dem Tische fand man hinterher ein grosses rundes Loch, wie wenn der Blitz eingeschlagen hätte. „Das war des Teufels Rache," sagten die frommen Leute, welche sich, wie bei Wöchnerinnen üblich, in jener Nacht zum Studium eingefunden hatten. Der Vater des Kindes behielt aber ausser diesem auch noch das Gold, welches ihm der Teufel gegeben hatte.

20. Der ungeschickte Hexenmeister.[1]

Meister Leser[2] in Worms, ein berühmter Zauberkünstler, hatte sich einst[3] von seinen Schülern erbitten lassen, Joab, den grossen Feldherrn, zu beschwören. Er nahm eine Kanne, welche noch keinen Deckel hatte und noch nie in Gebrauch gewesen, und kaum hatte er das Zauberwort gesprochen, da vergrösserte sich die Kanne in's Ungeheure, und Joab stieg in voller Rüstung daraus hervor. Gleichzeitig erweiterte sich das Zimmer seiner Riesengrösse entsprechend, und bei jedem seiner Schritte schwankte das ganze Haus hin und her. Da gerieten die Schüler in grosse Angst und baten den Meister, Joab wieder in die Kanne zu bannen. Allein der Riese ging nur bis an die Arme in die Kanne zurück, und grosses Unheil wäre entstanden, wenn man nicht sogleich einen besseren Hexenmeister[4]), der dicht nebenan wohnte, herbeigeholt hätte. Der erschien nur auf der Schwelle, und schon war Joab verschwunden und Zimmer und Kanne, wie vorher.

Meister Leser hatte auch Macht über die Glasgeister[5]). Er konnte nämlich Geister[6]) in ein Glas bannen[7]), um von ihnen zu erfahren, wer diesen oder jenen bestohlen, und wo er seinen Raub verborgen habe. Doch musste er stets erst den Diener der Geister beschwören, der dann seine Herren herbeiholte. Da dieser nun einige Male von Meister Leser um nichtiger Dinge willen war bemüht worden, so wollte er ihm einen Schabernack spielen und kam nicht aus dem Glase heraus, in welches der Meister ihn beschworen hatte. In seiner Angst warf dieser das Glas, nachdem er es sorgsam verschlossen hatte, auf einen heimlichen Ort im Hause. Doch gar bald machte sich der Geist gar unliebsam bemerkbar.

Der Meister erkrankte kurze Zeit darauf und bat seine Frau, ihm seinen Schlafpelz[8]) zu bringen[9]). Als sie jedoch den Schlafpelz holen wollte, sah sie bereits ihren Mann in den Pelz gehüllt und glaubte nicht anders, als dass er ihr zuvorgekommen sei und sich selbst den Pelz geholt habe[10]). Als sie nun aber in's Zimmer zurückkam, fand sie ihn noch so, wie sie ihn verlassen hatte. Es entstand ein heftiger Wortwechsel zwischen den Ehegatten, bis die Frau erzählte, was sie soeben gesehen habe. Der Meister erkannte darin sogleich einen Streich, den ihm der böse Geist gespielt habe, und nun wusste er, dass er noch in demselben Jahre sterben müsse. Das traf auch ein.

Doch auch damit gab sich der Geist noch nicht zufrieden. Erst musste ihm noch eine Magd, welche bei dem Sohne[11]) des Meisters in Diensten stand, an jenem geheimen Orte zum Opfer fallen.

D'rum ist es besser, sich mit der Hexerei gar nicht abzugeben[12]).

21. Das Bethaus im Walde.[1])

Meister Jehuda der Fromme in Regensburg hatte seine Tochter mit Chanina, dem feinsten Kopf[2]) unter seinen Schülern, verlobt. Bevor die Hochzeit stattfand, zog dieser noch einmal in die Fremde, um bei berühmten Lehrern sein Wissen zu ergänzen. So kam er denn viele hundert Meilen von Regensburg

zu einem Meister und lernte bei ihm so eifrig, dass er bald
ebenso viel wusste, wie dieser. Da kam die Zeit, wo in Regensburg
seine Hochzeit sollte gefeiert werden[8]). Schleunigst machte sich
denn unser Chanina auf. Sein Meister und fünfzig Mitschüler
gaben ihm das Geleit. Unterwegs trennte ihn jedoch ein Zufall
von seinen Begleitern, und er geriet in einen grossen Wald, als
gerade der Sabbat anbrach. Zum Glück fand er ein ein-
sames Häuschen, in welchem alles auf's kostbarste eingerichtet
war. In einer der Kammern sass ein würdiger Greis, über die
heiligen Schriften gebückt. Unser Chanina setzte sich zu ihm
und studirte mit.

Indess war der Sabbat da, und rätselhafte Gestalten versammelten sich zum Gebete. Der Vorbeter hatte eine so wunder-
schöne Stimme, dass Chanina sich umsah, ob etwa eine Orgel
oder Pfeifen oder Sänger[4]) daseien. Nach Sabbatausgang klagte
er jenem alten Manne sein Leid, und dieser wies ihm den Weg.
Bald fand er auch seine Begleiter wieder, und auf einer Wolke,
die sich auf einen Berg in der Nähe niedergelassen hatte, kamen
sie alle noch rechtzeitig in Regensburg an, als Chaninas Braut
bereits mit einem anderen getraut[5]) werden sollte. Obwohl sie
diesen anfangs nicht hatte leiden mögen, war sie des Wartens auf
Chaninas Rückkunft schliesslich doch müde geworden[6]). Nun
war natürlich alles wieder in Ordnung.

Jener alte Mann aber war der Profet Jeremia[7]), der Küster[8]),
von dem Chanina alles dies erfuhr, war kein anderer, als der
Profet Elia, der Vorbeter: Mose, der Priester, der zuerst zum
Verlesen der Gotteslehre aufgerufen worden: Ahron, die anderen
Beter: Abraham, Isak und Jakob und andere Helden der heiligen
Geschichte.

22 Die Königin von Saba.[1])

Einst lebte zu Worms ein Mann, der war sehr angesehen.
Obwohl unvermögend, wusste er doch seine Armut vor der
Welt zu verbergen.

Eines Tages, als er traurig[2]) über sein Geschick nachdachte,
trat ein Weib herein, so schön, wie er nie eines gesehen. Ihr
goldenes Haar war so lang, dass es ihr zwei edle Jungfrauen
in einem goldenen Becken nachtragen mussten[3]). Es war die
Königin von Saba. Sie versprach ihm eitel Gold und Silber,
wenn er nur täglich, sobald die Uhr Zwölf geschlagen, an Ort
und Stelle sich einfinden wolle. Der Mann ging darauf ein und
versprach auch keinem Menschen das Geheimnis zu ver-

raten. Sonst müsse er, so sagte die Königin, mit seinem Leben
dafür büssen.

Alles war erstaunt über den plötzlich erworbenen Reichtum des Mannes. Seine Frau[4]) trug an Festtagen die Finger
voll kostbarer Ringe. Schliesslich wollte sie selbst von ihrem
Manne wissen, woher er mit einem Male zu so vielem Geld
gekommen sei. Da er ihr die Frage nicht beantwortete, beobachtete sie argwöhnisch sein ganzes Thun und Treiben. Da
fiel es ihr denn gar bald auf, dass ihr Mann regelmässig mittags
nach Tisch sich zurückzog, um, wie er sagte, sein Mittagsschläfchen zu halten. Die Frau schlich ihm einmal nach und
beobachtete so, ohne bemerkt zu werden, ihren Mann und die
Königin

Die Königin merkte sogleich, dass ihr Geheimnis verraten
sei, und nun drohte sie dem Manne, er müsse für diesen Verrat
den Tod erleiden. Als er ihr aber eidlich seine Unschuld beteuerte, schenkte sie ihm das Leben. Doch nun sollte er noch
ärmer werden, als zuvor. Auch wollte sie ihren beiden Kindern
den Hals umdrehen. Wenn er nach drei Tagen auf die
Rheinbrücke ginge, so würde er einen Sarg den Rhein
hinunter schwimmen[5]) sehen. Diesen sollte er sogleich am
Ufer des Rheins bestatten[6]); denn darin lägen die Leichen der
Kinder.

Und alles erfüllte sich, wie die Königin gesagt hatte.

---

23. Die verschlossene Truhe.[1])

Ein frommer und reicher Mann hatte drei Söhne. Und
als er sein Ende nahen fühlte, da übergab er ihnen eine verschlossene Truhe und liess sie in Gegenwart der versammelten
Gemeinde geloben, die Truhe nicht zu öffnen, ausser wenn einer
von ihnen in die bitterste Not geraten sollte. Die Truhe sollte
ein Jahr von dem einen, das nächste Jahr wiederum von einem
anderen Bruder verwahrt werden, und während der eine die
Truhe bei sich hatte, sollte der andere den Schlüssel dazu in
seine Obhut nehmen.

Nach dem Tode des Vaters wurde sein Vermögen zu
gleichen Teilen unter die Brüder verteilt, und so gross auch
jeder einzelne Anteil war, der jüngste Bruder[2]) hatte den seinen
bald verprasst. Da wollte er denn die Truhe öffnen lassen.
Doch der älteste Bruder schenkte ihm lieber fünftausend Thaler,
ehe er sich gegen den Willen des Vaters vergangen hätte.
Nicht lange darauf kam der Verschwender wiederum zu seinem

anderen Bruder. Aber auch das Geld, welches dieser ihm schenkte, war bald verbracht. Da verfiel er denn auf eine List. Er liess sich, als der Schlüssel in seiner Hand war, einen Nachschlüssel anfertigen, und sobald er die Truhe wieder in seinem Hause hatte, da nahm er alles Geld, das er darin vorfand, heraus und legte dafür Steine und schwere Gewichte hinein. Doch das Geld brachte ihm keinen Segen. Bald war er wieder an den Bettelstab gelangt, und nun bestand er darauf, dass der Kasten vor der ganzen Gemeinde geöffnet werde.

Doch welches Entsetzen, als man einen solchen Inhalt gewahrte! Einer von ihnen musste den Frevel verübt haben. Sie zogen also zu einem berühmten Richter, der sollte den Schuldigen herausfinden.

Unterwegs begegneten sie einem Manne, der fragte sie, ob sie nicht ein herrenloses Pferd[8]) gesehen hätten. Der älteste Bruder antwortete: „Ist es nicht weiss? Nun, dann ist es in jenen Wald gelaufen.“ Der zweite fragte: „Ist es nicht auf dem einen Auge blind?“ Der dritte aber sprach: „Hat es nicht zwei Flaschen[4]) getragen, die eine mit Oel, die andere mit Wein?“ Diese Angaben stimmten alle, und da der Mann das Pferd nicht finden konnte, ging er zu jenem Richter und sagte, die Brüder müssten das Pferd gestohlen haben.

Der älteste Bruder verteidigte sich, indem er sagte: „Ich habe gewusst, dass das Pferd weiss ist. Denn ich habe in der Hand des Mannes den Zaum bemerkt, und da klebten weisse Haare d'ran.“ Der zweite sprach: „Ich sah da am Wege das Gras immer nur auf der einen Seite weggefressen, gerade da, wo das schlechte Gras stand, das gute auf der anderen Seite war stehen geblieben. So dacht' ich denn, das Pferd müsst' auf einem Aug' blind sein.“ Der dritte Bruder antwortete: „Oel steht still und Wein trocknet ein[5]). Das muss den Gaul auf die eine Seite gezogen haben.“

Da nun der Richter sah, welch schlaue Gesellen er vor sich hatte, griff er zu einer List. Er erzählte ihnen, es sei soeben aus Aegypten ein schwieriger Rechtsfall zur Entscheidung vor ihn gekommen. Zwei reiche Elternpaare hatten ihre beiden Kinder schon in der Wiege einander zu Ehegatten bestimmt. Als aber nach dem Tode der Eltern das Mädchen daran dachte, den Wunsch der Verstorbenen zu erfüllen, fand sie an ihrem Verlobten hartnäckigen Widerstand. Dieser hatte nämlich sein ganzes Erbe vergeudet, war aber doch so ehrenhaft, da er seinen Leichtsinn kannte, das brave Mädchen nicht mit in's Verderben ziehen zu wollen. So nahm sie denn, nachdem sie dreimal ohne Erfolg versucht hatte, diese Bedenken zu zerstreuen, einen anderen zum Manne.

Aber gerade, als das Paar nach der Hochzeit heimgehen wollte, kamen Räuber und entführten beide in ihrem kostbaren Hochzeitsstaate. Nur auf das inständige Bitten der Braut liess sie der Räuberhauptmann mit all' ihrem Schmucke frei Wer von den dreien bewies nun den grössten Edelmut: Der erste Bräutigam, die Braut oder der Räuber?

Der älteste Bruder meinte: Der Bräutigam, der zweite: die Braut, der dritte: der Räuber. „Aber", fügte er hinzu, „zum andern muss er ein grosser Narr gewesen sein, dass er den kostbaren Hochzeitsschmuck nicht eingesteckt hat."

Da hob der Richter an und sprach: „Gelobt sei Gott, der nichts verborgen lässt! Hör', du junger Bösewicht! Nach dem Gold, das du nicht gesehen hast, trägst du Gelüst, um wieviel mehr*) nach dem, das du vor Augen hattest. Danach hat's dich gewiss gelüstet. Deshalb fangt den Dieb! Denn dieser hat das Geld aus dem Kasten genommen."

Der Bösewicht gestand nun seine Schuld und geriet immer tiefer in Not und Elend.

24. Klein Jerusalem.[1]

Als Ezra die Verbannten aus Babylon zurückführte, da schrieb er den Juden zu Worms, welche seit der Zerstörung Jerusalems daselbst in Frieden lebten, sie sollten doch auch nach dem Lande der Väter zurückkehren. Da könnten sie ja wieder die Wallfahrtsfeste gehörig feiern, was bei der grossen Entfernung nicht möglich war. Allein die Wormser Juden fühlten sich in ihrer neuen Heimat so wohl, dass sie übermütig antworteten: „Wohnet ihr in Gross Jerusalem, so wohnen wir in Klein Jerusalem."

Für diesen Uebermut hatten sie durch die späteren Leiden schwer zu büssen.

25. Die beiden Fremden.[1]

Die Wormser Juden werden einst beschuldigt, bei einer Prozession ein Heiligenbild geschändet zu haben. Sofort wurden sie alle für vogelfrei erklärt, und die ganze Gemeinde sollte es mit dem Leben büssen, wenn sich der Schuldige nicht bis zu einem bestimmten Tage stellen würde.

Doch wer hätte sich dazu melden sollen? So kam denn der schreckliche Tag unter Angst und Beben heran, und alles war auf den Tod gefasst. Da fand der Pförtner, als er an jenem Tag des Morgens die Judengasse[2]) öffnete, zwei Fremde davor, welche bekannten, das Verbrechen begangen zu haben. Das sagten sie auch den Wormser Bürgern, als diese den Schuldigen abholten. Und so starben sie unter furchtbaren Qualen, doch die Gemeinde war gerettet.

Zum ewigen Andenken an dieses Geschehnis bestimmte man, dass der beiden Fremden stets an diesem denkwürdigen Tage, dem Schluss des Pesachfestes, bei der Seelenfeier gedacht werde.

26. Die verhexte Gans [1])

In einem Jahre wütete zu Worms eine furchtbare Seuche. Nur die Judengasse blieb verschont. So entstand denn das Märchen, die Juden hätten nachts die Brunnen vergiftet, und die ganze Judenschaft wollte man an einem Tage, dem zehnten Adar, ausrotten. Die zwölf Gemeindevorsteher waren auf diesen Tag nach dem Rathaus bestellt worden, um mit eigenen Ohren ihr Urteil zu hören. Sie hatten sich aber mit Messern bewaffnet, und als mit der Verkündung des Urteils das Zeichen zur Ermordung der Juden gegeben war, fielen die Ratsherren, die Anstifter all' der Greuel, von ihrer Hand.

Inzwischen hatte der Volkshaufe die Judengasse erstürmt, und ein furchtbares Blutbad räumte unter den Unschuldigen auf. Einige mitleidige Bürger wollten die Verfolgten in ihrem Hause bergen. Doch die Mörder hatten eine Gans[2]) verhext, die flog auf jedes Haus, in dem ein Jude weilte.

Um jene Zeit hielt sich in Worms ein fremder Jude auf, der mit dem Ortspfarrer sehr befreundet war und gut Latein verstand. Auch das Evangelium kannte er gründlich. Dieser bat nun seinen Freund, er möge ihn einmal an seiner Stelle in der Kirche predigen lassen. Der Pfarrer ging darauf ein; denn er war den Juden gar wohl gesinnt. Auch der Bischof von Worms hatte anfangs den Juden seinen Schutz versprochen. „So wahr", hatte er geschworen, indem er dabei mit einem Stöckchen auf eine eiserne Kette schlug, „so wahr dies Holz die Kette nicht zerschlagen kann, so wahr soll euch nicht das geringste Leid geschehen." Doch seltsamer Weise zerbrach die Kette wirklich. Nun sah der Bischof in dem Blutbad ein Verhängnis, das er nicht hemmen dürfe.

Jener Jude predigte also in der Kirche und schalt seine Zuhörer, dass sie unmenschlich gegen das Gebot frevelten: „Du sollst nicht töten", und dass sie einer dummen Gans glaubten.

„Schliesslich," so rief er, „setzt sie sich noch auf das Dach der Kirche, und da werdet ihr auch Juden darin suchen wollen?!"

Kaum hatte er dies ausgesprochen, so stürzten in der That Leute mit der Meldung herein, die Gans sässe auf dem Kirchdach. Da sahen denn die Bürger ihr schweres Unrecht ein und liessen die überlebenden Juden unbehelligt.

Zum Andenken bestimmten diese den zehnten Adar zum Fasttag.

—

27. Papst und Jude.[1]

Zu Mainz lebte einst ein frommer Mann, namens Meister Simon der Grosse[2]. Der hatte in seinem Hause drei grosse Spiegel[3] hängen, in denen konnte er alles sehen, was geschehen ist und was geschehen soll. Auch sah man auf seinem Grabe[4] zu seinen Häupten einen Quellbrunnen hervorsprudeln.

Diesem Meister Simon wurde einst von einer Dienstmagd[5] sein Söhnchen Elchonon entführt und getauft. Elchonon wurde Geistlicher und stieg höher und immer höher, bis er schliesslich gar Papst[6] wurde. Als solcher zeigte er sich den Juden günstig, wie keiner seiner Vorgänger. Er zog auch welche von ihnen an seinen Hof, besonders gern aber spielte er mit Juden Schach[7].

Eines Tages, da ihn wieder die Sehnsucht nach seinem alten Vater quälte, erliess Elchonon an dem Bischof von Mainz den Befehl, die dortigen Juden zu vertreiben. Die Juden sandten deshalb, so hatte es ja Elchonon richtig vorausgesehen, an den Papst eine Abordnung, zu der auch der alte Meister Simon gehörte. Der Papst nahm die Gesandtschaft sehr freundlich auf und lud Meister Simon zu einer Partie Schach ein Wie erstaunte der aber, als der Papst da vor ihm einen seltenen Zug that den er seinem Elchonon einst gezeigt hatte! Und nun liess dieser seine Kardinäle und sonstige Anwesende hinausgehen und gab sich seinem Vater zu erkennen[8].

Die Juden kehrten natürlich mit den besten Geleitsbriefen nach Mainz zurück, und der Befehl des Bischofs wurde aufgehoben.

Später besuchte Elchonon seine alten Eltern.

___

28. Die Wunderlampe.[1]

Zu Paris lebte einst ein frommer und weiser Mann, Meister Jechiel geheissen. Der besass die Kunst, vor Eintritt des Sabbats ein Licht anzuzünden, welches die ganze Woche hindurch brannte, ohne dass man Oel hinzuzugiessen brauchte. Der König hörte davon und befragte den Weisen darüber. Doch dieser verleugnete aus Bescheidenheit seine Wunderkraft.

Nun machten sich junge übermütige Edelleute[2]), wenn sie nachts von einem Gelage an der Thür des Meisters vorüberkamen, den Spass, an seine Thür zu klopfen. Da schützte sich der Weise, der dadurch in seinem Studium gestört wurde, gegen solchen Unfug durch eine sinnreiche Vorkehrung. Er steckte dicht an der Thür einen Nagel in die Erde, und sowie er mit einem Hammer darauf schlug, senkte sich gleichzeitig draussen vor der Thür das Erdreich.

Der König hatte nun mit Jechiels Antwort nicht zufrieden, ihn nachts beim Studium zu überraschen beschlossen, um sich mit einen Augen von dem Wunder zu überzeugen. Es klopfte denn auch einmal in später Stunde an die verhängnisvolle Thür. Als nun Jechiel, der draussen einen jener Störenfriede vermutete, auf den Hammer schlug, sank der König sogleich bis an die Hüften in die Erde. Aber nun sprang mit einem Male, als der Meister wieder zuschlug, der Nagel heraus, und gleichzeitig wurde auch der König wieder emporgehoben. Jechiel ahnte nichts Gutes, und wie erschrak er erst, als er den König vor sich stehen sah! Doch dieser verzieh ihm, wenn er nun das Wunder sehen dürfe.

Da zeigte ihm denn der Meister sein Licht. Es brauchte freilich kein Oel; denn es war aus Marmel[3]), das leuchtet wie Oel. Der König bewunderte seine Weisheit und machte ihn zu seinem obersten Ratgeber.

Das erweckte den Neid des ganzen Hofes, und man verleumdete unseren Jechiel, dass er den König für unrein halte und niemals[4]) Wein aus einem Glase trinken werde, welches der König auch nur berührt habe. Dieser stellte einst bei Tisch den Meister darüber zur Rede, und Jechiel blieb ihm die Antwort nicht schuldig. Sobald die Tafel aufgehoben war und der König sich, wie üblich, die Hände gewaschen hatte, da nahm Jechiel das Waschbecken aus seiner Hand und trank vor aller Augen das Wasser aus[5]). Als der König nun sah, wie nichtig jene Verleumdung war, da ja Jechiel selbst sein Waschwasser nicht für unrein hielt, war er ihm noch mehr zugethan, als zuvor.

Der Wind.*)

*) Aus einer unserer Handschriften, in welcher auf 338 Quartseiten von verschiedener Hand 85 galizianische Volkslieder aufgezeichnet sind. Die Orthographie ist nicht immer zuverlässig.

Aussprache hier und im Folgenden à = o, c = z, é u. ê ungef. = tsch, s = s in: der Ast, š u. š etwa = sch, z = s in: sehen, χ = ch in: lachen.

,Zug' mir, eʐ'bet deʐ, di wind,
Di šwejbst doʐ of der gancer welt,
Wejst niśt, wi der el'nder ziʐ gefint
Ci rih'n in gecelt?
Wi reciʐes hot of gehert,
Wi men hot kejn mul nit geklagt,
Wi kejn oig hot nit getrert¹)
In wi der gereʐter wert nit geplagt?'
    Der wind blâbt štil štejn
    Zifet in enfert: ,nejn, nejn, nejn.'

,Zug, di tifer grojser mer,
Di štrojmst doʐ azoj wât,
Fin dejne inzl'n ahin in aher,
Wejst niśt ergie wi a zât,
Wi der frimer gefint a trost
Ci rih'n in ziʐer štat?
Wejst niśt, wi di štat hejst?
Zug mir dus gite wort!'
    Der jam šturm't in brimt: ,nejn,
    Eʐ hob azoj ort nit gezejn.'

,Di šejne lewene mit dejn praʐt,
Di kikst doʐ iberal,
Wen es iz štil in der naʐt,
Zi iz ferdekt mit der šwarcer šal,
Di gejst deʐ giʐ ous die gance welt
Tumid bâ der naʐt,
Wejst niśt ergie a gecelt,
Wi dem eleden iz niśt šleʐt?'
    Ze tit ziʐ balt in ejn wolken fergejn,
    Zifet in enfert: ,nejn, nejn, nein.'

,Zug mir, mejn' zejle fort [?],
Lib', hofning in glojb'n
Wi di zenen git of jeden ort?
Wi gefint men a ziʐer lejben,
Wi kejn šleʐts iz du derbei,
Me lejbt in frajd'n,
Wi fin zind in fin zorg iz men fraj
Fin cures in fin lajd'n?'
    Zej gib'n ale ejn antwort:
    Rihig lejbt men in himel dort.'

Uebersetzung:

„Sag mir, ich bitt' dich, lieber Wind,
Du fliegst doch durch die ganze Welt,
Weisst nicht, wo nur glückliche Menschen sind,
Wo das Unglück feiert in friedlichem Zelt?
Wo keinem Morde die Sonne schein',
Wo keine Klage noch ward gehört,
Wo nie ein Auge hat geweint
Und wo den Gerechten nach Verdienst man ehrt?"
    Der Wind besinnt sich nur ein Weilchen klein,
    Seufzt und spricht traurig: „Nein, Nein, Nein."

„Sag, du tiefes, grosses Meer,
Du strömst doch so fern, du strömst doch so weit,
Vorbei viele Lande hin und her,
Kennst keinen Ort du, wo Menschlichkeit
Und Mitleid schaffen darf in Frieden
Dem Elend einen Zufluchtsort?
Giebt's nirgends solchen Ort hienieden?
O sprich es aus, das teure Wort!"
    Das Meer braust klagend die Antwort: „Nein,
    Der Ort wird wohl nirgends zu finden sein."

„Sag du mir's, milder Mondenschein,
Du leuchtest doch auch in finstrer Nacht
In's ärmste Kämmerlein hinein,
Wenn alles schläft, dein Auge wacht,
Umwandelst still die ganze Welt.
Den Menschen ein Tröster von Gott gesandt, —
Ist nirgends ein Ort, den dein Licht erhellt,
Wo das Unglück noch keine Stätte fand?"
    Der Mond hüllt sein Antlitz in Wolken ein,
    Seufzt und spricht traurig: „Nein, nein, nein."

„Sag mir's denn meine Seele an,
Wo Liebe, Glaube und Hoffnung wohl
Bewährt sich haben bei jedermann?
Wo man lernen kann, wie man leben soll,
Kein Arg und kein' Falschheit ist dabei,
Wo man lebt in Freuden,
Von Sünden und Sorgen sich hält frei,
Von Kummer und von Leiden?"
    Die Antwort geben sie alle gleich:
    „Friede ist nur oben im Himmelreich."

Deutsch - Hallel.[)]

Houdou ladounoj ki touw
Ihre[)] Freunde horcht nur ein wenig auf!
Männer lebt mit eure Weiber ganz treu,
Redet mit ihnen aufrichtig und frei,
Redet mit ihnen *benazath wedou begoul rom[)]*,
So wird euch Gott *borukh hu[)]* erhören *bammoroum[)]*.
Folgt mir nur und macht es aso!
Ki leoulom zasdou.

Joumar no Jisroel
Ani hu ha-šouet[6])
Weiber, das verlange ich von euch[7]):
Lasst euch nur begnügen, so seid ihr reich,
Liebet eure Männer von ganzem Herzen,
So wird euch Gott behüten vor allen Schmerzen.
Bleibt bei ihnen allein und denket immer aso!
Ki leoulom zasdou.

Joumar no beth 'Aharoun
Kappoh porno le'oni wejodeho šilleza lo'ewjoun[1])
Männer, verwehret eure Weiber nichts von eurem Vermögen,
Wann sie *cedoqo[2])* geben! Davon kommt euer Vermögen.
Ihr[3]) Männer, thut mir nur zu hören:
Der Mann ist schuldig, seine Frau zu beehren.
Folgt mir nur, macht es aso!
Ki leoulom zasdou

Joumru no jir'e Ad
Seloumo ha-melekh ['olow ha-šoloum][4]) sagte: *'eqew 'anowo jir'ath Ad.*
Ihr Weiber, das ist deutsch: „Folge der Bescheidenheit ist Gottesfourcht "
Gebt eure Männer nach, habt ihr ausgesorgt.
Jede Frau muss ihrem Manne Respekt bedenken.
Nach dem Manne seine Gedanken muss sie sich lenken.
Bleibt immer bei ihnen und denket immer aso!
Ki leoulom zasdou.

Männer, betet *boken ono[1])* mit eurem Mund,
Dass Gott lasst eure Weiber bei euch gesund!
Nojjim wešoloum[2]) ist das Beste auf der Welt.
Lebt einig und vergnügt! Ist besser, als viel Geld.
Die Frau ist dem Mann von Gott gegeben,
Zärtlich sollen sie beisammen leben.
Dann wird *mequjjam: 'esthekho kegefen pourijo[3])*
Ono Ad housi'o no!

Ja, Weiber, nehmt[4]) euch wohl in acht,
Dass ihr zax wešoloum[5]) nicht kommt in kein Verdacht!
Habt ihr auf meine Worte wohl gehorcht?
Auf *niddo, zallo, hadloqo [5])* seid wohl besorgt!
Wann ihr mir folgt, werdet[7]) ihr haben bei Gott zen[8]),
Dass ihr *le'ourekh jomim* mit eure Männer könnt gehn.
Dann wird *mequjjam: 'ešeth zajil mi jimco[11])*
Ono Ad. haclizo no

'Eli aththo we'oudekko
Ihre Männer, horcht mir noch ein wenig zu!
Nach euer Weiber Verlangen sollt ihr nachfolgen!
Sie müssen ja für die[1]) ganze Haushaltung sorgen
Betrachtet nur ihre *ca'ar ledo[2])*!
Wie mancher Mann geht gern dafür *peleto[3])*!
Folgt mir nur und macht es immer aso!
Ki leoulom zasdou.

Ihr Weiber, horcht auf meinem Wort!
Denket nur immer auf Gottes Accord⁴)!
Hu jimšol bokh⁵) hat Gott in der *thouro* angestellt.
Jede brave Frau bleibt in ihrem Gezelt.
Denn durch den viele Laufen⁶⁾
Thut eine Frau ihren *šem tonur⁷)* verkaufen.
Folgt mir und führt eure Haushaltung *bekúšrúth⁸),*
Melekh mehullol baththišbozouth

Aus der Russisch¹⁾-Jüdischen Kinderstube.

Abzählverse, Schmählieder, Humoristisches, Ammen- und Wiegenlieder.

Gesammelt von

Leo Wiener,

Harvard University.

1.

Ejns ewej draj fir,
Ba dem *mejlaχ²)* unter tir
Stejen a por toibn;³)
Nejen zej hojbm⁴),

In mark lejfn zej⁵),
Papir kejfn zej,
Unter kuekes⁶) šrajbm zej,
Dem *χoloses⁷)* blajbm zej.

(Gouv. Černigow.)

2.

Enke drenke drile dru,
Ceter faber fiber fu,
Am dam rejter stam,
Wi du wi du on a kam,
Ej tej drej.

Lokšn⁸) af an ej,
Lokšn iz biter
Un euker iz sis, —
Koχ mir ous a bisl fis⁹).

(Wilno.)

3.

Ejndl bejndl benaši
Jičzok jajnkef tujraši¹⁰),
Age bage šiftaχu¹¹),
Lumbuderaχ luglaχo,
Šoim boim proc arujs¹²).

(Baχmut, Gouv. Ekaterinoslaw.)

4.

A.

1) Ejndl bejndl,
2) Cuker štejndl,
3) Haker baker,

4) Šejfer[8] pošek[11],
5) Unk bunk štunk.

(Šat, Gouv. Kowno.)

B.

Wie A, nur 4)   Tajwelšer kaker.

(Wilno.)

5.

Engele bengele derez[15] a nůgl',
Wejr šet wejnen, däjm wel iz šl'ůgn[16].
Oše koše šlisele[17],
Panie bracie[18) krozmal'aj,
Om goni gergelezom,
Šift zaz a mäserl ibern jǎm[19],
Gl'áz cim klnig in ojf arǎn[20],
Šikt a mejlez bejgl'[21) kojfn.
Kimt a knäjt akejgn gilojfn,
Xazak zazak[22) a file šisl pasternak[23).

(Zwanec, Gouv. Kamenec-Podolsk.)

6.

Engele bengele   Rozewane
Samestrengele   Iben totn
Wejsti wües?   Powadrltn
Däjm dües,   Kl'oc.
Oze pane

(Zwanec, Gouv. Kamenec-Podolsk.)

7.

Wejorazum jezaperowejn[24)
Ape drupe Josel stupe
Hende kamende šos arojs.

(Wolkowisk, Gouv. Grodno.)

8.

Siedzi zając na kupiecku[25),   Torbe orbe wise smoke
Mowi, pani, po niemiecku[26),   Ejne mejne kasmandrus
Ejne mejne linke poke   Ikus spikus[26a) spak.

(Wolkowisk, Gouv. Grodno.)

9.

A.

1) Ejns cwej draj,
2) Der zejger[27) gejt farbaj,

3) Okn bokn bejde glokn,
4) Širl pirl bedukes won arojs.

(Krasnojarsk, Sibirien.)

B.

1 B = 1 A   2 B = Luder luder laj. 3 B   3 A.   4 B   Šerl perl biks arujs.

C.

1 C = 1 A.   2 C = Oder lider laj. 3 C = 8 A. 4 C   Cirl perl fuks.

(Gouv. Černigow.)

D.

1 D = 1 A.   2 D   2 A . . iz, 3 D = Okeboke bendžištoke. 4 D   Haleluju.

(Wilno.)

E.

1 E   1 A.   2) Odelidelaj. 3) Okum bokum pendžiglokum. 4 E   Da.

(Bobrujsk, Gouv. Minsk.)

10.

Elem belem Jost[28]),
Host a kále, ejst zi Soše,
Gejt zi a bisele wajter,
Bagejgnt zi a kl mit a hajter:
Di kí wil zi šl'ůgn,
Gejt zi cum půrie kl'ůgn;

Der půrie iz ništu in drejm[29]),
Nor dus intele alejn:
Dus intele wil zi båsn,
Gejt zi cim šenker šåsn,
Šajs blr, šajs wån:
A ríγ in kůls taten arår.[30])!

(Zwanec, Gouv. Kamenec-Podolsk.)

11.

Jajnkele, Jajnkele majner,
Šwarcer cigajner!
Wu biste gelegn?

Unter a wíčke,
Wos hoste gezejgn?
A χazerie[31]) cičke.

(Šat, Gouv. Kowno.)

12.

Jajnkele majner,
Šwarcer cigajner,
Wi bisti giwejn?
Af jener wel't.

Wus hosti gizejn?
A bajtl' mit gelt.
Farwus ost ništ ginimen?
Men git[32]) iber di hent.

(Odessa.)

13.

A.
1) Alter kalter mencele,
2) Gib di bobele[33]) a tencele!

8) Unteršlak ejberšlak,
4) Git di bobe a pac[34]) in bak.

(Merec, Gouv. Grodno.)

B.

1 B — 1 A . . kugele 2, 3 B = 3, 4 A. (Wilno.)

14.

Alter špalter[35]) majzendrek,
Nem a špendele un šar awek!

(Bélostok, Gouv. Grodno.)

15.

Bejle, Bejle[36]), grejt cum tiš[37])!
Wos eln mir csn? Xale[38]) mit fiš!
Wos eln mir trinkn? Med mit wajn!
Friš un gezunt weln mir zajn.

(Wilno.)

16.

Cirke, Cirke, afm brikl,
Wu biste gezesn?
Kez mit brojt, kez mit brojt
Hob iχ doχ gegesn!

(Wilno.)

17.

Cirl, Cirl, Cirl,
Åfn ouf dus tirl,
In loz aràn dus oficirl!

(Zwanec, Gouv. Kamenec-Podolsk.)

18.

Icke Picke nodeltesel[39]),
Gej in gas un ganwe[40]) a flesel,
Gej in šul un ganwe a sider[41]),
Gej in gas un fal anider!

(Bobrujsk, Gouv. Minsk.)

19.

A.
1) Icke Picke nolf reser
2) Gej in krom un ganwe a meser,

3) Šteχ in bouχ
4) Un zup χazerše jouχ!

(Gouv. Minsk.)

B.

1 B — Pišer bom, 2 B   2 A . . . . kejf . . 3, 4 B — 3, 4 A.

(Šat, Gouv. Kowno.)

20.

Piser bok!
Maχ a zok,
Gej in mark,

Kejf a meser,
Lejg in hintn,
Pis zaχ beser!
(Gouv. Černigow.)

21.

Blinder čort[42]), albe kwort,
Untern *cejlim* iz dajn ort!
(Merec, Gouv. Wilno.)

22.

A.
1) Iχ wel bänčn mit draj mänčn:
2) Ejner sol diχ troχn,

3) Der anderer bagrobm,
4) Der driter zol diχ faršitn!
(Baχmut, Gouv. Ekaterinoslaw.)

B.
1) Iχ wel diχ benčn mit fir menčn:
2—4 B = 2—4 A. 5) Un der ferter zol noχ dir *kadeš*[43]) zugn!
(Ostrog, Gouv. Wolyn'.)

23.

Or koc puriškoc,
Puriškoce make,

Neχaj mene worohe
Poceluje w srake!
(Zwanec, Gouv. Kamenec-Podolsk.)

24.

Oj waj[44])!
Gimer tâj!
Tâj iz biter, —
Gimer ciker!
Ciker iz zis, —
Gimer fis!

Fis iz fât, —
Lajχ meχ in bât!
In bât iz kalt, —
Kriχ in wald!
In wald iz lajdiχ, —
Kis meχ in prajdik!
(Rzeszkow, Galicien.)

25.

Ejle tolden Nojaχ[45]):
Fyn br'onfn ot men *kojaχ*[46]),
Wân iz der *iker*[47]),
Fyn br'onfn wet men *šiker*[48]).
Or[49]) iz a futer,
Kejder[50]) iz a tuter[51]),
A tuter iz *kejder*[52]),

Bigudim iz klejder,
Klejder iz *bigudim*,
Xyt iz a fudim,
. . . .
Majim iz waser,
Waser iz *majim*, —
Lomir trinkn *leχajim*!
(Xotin, Gouv. Bessarabia.)

26.

Uw i fûter[53]),
Talme[54]) i Tûter,
Tûter i *talme*,
Heršl-*Zalmen*[55]),
Zalmen-Hirš,
Bujim-kirš,
Kirš-bujim,
Sliχes[56])-lujim,
Lujim-*sliχes*,
Gelt-*gewires*[57]),

Gewires-gelt,
Ujlem[58])-welt,
Welt-*ujlem*,
Mordχe gujlem[59]), —
De brumfn iz tajer,
De mûs iz klejn,
Aχ nit trinkn
Iz aχ nit šejn:
Byn iχ gegangn inter der tir,
Hob iχ getrinkn on a šír[60]).
(Lublin.)

27.

(Vers 1—9: Mitt. 55 B 1—9.)
10) Rejdn i nit štum,
11) Štum i nit rejdn,
12) Jungen i nit kajn mejdn,
13) Mejdn i nit kajn jungen,

A.
1) A zun mit a regn:
2) Di kale i gelegn⁶¹),
3) Der zun⁶²) i gekumen.
4) Wihin iz zi geswumen?
5) Unter di beroškes⁶³).

1 B — 1 A . . un . . 2 B   2 A.
        5 B — A ingele. 6 B
7) Awu iz er gelegn?
8) In šejsele.
9) Awu ot men im bagrobm?

1,2 C — 1,2 A. 3 C   6 A   4 C
                        6 C
7) Wu hot men es gewigt?
8) In a wigele.

A.
1) Kukureku hundele⁶⁷),
2) Di mame nejt a stundele⁶⁸).
3) Hole hakn,
4) Bilkes⁶⁹) bakn,
5) Morgn et zajn a zusene⁷⁰)
        (Ostrog, Gouv. Wolyn'.)

C.
1) Kukureku hon,
2) Di bobe wet nejen a najem ston.
3) 3, 4 C   3, 4 A.
4 Kiskes kozn.
5 Wer wet esn?
6) Šwiger un šwer,
7) Jankl' der blinder
8) Mit ale draj kinder.
        (Šat, Gouv. Kowno.)

Bube bube lajzele,
Tate bout a hajzele
S kind wet dort wöjnen,
Štrikn goldne kröjnen,

28.

(Vers 14—21: Mitt. 55 B 10—17.)
22) Rukn i nit kajn lent,
23) Lent i nit kajn rukn, —
(Vers 24: Mitt. 55 B 20).
        (Bélostok, Gouv. Grodno.)

6) Wos hot zi gehat?
7) A jingele mit woškes⁶⁴).
8) Wi hot men dos gerufn?
9) Mejsinke.
10) Šnel hot men dos bagroben
11) In a stejšinke⁶⁵).
        (Gouv. Černigow.)

B.
3 B — Cwišn di wegn. 4 B = 6 A.
8 A . . . im . 7 B   Mejšele.
10) Jn gribele.
11) Mit wos ot men im bašit?
12) Mit fefer, mit zalc, mit cibele.
        (Bélostok, Gouv. Grodno.)

C.
5 B. 5 C   Wi azoj hot es gehejsn?
7 B.
9 C   9 B . . . es . 10 C — 10 B
(Abramowič, Dos Winsfingerl⁶⁶).

29.

B.
1 B — 1 A . hendele, 2 B   2 A
. . . . stendele 3, 4 B   3, 4 A.
Kiskes⁷¹) kozn in der wozn,
Um šaben a top cubrozn.
        (Bélostok, Gouv. Grodno.)

D.
1 D   1 B Kakirejku. 2 D   2 B
. . et nejen . . 3 4 D — 3, 4 A.
5) Intern ejfn pišn, kakn.
        (Wolkowisk, Gouv. Grodno.)

30.

Kröjnen wet er štrikn
Epl wet im kwikn
Kwikn wet im epl,
Gane zol zajn dos kepl!
        (Gouv. Suwalk.)

A.
1) Afn hezn barg⁷²)
2) In afn grinem grûcz
3) Štejen a púr dàjtsn
4) Mit de lange bàjtsn.
5) Heze manen zanen zej,
6) Kirce klejder gejen zej.

7) *Urini mejlaʐ⁷³)!*
8) S harc iz mir frejlaʐ,
9) Frejlaʐ weln mer zájn,
10) Trinkn welmer wajn,
11) Wajn welmer trinkn,
12) Kreplaʐ⁷⁴) welmer âsn, —
In *ašemizburaʐ⁷⁵)*welmer ništ fargàsn.
(Rowno, Gouv. Zitomir.)

B.
1—6 B   1—6 A.   Darauf folgt: Gelt in di tašn, met in flašn.
(Bêlostok, Gouv. Grodno.)

C.
1) Untern brik, afn brik
2) Štejen a por tajtsn
3—5 C   4—6 A.   Darauf folgt:
6) Hundert toler farmogn zej:

7) Toler in di tašn,
8) Bir in di flašn,
9) Kinder in die wign —
10) Šrajen azôj wi di cign.
(Kalwarija, Gouv. Suwalk.)

32.

A.
1) Cigele migele kočinke⁷⁶),
2) Rejte pamerancen,
3) Az der tate šlokt der mamen,
4) Gejen di kinder tancen.
(Bobrujsk, Gouv. Minsk.)

B.
1 B   1 A . . kotenas. 2—4 B
2—4 A.
(Lemberg, Zitomir.)

C.
1 C = 1 A . . waks in krigele.
2—4 C = 2—4 A.
(Bêlostok, Gouv. Grodno.)

D.
1 D = 1 A . . farc in krigele.
2—4 D = 2—4 A.
(Odessa.)

E.
1 E   1 A . . kotenaj. 2 D = 2 A.
pomerie 3 D   3 A.   4 D — Râsn
di kinderlaʐ *krie.-*
(Zwanec, Gouv. Kamenec-Podolsk.)

F.
1, 2 F   1, 2 A.
3 Az di kepele *šikert zaʐ* on,
4) Gejen di fiselaʐ tancen.
(Smolewic, Gouv. Minsk.)

G.
1 G   1 A . . kočinke. 2 G =
Xaijm Buruʐ Sprinces. 3 G = 3 A
Wen . . . . .
(Gouv. Minsk.)

H.
1 H   1 G. 2 H   *Xaje bobe*
Sprince. 3 H = 3 G. 4 H = 4 G
. . . blinen.
(Kowno.)

I.
1 I   1 A . . kotena. 2 I — 2 A. 3 I = 3 A . . . maʐt *yusene* a kind.
4 I = 4 A.

33.

Gigele migele kožinate⁷⁷),
Kumt der tate, lejgt a late⁷⁸),

Di mame rajst op,
Kumt der tate un šmajst op⁷⁹).
(Gouv. Černigow.)

34.

A.

1) Libinke[80]) mit Altinken[81])
2) Hobm ziχ genumen,
3) *Tisebof* di χasene,
4) Kejner ništ gekumen
5) Mer nit wi der feter E'le,
6) Mit di lange del'e,
7) Hop, hop, ferdale,
8) Šokelt ziχ di berdale[82]).

(Šat. Gouv. Kowno.)

B.

1) Jingelaχ un mejdelaχ.
2—5 B = 2—5 A. 6 B = 6 A
. . brejte.
7) Mitn šiwn ferdel
8) Mit der langer berdel.

(Wolkowisk, Gouv. Grodno.)

35.

Ante barebante bejšagige bejšagoge!
In *genem*[82]) zolste ruen!
Aχwej cu dajn lung,
Aχwej cu dajn cung! ·
Najkel der χazer hot ziχ gecikelt
Ale montik un donerštik.
Host mir nit cugehert?
Nem a kl'ung[84]) fun a hubl'
Un a skrip[85]) fun a tir!
Host miχ ejχ nit cugehert?
Nem fun a bok di ejer
Un koχ dos ajn in draj kwort šmant[86]),
Wet dir cunemen di gezunt wi mit
a hant!

(Šat, Gouv. Kowno.)

36.

Urem jürem der elster worem!
S zol dir onhejbm lakstrn[87])
Fun hintn un fun fora!
Dem *malaχdojme*[88]) in Šmil parχ[89]),
In *Jejt*[90]) parχ, in di inge wajnerin
In di alte cigajnerin.
Me zol dir maχn a kane
Fin ägdeš, fin wägdeš[91]),
In fin salitre[91]), in fin šindel nejgl[92])!
In az di kane wät dir nit helfn,
Zol dir arojsgejn di *nešome*[93]),
Azej wi *rejaχ ašamures*[94]!
Najn mol najn,
Kiš in *toχes* araju!

(Ostrog, Gouv. Wolyn'.)

37.

Tate, klog cu dšir, klog cu mir!
Di kelbele geštorbm.
Der ingele *gepegjert*[95]),
Di genzele farworfn[96]) mitn kepele.

(Wolkowisk, Gouv. Grnodno.)

38.

Oj, a *cüre*[97]) mit a klüg!
Draj *nefašes*[98]) in ajn tüg:
Oj, der täte, oj, di mäme,
In di hindele di rabe[99])!

(Odessa.)

39.

A.

Bin iχ mir a χosidl[100]) hejs iχ Mejer!
A trink branfn lib iχ zejer:
Klejne rjumkeskaj[101]) un špaj!
Un ejb grejsepodawaj[102])!

(Littauen.)

B.

Wilst a χosn? Aj, aj, aj!
A klejnem-kaj un špaj!
A grejsempodawaj!

(Belostok, Gouv. Grodno.)

40.

A.

Alef-Awremel[103])
Bejs-Berl
Giml-*Geganwet*
Hej-heklaχ[104]).
Wow-Wosere?
Zain-Zilberne.

Χes-Χapt im!
Tes-Tapt im!
Jud-Jokt im!
Šin-Šmajst im
Tow-In *toχes* arajn!

(Gouv. Černigow.)

B.

Wie A, nur folgen nach 3) Daled-Baj Dowidn; nach 9) Lamed-Lejgt im;
nach 10) Kuf-Mit kančukes[105]).

(Šat, Gouv. Kowno.)

— 47 —

41[105]).

Git morgn, brider Mojše!
Git morgn!
Wi bisti giwejn?
In Brod[107]).
Wus osti giandelt?
Cigncop[108]).

Wi tajer?
Zeks drajer.
Wi der *mejkaχ*[109])?
Štiklaχ lejkaχ[110]).
Wi der sač?
Ot i der pač!

(Odessa.)

42.

Wer wil kejfn a barančik[111])?
Wi tajer? — A drajer.
A šač? — A pač.

Wi šip? — A knip.
A *mekaχ?* — A lekaχ!

(Wilno.)

43[112]).

A.
1) Pače pače kiχelaχ,
2) Der tate et köjfn šiχelaχ,
3) Di mame et nejen zekelaχ —
4) A gezunt in dajne bekelaχ!

5) Der tate et forn afn *bris*,
6) Et er dir brengn epelaχ un nis,
7) Azöj wi cuker zis.

(Kalwarija, Gouv. Suwalk.)

B.
1 B 1 A Pač pač . 2 B — 2 A. 8 B — 3 A . . . štrikn. 4 B —
Wet zajn gezunt di bekelaχ.

(Kalwarija, Gouv. Suwalk.)

C.
1) 2 C 1, 2 A. 3 C = 3 A . . . maχn.
4) Die bobe et gebm a drajer

5) Af šiχelaχ cu štajer:
6) Wi genejt, azej ongeton,
7) Azej der babe a kak geton.

(Belostok, Gouv. Grodno.)

D.
1—3 D 1—3 A. 4) Der zejde et šlogn čwekelaχ. 5) Di bobe et kušn
di bekelaχ.

(Wolkowisk, Gouv. Grodno.)

44.

Pač pač latkelaχ,
Mit di šejne mamkelaχ,

Mit di rejte bekelaχ,
Rejte bakn, firt miχ kakn!

(Gouv. Černigow.)

45.

A.
Got, Got, gib a regn
Fun di klejne kinders wegn!

Az du west nit gebm,
Fun wanen weln mir lebm?

(Wilno.)

B.
1 B = 1 A. 2 B ? 2 A Fun ale . . . 3 B = Un gib unz brejt cu lebm.

(Mereč, Gouv. Wilno.

C.
1, 2 C 1, 2 A. 3) Unz brejt, di *gojim* a tejt.

(Wolkowisk, Gouv. Grodno.)

46.

A *regele* gejt,
A *χupele*[113]) štejt,
Ale kinder fastn,
Simen ligt in kastn.

(Wolkowisk, Gouv. Grodno.)

47.

Jajmed, jajmed[114])!
Es zol zajn *memale*[115]):
A tencele zol gejn —
Di mume mit di *kale!*

(Wilno.)

48.

Iχ el dir dercejln a *majse*[115]):
X kiele a wajse,
A šepsele a rejte, —
Roχele[117]) di šejte[118]).
(Šat, Gouv. Kowno.)

49.

Šmaje mit di ftdale
Jekele mitn bas,
Špilt er mir a ftdale
Afn mitn gas.
(Šat, Gouv. Kowno.)

50[119]).

1) Pi pi pi.
2) Wi i der tate gifûrn?
3) Kajn Kosentln.
4) Wus et er brengn?
5) A fesele blr.

6) Wi et er es fteln?
7) Inter der tir.
8) Wer et dus trinkn?
9) Iχ mit dir.
(Ostrog, Gouv. Wolyn'.)

51.

Ej ej emerl,
Kum cu mir in kemerl,
Iχ el dir epes wajzn:

Siselaχ mit rajzn,
Tepelaχ mit gold,
Iχ o dir old!
(Belostok, Gouv. Grodno.)

52.

Horene borene,
Kiskene korene,
Wejeene stipkes.

Korene bibkes,
Di mame wet koχn,
In der tate wet esn.
(Ostrog, Gouv. Wolyn'.)

53[120]).

A.

1) Inter Jánkeles wigele
2) Štejt a gil'dn eigele:
3) Cigele iz gifûrn handlen
4) Režinkelaχ mit mandlen.
5 Rožinkelaχ mit mandlen

6) Zanen di bäste *sχojre*[121]),
7) Jánkele wet lejrnen *tojre*,
8) *Tojre* wet er lejrnen,
9) Briwelaχ wet er šrâbm,
10) In an ejrleχer id
11) Wet er af *tomid* farblâbm.
(Notin, Gouv. Bessarabia.)

B.

Wie A., nur hat 2) wajs klor anstatt gil'dn.
(Abramowič, Dos Klajn-Menšele.)

C.

1—4 C   1—4 A. Darauf folgt:
Rožinkes mit mandlen iz cukerzis,
Môjžinke et zajn gizunt un friš,
Wi a fišele in waser wi a berele in
                                            wald;
Môjžinke et lôjfn in χejderl[122]) bald:

Lôjfn wet er in χejder[123]),
Lernen wet er kexejder[124])
A por šures, a por *majles*[125]);
Môjžinke wet *paskenen šajles*[126]),
Šajles wet er paskenen,
Drošes wet er *daršenen*[127]).
(Kalwarija, Gouv. Suwalk.)

D.

1—6 D   1—6 B. Darauf folgt:
Du west lernen *tejre*
Tejre, tejre in kepele,
Kaše[128], kaše in tepele,
Puter[129]) mit brejt[130]) šmlrn. —
Der tate mit der mame zoln derlebm
Dir cu der χupe firn.
Fîrt men, fîrt men cu der χupe,

Fîrt men, fîrt men fun der χupe,
Zect men aruf ejbm on,
In gold un in zilber ongeton.
Git men a štikl flejš,
Zogt der χозn, az di flejš iz hejs;
Git men a štikele of[131]),
Zogt er, di of i post[132]),
Darfar et er derlebm

Bell. VII.

Bell. V.

Elnbanddecke (s. Seite 53 n. 70).

Jad (Toraweiser s. Seite 61 f.)

Mit der *kale* šlofn.
Šlof že, šlof in dajnem ru,
Maž že dajne *košere* ejge'až en!
Maž že cu un efn ouf,

1—6 E = 1—6 A; darauf folgen die
ersten 4 Zeilen von D und darauf:
Dem ingl in *žejder* firn,

Bejn beholem uteres bajle[134]),
Špilt mir ojs ajn klejne wajle!
A klejne wajle weln mir špiln,
Dem kind in *žejder* weln mir firn,
Wet er lernen a por *šures*,
Wern mir hern gute *pšures*[135]),
Gute *pšures* mit fil *najles*,
Cu der *župe paskenen šajles*
Set zajn gefeln der gancer welt.
Nošn kale — a fule gelt,
A fule gelt mit *mazl brože*[136]);
Nošn kale a šejne *mišpože*[137]),

Intern kinds käpele
Ligt a gilden äpele:
S äpele iz fil mit kejrn,
In dus kind wet lang giwejrn.

Intern kinds ejgelež
Štejen a pur fejgelež:
Di fejgelež hobin gildene hůr,
In dus kind wet hobin lange jůr.

Šlof že, šlof, majn tajer kind,
Maž že cu di ejgelaž giž un gešwind!
Dajn esn un dajn trinkn štejt šejn
grejt do, —
Maž že cu di ejgelaž af etležene šo[141])!

Šlof že, šlof, majn tajer kind,
Maž že cu di ejgelaž giž un gešwind!
Dajn esn un dajn šlofn iz dož eršt
der grund[144]), —
Maž že cu di ejgelaž un štej mir
uf gezund!

Dir iz dož ict ajn jeder *mekane*[145])!
Weste *mirčem*[146]) zajn a grejser *tane*[147],
West dož dajne eltern bečirn[151]) un bešejnen,
Past dož ništ far dir cu pješčen[152]) zaž un cu wejnen!
(Bélostok, Gouv. Grodno).

(Fortsetzung folgt.)

Kumt der tate un wekt dir ouf.
Zol er mir wekn wi er wil,
Iž el mir eumažn di ejgelaž un
šwajgn štil.
(Bélostok, Gouv. Grodno.)

F.

Tejre eiwelonu Mejše meroše
Der ingl et zogn a *droše*.
(Wolkowisk, Gouv. Grodno.)

54[138]).

Šejne *mišpože* mif šejnem trest, —
Ogeštelt af draj jor kest.
Unterfirer, *šiker* bin iž,
Šiker bin iž, lekax wil iž, —
O dos mejn iž, o dos wil iž!
O, eu majne *eures* štejt di šwiger
afn tir
Un zogt *mazltow*[139]) far ajere šnir:
"*Mazltow*, genumen a man
"An *ewentow*[139]), on klejder un on
nadan[140]):
"Abi majn tožter ot a man."
(Gouv. Černigow.)

55.

Intern kinds nejzele
Štejt a gilden glejzele:
Dus glejzele iz fil mit gitn wajn,
In dus kind wet zajn gezint in fajn.

Intern kinds bäžele
Štejt a gilden täžele[141]):
S täžele ot gildene fiš,
In dus kind wet zajn gezint in friš.
(Gouv. Bessarabia.)

56[142]).

Džades[143]) un bern i do umedum[144]),
Zej gejen *afile* in drousn arum:
Zej obm šejne mejdelaž wejnendik
gefunen,
Obm zej gežapt un arajngeworfn
in brunim.

Džades un bern i do in ale ekn,
Mit di grejse torbes[147]) un mit di
lange štekn:
A jingele, wos wejnt un wil ništ
gut zajn,
Šlogn zej im on un warfn in torbe
arajn.

Verzeichnis neu beigetretener Mitglieder.

Bamberg.
Eckstein B.-Rabb. Dr.

Berlin.
Bergel.
Berliner Doz Dr.
Deutsch-Isr Gemeindeb.
Heiliger.
Lazarus Geh. Reg.-Rath Prof. Dr.
Levin Pred. Dr.
Simon Mart.
Wagner Jac. H.
Wolff D

Bingen.
Grünfeld Rabb. Dr.

Brandenburg
Ackermann Rabb. Dr

Bremen.
Rosenack Rabb. Dr.

Breslau.
Bibliothek d. Jüd.-theol. Seminars.
Bibliothek d. Syn.-Gem.
Leipziger C.
Ollendorf Rechtsanw.

Brüx.
Biach Rabb. Dr.

Bruchsal.
Eschelbacher Rabb. Dr.

Budapest.
Bacher Prof. Dr.

Buckau (Magdeburg).
Lichtwitz Notar.

Cambridge (Mass.)
Wiener Prof. L.

Charlottenburg.
Seckel H.

Cöln
Bodenheimer Rechtsanw.

Czarnikau.
Freund Rabb. Dr.

Darmstadt.
Prechner M.
Selver Rabb. Dr.

Dessau.
Freudenthal L.-Rabb Dr.

Detroit (Mich).
Grossmann Rabb.

Dirschau.
Kroll Kantor.

Dresden.
Wolf Alb.
Wünsche Prof. Lic. D.

Dürkheim.
Salvendi Rabb. Dr.

Elmshorn.
Bachrach Lehrer.

Essen.
Ver. f. jüd. Gesch. u Litt.

Frankfurt a. M
Kaufmann Ign.
Plaut Rabb. Dr.

Friedberg (Hessen.)
Frau Hirsch.
Stahl Rechtsanw.

Gleiwitz.
Hamburger Dr.

Göppingen.
Bodenheimer Lehrer.
Strassburger Rabb.

Gumbinnen.
Scherbel Pred.

Halle a. d S
Germania-Loge (U.O.B.B.)

Hamburg.
Abrahamson J.
Ahron.
Ambor.
Appel.
Frl Baruch.
Bieberfeld.
Bonheim.
Cohn F.
Cohn L.
Cumaceiro B.
Durlacher I.
Durlacher M.
Durlacher S.
Feilchenfeld Dr.
Fink Dr.
Friedheim P.

Hamburg.
Glück.
Goldschmidt L.
Harburger M.
Haurwitz S.
Hecht J.
Heilbutt J.
Hirschfeld J.
Japhet J.
Japhet L.
Krebs H.
Kronheim.
Levy J. H.
Lewy S.
Lion S.
Löwenberg Dr.
Michelson D.
Nathan L.
Nathan N.
Oljenick.
Peine Ph.
Pfifferling L.
Philippsen M.
Pinkus J.
Piza Dr.
Prenzlau A.
Rosemann J.
Sakheim M
Schickler.
Schickler B.
Seckel.
Seligmann Pred. Dr.
Silberberg Ad.
Spanier Dr.
Stein M
Toeplitz Dr.
Verschleisser L.
Frl. Weiss.
Wulf S.

Hannover.
Gronemann L.-Rabb. Dr.
Kaufmann Jul.

Heidelberg.
Sondheimer Rabb. Dr.

Hildesheim.
Lewinsky L.-Rabb. Dr.

Ichenhausen.
Cohn Rabb. Dr.

Jaroslaw.
Blumenfeld Rechtsanw.
Dr.

Karlsbad
Israel. Human.-Verein
(U. O. B. B.)

Kattowitz.
Cohn Rabb. Dr.

Kassel
Prager L.-Rabb. Dr.

Kempen.
Gottheiner M.
Guttmann D.

Königshütte.
Goldschmidt Rabb. Dr.

Kopenhagen.
Simonsen O.-Rabb. Dr.

Koschmin.
Heppner Rabb. Dr.

Landsberg a d. W.
Elsass Rabb. Dr.

Lauenburg i. P
Josephsohn Rabb. Dr

Leipzig.
Porges Rabb. Dr.

Liegnitz.
Peritz Rabb. Dr.

Lissa.
Bäck Rabb. Dr.

London.
Adler Chief Rabbi Dr.
Gaster O.-Rabb. Dr.
Löwy Rabb. Dr.
Mocatta.

Lübeck.
Carlebach Rabb. Dr.

Lüneburg.
Heinemann.

Meiningen.
Fränkel L.-Rabb. Dr.

Metz.
Ver.f. jüd. Gesch. u. Litt.

München.
Beer Rechtsanw.
Merzbacher Dr.
München-Loge (U.O.B.B.)
v. Wilmersdörffer Geh.
Komm.-Rat.

Münster i W.
Weisstein Kgl. Reg.-Baumeister.

New York.
Bien J.
Ellinger Mos.
Kohler Rabb. Dr.

Nicolai.
Glass L.

Oldenburg.
Mannheimer L.-Rabb. Dr.

Paris.
Alliance isr. univ.
Zadoc Kahn, Grandrabb.

Pleschen.
Königsberger Rabb. Dr.

Portland (Oreg.)
Amer. Hebr. News.

Posen.
Kuttner J. H.

Prag.
Bohemia (U. O. B. B.)

Ratibor.
Blumenthal Rabb. Dr.

Schwerin i. Meckl.
Feilchenfeld L.-Rabb. Dr.

Stargard i. Pr.
Rosenthal Rabb. Dr.

Stettin.
Vogelstein Rabb. Dr.

Stockholm.
Klein Prof. Dr.

Stuttgart.
Kroner Kirch.-Rat Dr.

Szegedin.
Chebhra kadischa.
Löw O.-Rabb. Dr.

Tarnowitz.
Löwenthal Rabb. Dr.

Thorn.
Rosenberg Rabb. Dr.

Wandsbeck.
Hirsch S. jun.

Warschau
Bernstein Ign.

Washington.
Washington-Loge
(I. O. B. B.)

Wien.
Güdemann O.-Rabb. Dr.

Wolfenbüttel.
Tachau Prof. Dr.

Würzburg.
Franken-Loge (U.O.B.B.)

Eingänge.

(Museum und Bibliothek sind vorläufig von Herrn G. Tuch, Grosse Allee 7 [in unmittelbarer Nähe des Museums für Kunst und Gewerbe] in Verwahrung genommen Die Gewinnung eines geeigneten Raumes steht in Aussicht.)

I. Für das Museum:

52) u. 53) **2 gedruckte Amulette** für Wöchnerinnen. G. d. Hn. Doz. Dr. A. Berliner, Berlin¹).

54) **Schutzbrief** der gräflich Erbach-Fürstenauschen vormundschaftl. Regierung für Jac. Löw zu Michelstadt. 81. Okt. 1807. G d. Hn. E. Lyon. Hamburg.

55) **Verordnung** Welcher Gestalten das Kopff-Geldt als eine allgemeine Reichs-Steuer gegen den Erb-Feind Christlichen Nahmens von gesambter, so wohl in der Statt Mayntz, als übrigen Stättlein, Flecken, und Dörffern dess Ertz-Stifts, befindlichen Judenschafft zu erheben, ... Actum Mayntz den 12. Jan. 1717. Gedruckt. G. d. Hn. L.-Rabb. Dr. Munk, Marburg.

56) **Sprengbüchse** für das Rosenwasser, womit die orient. Juden bei festlichen Anlässen ihre Gäste besprengen lassen (auch als Besamimbüchse gebraucht). Pagodenform. Silber. 28 cm hoch, 7 cm breit. Aus Ostindien. G. d. Hn. Iwan Gompertz, hier.

57) **Sederschüssel.** Zinn, mit ciselirtem Doppeladler mit Schlangenköpfen, welche sich gegen zwei angreifende Vögel wenden, $h - n - q^2$) im Brustschild und Fruchtornamenten. An der Peripherie ein Becher nebst II M. 13, 6 u. III M. 23,44. G. d. Hn. Emanuel, Hamburg.

(Die Beschreibung einer schönen zinn. Sederschüssel des Ehepaares Henna Jever u. Frinche Varel, 1788, mit Tier- u Sternbildern sowie Blatt- u. Blumenornam. sandte uns Hr. S. Bachrach, Hameln.)

58) **Medaille**[3]). Kupfer. A. Mos. Montefiores Wappen mit der Umschrift Ps. 122, 8. Prat: *Ga'on Jisra'el* Gebr. Nathan, Hamburg R. Sir Mos. Mont. u. Lady Mont. nach ihrer Rückkunft aus Aegypten i. J. 1841. Gewidmet von ihren Glaubensgenossen in Hamburg. (Vgl. AJHE n. 693.) G. d. Hn. J. Hecht, Hamburg.

59) **Bronzene** Nachbildung der von Levy, (Gesch. d. jüd. Münzen, Leipz. 1862) S. 97 beschriebenen **Münze.** A. *Sim'on nesi' Jisra'el.* R. *ḳenath 'achath liḡ'ullath Jisra'el.* Orig. (auch Bronze) Paris. G. d. Hn. Engers, Hamburg.

60) **Concession** zur Ansetzung des **Alexander Moses** als erstes Kind in **Bünde** auf das Schutz Privilegium des[4]) **Hirsch Loeser** und zur Verheirathung der **Sara Heinemann.** Berlin 30. May 1805. (25 Thaler.) G. d. Hn. G. Hildesheim, hier.

61) **Trauschein**[5]) für den Juden **Alexander Moses** zu **Bünde.** Berlin, 24. Juny 1805. Kgl. Preuss. Direct. des Potsdamschen Grossen Militair-Waisenhauses. Von dems.

62) Der Schutzjude **Alex. Moses** zu **Bünde** zahlet für Ansetzung als 1. Kind u. seine Verheirathung mit der Sara Heinemann folgende Jura . . . . . Summa: 124 Rchsth. 20 Gr. 6 Pf. . . . Minden, den 15. July 1805. Von dems.

63) (**Kaufbrief.**) Empire Français. Adm. de l'enr. et des dom. zwischen d. H. Chr. Diet. Meyer u. den Herrn Huissier Joh. Heinr. Schäffer u. Herrn **Alex. Moses** . . . . Bünde, 13. März 1813. Von dems.

64) *Kether kehunna. Seder birkat kohanim 'im pidjon ha-ben* Pergam. 12°. Auf dem Titel die Priesterhände. Besitzer, wahrscheinlich zugleich Schreiber: Mose b. Leser Kohn. 1776. Gesch. d. Hn. S. Kohn, Hamb.

65) **Menora**, d. h. Ps. 67 in Form eines Leuchters (vgl. Mitt. 92, cod Hamb. 318, Donath, Gesch. d. Jud. i. Meckl., Leipz. 1874 S. 78, Berliner, Gesch. I, 55,60) geschrieben und als Lesezeichen benützt[6]). Abweichend von der bekannten Darstellung. G. d. Hn. L. Friedenheim, Hamb.

66) **Mardokhai** (die Züge erinnern an Elchonon Spektor) und **Ester** mit Worten des Buches Esther gezeichnet von Lopatka, Mainz.

67) **Die Geschichte Jonas**, dargest. durch Verse des Buches Jona von M. E. Goldstein 1897. G. d. Hn. Benezra, Hamb.

68) **Beschneidungsmesser.** Klinge lanzettenförmig. Griff: blauer Bergkristall mit Silberbeschlag, $7^1{}_2$ cm lang. G. d. Hn. J. Hecht, hier.

69) Torawimpel. 2,72 m lang, 17¹/₂ cm breit. Auf Leinwand mit Blumen- u. Tierornamenten gestickt (hebr.): Dies hat das Kind Joel b"h"r'r Jehuda' Löb Schalit gespendet (in einem Wappen, von Löwen gehalten). Joel b"h"r'r Jehuda' Löb Schalit, geboren (Bild einer Jungfrau, umschrieben: unter günstigem Stern! Im Sternbild der Jungfrau) Freitag, den 4. Elul 485 (= 1735). Gott (*Ha-schem*) lasse ihn heranwachsen zu *Tora* (Bild eines Tora-„Mäntelchens"), *Chuppo* (Bild einer Trauung) und zu guten Werken! Amen. Sela. — G. d. Hn. S. Goldschmidt, hier.

35a) Jüd. Theaterzettel u. ähnl. Gesch. d. Hn. Ritter, Hamb. u. cand. med. Złočisti, Berl.

Aufnahmen:

68) Jewish wedding ring⁷) with great bezels lifts from the hand in full relief the model of the holy tabernacle of the ark of the covenant (?). Aus dem South Kensington Museum in London, New York Herald, 12. VII. 97. G. d. Hn. Brasch, Hamb.

69) Grenzstein zwischen dem ehemal Wiener Ghetto u. dem Anrainer Carmeliterkloster oder der Wiener Commune vom Jahre 5416 (1656) mit einem Kreuz (!) u. darunter einem

Magen Dawid, dem Insiegel der Juden in der Leopoldstadt (vgl. „Die Neuzeit" 25. II. 98 u. „Neues Wiener Journal" 18. II 98). G. d. Hn. S.Schweinburg Eibenschitz, Wien.

Photographien

aufgenommen von Hn. stud. Löwenherz, Hamb. Orig.: 1. in der Neuen Dammthor Synag. Hamb., 2 u. 3: im Bes. des Hn. Dr. H. B. Levy, Hamburg):

70) (s. Beilage V) Einbanddecke zu einem Gebetbuch gedruckt zu Amsterd. 1730 Silber. Durch die Oesen am oberen Rande wurde eine Kette gezogen, an der man das Buch trug bezw. aufhängte.

71) Kethubba⁸) mit breiter illustrirter Leiste, worin einzelne Bogen aus schön geschriebenen Bibelversen gebildet werden. Im oberen Felde zwei Frauen, denen ein Engel begegnet, im unteren ein Löwe, der einen Baum erklettert. Rom 1771.

72) Kethubba. Mit Blumen verzierte Randleisten. Oben: anscheinend Brautgemach, unten: Figur mit einem Zweig in der einen, einem Vogel in der anderen Hand (Noah?). Rom 1778. Wahrscheinl. von dem Sohne des in 71) genannten Bräutigams.

73) 28 Photogr. aus dem Musée de Cluny, Paris. G. d. Hn. Jos. Ritter, Hamb.

74) Oppenheims Bilder aus d. altjüd. Fam.-Leben, 4 Stück. G. d. Hn. J. A. Israel, Hamb.

75) Ipetche (J. Beer-che, vgl. Mitt. 25 n. 7). G. d. Hn A. B. Laski, Hamburg.

76) Zur Geschichte der Kostüme[a]). 27. Bogen. Juden. G. d. Hn. Abraham, Hamb.

II. Zur Bibliothek:

33) A d l e r C., The Ohio Valley Contin. Exhibition (U. S. Nat. Mus)· Wash. 1888

34) „ Report on the section of oriental antiquities in the U. S. N. M. Wash. 1889—1892.

35) „ Progress of oriental science in America during 1888. Wash. 1890.

36) „ The Shofar. Wash. 1894. (Mit wertvollen Abbildungen)

37) „ Two Persepolitan Casts in the U. S. N Mus. Wash. 1895.

38) „ Museum collections to illustrate religious history and ceremonials. Wash. 1895. Vom Verf.

39) B e r n s t e i n J., Jüdische Sprichwörter. Sep - Abdr. aus Spektors „Hausfreund." Warsch. 1869. Vom Verf.

40) B l o c h , Harhore Tora (s. Mitt. IX), I u. II. G. d. Hn. F Heilbut, Hamburg.

41) C a s s e l P., Aus dem Lande des Sonnenaufgangs. 2. Aufl. Berl. 1886. G. d. Hn. Abraham, Hamb.

42) D i s r a e l i , David Alroy, Leipz. 1862. G. d. Hn. F. Heilbut, Hamb.

43) D o n a t h , Gesch. der Juden in Mecklenburg, Leipz. 1874 Von dems.

44) Ein neie Sas-théchinne. Pietrkow 1890. G. d Hn stud. Michelsohn, Hamburg.

45) H a g g a d a , Amst. 1695. G. d. Hn. Iwan Seligmann, Hamb.

46) H a g g a d a , Frankf. 1726. G. d. Hn. E. Levinsohn, Hamb.

47) K a u f m a n n D., Zur Gesch. der Kunst in den Synagogen (I. Jahresb. d. Ges. f. Samml. . . . v. Denkm. des Judenth. Wien 1897. G. d. Henry-Jones Loge, Hamb.

48) L a n d s b e r g M., Zur Gesch. d. Syn.-Gem. Hildesheim. Hann. 1868. G. d. Hn. E. Lyon, Hamb

49) (L a n g e n f e l d e) Progr. z. Eröffn.-Feier des Isr. Begräbnissplatzes L. 20. Febr. 1888. G. d. Hn. S. Kohn, Hamb.

50) L e n z , Die Fremdwörter des Handschuhsheimer Dialektes. II. Tl. Baden-Baden 1897 G. d. Hn. Dr. Spanier, Hamb.

51) M e n d e l s s o h n M., Phädon u. Jerusalem. Leip. 1869. G. d. Hn. Abraham, Hamb.

52) „ Kethubbaübersetzung. G. d. Hn Peine, Hamb.

53) (M u n k) Progr. z. 25jähr. Jubil des Hn. Rabb.-Ass. M., Altona 1897. G. d. Hn. Jos. Heckscher, Hamb.

54) N o r d u n d S ü d 1889 (v. Gottschall, Fanny Lewald), 1890 (Ebers, Das aeg. Märch. von d. beid. Brüdern). G. d. Hn. Abraham, Hamb.

55) S a p h i r M. G., Conditorei des Jokus (s. S. 156 ff). Von dems.

56) S t e i n d o r f f , Deutsche Ausgrabungen im Orient (Deutsche Rundschau 1892). Von dems.

57) T y c h s e n , Bytzowische Nebenstunden V. Bützow 1869. G. d. Hn. F. Heilbut, Hamb.

58) V e r e i n Ak. f. jüd. Gesch. u. Litt. an d. kgl. Univ. Berlin, Festschr.
z. X. Stift.-Fest, Berl. 1893, u. Semesterber. 1895 96.
G. d Hn. cand. Cohen, Berl.

59) V e r e i n für Volkskunde in Berlin, Sitzungsprotokoll vom 25. Febr.
1898 (Minden, Balladenstoffe in älterer jüd.-deutscher
Fassung). G. d. Hn. Synd. Dr. Minden, Berlin.

60) W i e n e r L., The Judaeo-German Element in the German Language
(Am. Journ. of Philol. XV, 3.)

61)   „   On the Hebrew element in Slavo-Judaeo-German (Hebraica).

62)   „   On the Judaeo-German spoken by the Russian Jews (Am.
J. of Ph. XIV, 4) 1893.

63)   „   Die judendeutschen Elemente in den russ. Dialekten (Ziwaja
Starina V). Petersb. 1895.

64)   „   The Ferrara Bible (Mod. Lang. Notes X, 2 u. XI, 1). Vom Verf.

65) W i t t k o w e r, Zum 70. Geburtstage des Herrn Abr. Goldschmidt,
Kopenhagen. 1876. Hebr. G. d. Hn. S. Kohn, Hamb.

66) W o l f f S. J., Wieder Juden, Berl. 1819. G. d. Hn. E. Lyon, Hamb.

67) Z u n s e r ' s verschiedene Volkslieder. Hrsg. von Davidoff. New York
1891. G. d. Hn. stud. Michelsohn, Hamb.

Von Hn. A. Lisser, hier:

68) A u e r b a c h S. H. das Buch Koheleth, Bresl. 1837.

69) B e n s e w J. L. beth ha-sefer, Wien 1820.

70)   „   „   „ chokmat Josua b. Sira, Breslau 1798.

71) B l o g g S. haskarat toda, Hann. 1835.

72) C o h e n S. J. die heil. Schrift (Jes., Ez., Kl. Proph., Ps., Dan.,
Chr.) Hamb. 1824.

73)   „   „   „ torat laschon 'ibrit, Tl. I Berl. 1802, II, Dessau 1807.
(Vgl. Winter-Wünsche III 752.)

74) E l a s a r b. J e h u d a roqeach, Lemb. 1858.

75) G e d i k e hebr. Lesebuch, Bresl. 1790.

76) G e s e n i u s Handwörterbuch über d. A. T., Leipz. 1828.

77) H e r x h e i m e r jesode ha-tora 1875.

78) K i n o t f. d. 9. Ab, Sulzb. 1842.

79) L i s s a J a k. derek ha-chajjim, (def.) 1830.

80) M a c h z o r Tl. II, Sulzb. 1789.

81) S c h u l c h a n 'aruk Orach chajjim, Homb. 1743.

82) S e f e r ha-chajjim, Amst. 1693.

83)   „   „   „ (Qiccur), Karlsr. 1889.

84) S e l i c h o t, Sulzb. 1800.

85) T r e z e k me'assef (Fremdwörterbuch), Warsch. 1880.

Von Hn. Zadoc Kahn, Grandrabbin de France:

86) Collection de M. Strauss, Poissy 1878.

III. An Handschriften:

8) B e r g l M., Hochzeits-Diarium. Berl. 1889. Vom Verf.

9) R e i s, Lieder (judendeutsch). G. d. Hn. Rabb. Dr. Eschelbacher,
Bruchsal (s. oben S. 38[1]).[10])

10) T e f i l l o t I s r a e l. Tl. 2. Lüneburg 1802. Gebete der Juden, übers.
usw. von David Friedländer, Berl. 1786. G. d. Hn.
Thaler, Hamb.

11) V o l k s l i e d e r der Juden Galiziens (s. oben S. 37).

12) W i t t k o w e r, eine Widmung (hebr).

In Zeitschriftenaustausch:

1) Smithonian Institution in Washington[1]).
2) Mélusine, hrsg. von Gaidoz, Paris.
De Svenska Landsmålen, hrsg. von Lundell, Upsala.

IV. Zu den schriftlichen Sammlungen:

Von Hn. M. Abraham, Hamb., Hn. Rabb. Dr. Biach, Brüx[12]),
Hn. Rabb. Dr. Cohn, Kattowitz, Hn. Rabb. Dr. Eschelbacher, Bruchsal,
Hn. Rabb. Dr. Freund, Czarnikau, Frl. Cl. Hess, Frkf a M., Hn. Lehrer
Heinemann, Hamb., Hn. Dr. Kestenband, Wien, Hn. S. Kohn, Prag,
Hn. Synd. Dr. Minden, Berl., Hn. Schweinburg Eibenschitz, Wien, Hn.
B. Weinstein[13]), Hamburg.

V. Geldspenden:

Höhere Beiträge[14]) zeichneten die All. Isr Un. (2 Exempl. à M. 5),
der Deutsch-Isr. Gem.-Bund (M. 10), Herr Prof. Kaufmann (M. 8,50), Herr
Leipziger, Bresl. (M. 5,30), Die Mamreh-Loge (U. O. B. B.), Beuthen O/S.
(M. 5.80), die München-Loge (U O. B. B.), Münch. (M. 10), Herr Seidemann,
Ujest (M. 6), Herr Prof. Dr. Stein (M. 5), eine einmalige Gabe: Herr
J. Stavenhagen, Frkf. a M. (M. 80).
Für alle diese Beiträge besten Dank!

Fragekasten.

1) Ueber Fischessen s. Mitt. 102 n. 13, vgl. I M. 48,16 (*daga* — sich
mehren, *dag* — Fisch, daher auch der Name Efraim Fisch!: Bodleyana XXIII).
Schon im alten Rom waren die Juden als Fischesser bekannt (Berliner, Gesch.
d. Jud. i. Rom I, 101). Dahin verlegt auch der Talmud (s. das. u. vgl. das
Sabbatlied: *Jom Schabbath* v. 2) eine Erzählung im Sinne des „Ring des
Polykrates." Fische galten, wie Hühner (vgl. Mitt. 88 n 45 u. Perles 58,
Hühnersuppe auf Hochzeiten auch bei den Türken) und Gänse (Judengans
bei Güdem Erz. III, 133) als Festspeise (vgl. *S. mischle chakhamim*, 29, Frage).
Zumal nun in katholischen Gegenden das Fischessen am Freitag einen
grossen Fischmarkt brachte, wählten die Juden dieses Gericht, um auch
dadurch den Sabbat auszuzeichnen. Fische wurden besonders als „Milchding" gekocht, so in den „8 Wochen" zwischen dem 17. Tammuz u. 9. Abh
und an Schabhuoth (Mitt. 101 n. 10). — An das Fischekochen knüpft sich
manche Sage, so *Maase ha-Schem* n. 19 (nach dem *Ec chajjim* des Js.
Lurja), wo aus dem Kopfe eines grossen, teuren Fisches beim Oeffnen
am Freitag ein Geist in die Tochter Ls fährt und diese betäubt nieder-
fällt (vgl. Mitt. 69 n. 2). — Heinr. VII verbot den Juden, an Fasttagen Fische
zu kaufen (Stobbe, Gesch. d. Juden i M. A. 51).

In der altchristl. Kunst ist der Fisch eines der beliebtesten Symbole
(vgl. Lübke, Grdr. d. Kunstgesch. 250), da das griech. Ichthys (Fisch)
aufgelöst wurde in: Jes. Chr. Theu hyjos (Gottessohn). Der Liebesgott
war bei den Indern (vgl. Benfey Pantsch. II, 184): „Der den Fisch in seiner
Fahne Führende."

2) Das[1]) Habhdalalied (nicht nur für Frauen als Ersatz des *Lédowid
barukh* [Bernstein, Mendel Gibbor 122], sondern in Oest.-Ung. wie in Süddeutschl. von Männern gesungen) Mitt. 56 n. 6a u. b liegt uns ausserdem
in 8 Lesarten vor, die bis auf 2 (Bernstein, Vögele der Maggid 168 u. Oppenheims Bilder XI: „in Deinem Lob") alle von Blogg, *Qehillath Schelomo* p.
118 („Lobe") abweichen. Louf (bh schrieb man jüdisch-deutsch oft für
f, besonders hier nach „Jakob"), welches dem hebr. *derekh* (z. B. Ps. 1, 1;
128, 2) entspricht, wurde zu Lob verstümmelt.

A) Mitt. 58 (Litauen): in deinen Weg.

B) Mitget. von H. Dr. Minden, Berl. aus Strelitz (Meckl.) um 1830/40:
Gott Awrom, Jizchak und Jainkauw!
Behüt' dein Volk Jisroel in seinem Lauf!
Die lieben sieben Täg' sollen uns wohl bekommen
Zu Gesund, zu *mazel*, zu *b'roche*,
Zu allem Guten und Frommen!
Der liebe *schabbes qaudesch* geht dahin,
Die liebe Woche soll kommen
Zu Gesund, zu *mazel*, zu *broch*, zu allem
Guten und Frommen.

C) Mitg. von H. Schw. Eibenschitz, Wien aus Pressburg:
Gott Awrohoms, Jizchoks ün Jainkojws!
Behüt dei *kol Jisroel* in deinem Lojw.
Die sieben Tag sollen üns kümmen
Ze Glück, ze Heil ün Frümmen,
As ünser lieber *schabbos qojdesch* geht von hinnen
Ze *mazel* (Glück), ze *ojschires* (Reichtum), ze *koned* (Ehre) un
zu güten Gewinnen.
Amen, Amen weamen.

D) Von dems. aus Oest.-Ung. i. allg.:
Awrohom Jizchok ün Jainkoiw!
Behütet *kol Jisroel* in eirem *leiw* (Herz)!
Die sieben Täg sollen beginnen
Mit Glück ün güten Gewinnen,
Dass ünser lieber *schabbos qojdes*
Ün alle vüm ganzen *chojdes* (Monat)
Gehen von hinnen zü *mazol* ün *broche*
Zü *koned*, zü *ojscher* ün *hazloche* (Gelingen).
Amen, Amen weamen.

E) In The Menorah Monthly 1898 p. 284:
Gott Abraham, Jizchak und Jacobs!
Bewahr uns alle vor Sorg und Leid,
Wenn der liebe *Schabbes* geht dahin;
Die Woche soll uns bekommen zu Gewinn,
Zu *Oischer wechowed* und aller Freud!

Mähren.)

F) Jeschurun, hrsg. v. Maien u. Frankenberg, Leipz. 1841, S 267:
Gott Abraham's, Isaac und Jacob,
Behüt' dein Volk Israel zu deinem Lob
Die sieben Tage mögen uns kommen,
Zu Glück und zu Heil und zu allem Frommen.
Der liebe heilige Sabbath geht dahin,
Die Woche komm uns zu gutem Gewinn
Amen, Amen, es werde wahr,
Und dass wir — leben hundert Jahr.

(Breslau.)

3) Die Angaben über Oberschles. beruhen auf den Erfahrungen des Herausg., in dem Falle Mitt. 19 u. 3 auf Mitt. eines Herrn, der Jahre lang als Rabbiner an Ort u. Stelle beobachten konnte.

4) Unsere erste Beilage Mitt. Heft I bildet den Hauptteil eines Bildes, über welches Herr Professor Dr. Kaufmann schreibt:

In dem Machsor für die Sabbate im Besitze Dr. H. B. Levy's in Hamburg leitet Benjamin b. Serach's *itti millebhanon kalla* [Sir hasir 4,8] für den grossen Sabbat ein Vollbild ein. In einem von vier schwarzgeäderten Rosetten eingefassten Oblong, das am oberen Ende zwei verschlungene Drachen, am unteren zwei aus Einem Gefäss nach rechts und links sich windende Pflanzenornamente und am äusseren Rande ein Blattornament in 2 Farben einschliessen, wird im unteren Felde des Bildes, das von den rothumränderten Goldmajusceln des Wortes *itti* überhöht wird, eine Scene dargestellt, die offenbar nur die Illustration von: „Auf mit mir vom Libanon, o Braut" zum Gegenstande hat. Zwischen zwei zu einem Laubdach ineinander verschlungenen Palmen kniet vor der auf einer mit einem rothen Polster sitzenden Braut, die über dem blonden, in Zöpfen niederfallenden Haar eine dreizinkige Krone und um die Augen ein Tuch gebunden trägt, die Linke in die Hüfte gestemmt, der auf das rechte Knie gefallene Bräutigam, den geknöpften Trichterhut auf dem blonden Lockenhaar. Ein roter Mantel wallt zu Boden, unter dem ein graues Untergewand hervorblickt. Die trichterförmigen Aermel an den Gewändern der Figuren verdecken die Hände, welche die Liebenden einander reichen, so dass nur an der des Bräutigams die Finger sichtbar sind. Die Braut bedeckt ein grüner Mantel, dessen gefiedertes Unterfutter durch die Hebung des Armes sichtbar wird. Mit der Kleidung des Bräutigams contrastirend ist das Unterkleid der Braut röthlich. Die Scene ist im Freien gedacht, da Pflanzenwuchs den Boden bedeckt. Grüne und rothe Sterne deuten den Himmel an, in dem das Wort *itti* sich ausbreitet, während unter dem Palmendache in zwei Feldern die unverzierten Worte *millebhanon kalla* den Zwischenraum zwischen den Häuptern der Liebenden ausfüllen.

Von einer Ringansteckung ist keine Spur. Der aufs Knie gesunkene Freier, ein Milchgesicht von einem Jüngling, ist als ritterlicher Werber aufgefasst, eine Illustration, welche die Aufforderung, die im Verse ausgesprochen ist, malen soll. Ueber Judenhüte vgl. Stobbe 97, Berliner Gesch. II, 2, 18 u. cod. Hamb. 37.

Auch auf dem Bilde Mitt. 112 fehlt der Rabbiner[5]), während das Ringanstecken keinen Zweifel an der Bedeutung des Vorganges zulässt. Der Mantel des Bräutigams zeigt deutlich den gelben Judenring[6]) (vgl. Stobbe 76.87). Die Art, das Talith (?) zu tragen, kehrt auf den Illustrationen bei Kirchner, Bodenschatz usw. sowie auf einer Miniatur im cod. ms. 79 (Seder birkath ha-mazon, darin u. a. Judit mit dem Kopf des Holofernes, eine Magd, die ein Kind zu Bette bringt, Salomo mit den 60 Helden, Dawid mit der Harfe, alles künstl.) des Hn. Dr. H. B. Levy wieder. Die Bartlosigkeit fällt ebensowenig auf, wie in der Darstellung Mitt VIII n. 29 aus cod. ms. 111 des Hn. Dr. H. B. Levy. Besonders die holländ., also meist sefard., Juden trugen (vgl Bodenschatz IV S. 8) nur an den Schläfen ein „kleines

Schöpflein." Auch die Hamb. Juden gingen, wohl nach dem Vorgang der Portug., ohne Bart. Das Fehlen des Rabbiners könnte durch eine christliche Vorlage erklärt werden (vgl. Steinschneider, Handschriftenkunde 27),[4] da christliche Trauungen ohne Geistlichen nichts Seltenes waren (z. B. 13. Jahrb., vgl. Jahrb. f. jüd. Gesch u. Lit. 1898 S. 167). Doch liegt der Gedanke an die bekannte talm. Erzählung vom „Wiesel u. d. Brunnen" nahe. Dass hier das Wiesel ein Hund vertritt, erklärt sich wohl daraus, dass den jüdischen Illustratoren zumeist ausser den Haustieren nur wenige Modelle, wie Rehe, Kaninchen u. s w., für Tierbilder zur Verfügung standen[5]). So werden denn seltenere Thiere nach Wappenbildern, im cod. ms. 76 (*Pereq kira[6]*) des Hn. Dr. H. B. Levy der Bär als Tanzbär gezeichnet. [Doch sahen wir auf 2 marokk. Bechern (für Beschneidungen), Messing, die eine mit 1 M. 49,22, sehr ausdrucksvoll: Wolf, Strauss, Kamel, Fuchs, Taube (?). Gelungen sind auch cod. Hamb. 243 f. 24 (Papagei) u f. 188b (Fuchs mit Gans im Maul).]

Das Original ist von hervorragender Schönheit. Des Bräutigams Rock blau mit Pelzbesatz, der Mantel rotbraun; von ähnlicher Farbe, mit goldenen Knöpfen besetzt, das Kleid der Braut. Beide hellblond. — Ueber dem eigentl. Bilde, in prächtiger Ornamentik, Gold auf rotem Grunde: *kol (ism ha-re'eh limnase)* Auch sonst schöne (44a, 93b) und eigenartige (40b) Initialen. Ein anderes Bild zeigt einen Mann, der mit einer Gans (?) in der Hand dem Rabbiner eine rituelle Frage vorlegt, darunter einige Tiere, deren Genuss rituell unzulässig (ein laufendes Häslein auch 93b u. cod. 243 f. 81), u. ein Wappen: Vogel u Fische (vgl. Fragekasten I). Trefflich ist der Gesichtsausdruck eines Greises, der ein Reh schlachtet. Die Segensprüche über Früchte illustrirt ein Mann, der solche vom Baume holt.

5) Ein „Wanderlied für israel. Handwerker" von S. Kapper, Mus. v. S. Sulzer, enthält Busch's Kalender, Wien 1845.

Mit der Sammlung von Volksmelodien haben wir begonnen. Wir bitten um Aufzeichnung und Einsendung von *Schir ha-ma'alouth* und **der Sabbatabend-Melodien.**

6) Die Herausgabe einer **Pesachhaggada** wird geplant. Um Einsendung älterer, bes. illustrirter, Exemplare wird gebeten[7]).

7) **Wer ergänzt das süddeutsche Volkslied:** „Ich ging emal spazieren im Wald, da hört' ich ein Vöglein singen schir, schir, schir, mismor schir . . ."?

8) Eine Art Haberfeldtreiben ist „das öffentl. Gericht der Gasse." Isr. Nov. IX, 48.

9) S' Steins geklagt (Mitt. 38 u. 80) ist deutschen Ursprungs, s. Gri. III, 221.

10) I. Beschwörungen von Krankheiten z. B. aus dem Jahre 1823 in einem *Tiqqun be'erebh ros' chodes*, Amst. 1731, i. B. des Hn. Dr. H. B. Levy:

A) Ein Sarm (vgl. Mitt. 99 n. 46 u. AJHE n. 1867 ff. charms), wenn sich einer schädet an einer hand:

> Zo leg' ich mein finger auf der erd,
> az er mir nicht geschwehrt,
> wie ein doder mens under der erd.
> *refo'eni wekulloh refu'o solemo g"pe'omim*

(„Heile mich usw. zu vollkommener Genesung" ist dreimal zu sagen).

B) Vun wegen ein loch im kopf:

> *Elijohu ha-nobhi* räzt iber land,
> der fliesend kopf zol nicht nehmen iber hand.
> *Elijohu ha-nobhi* zol fast räzen (reisen)
> der fliesend kopf fort razen!
> *refo'eni* u. s. w.

(Vgl. Görres, D. teutschen Volksbücher, Heidelb. 1807, S. 204: „Job zog über das Land u. s. w.")

C) Ein šarm iber ein brand:
da šarm' ich den brand
Ha-qodouš boruχ hu (der Heilige, gelobt sei er!) zol vorstrecken
zeine gelieb hand
iber den brand,
der brand zol nicht gešwel'n un' nicht gešwer'n
un' zol *bimhero* (schnell) aufheren!

II. Gegen Kopfschmerz riet man z B. in Hamb: *choš beroukou
ja'anouq ba-toura* (Wessen Kopf schwach, der studire die hg. Lehre! Vgl.
'Erub. 54a nach Spr. Sal. 1,9. So verschlucken heute noch die Fellachen
Zettel mit Koransprüchen).

III. Aus Hamb. teilt H. Abraham, Hamb. mit:

maχšejfe (Hexe, vgl. Mitt. 111 n. 4) *maχšeje!*
blut zolsti špeje!
in d'erd zolsti fresse!
dejn name fergesse!

11) Unser Literaturverzeichnis Mitt. 8 ff. macht keinen Anspruch
auf Vollständigkeit. Folgendes ist, abgesehen von manchen oben bereits
angeführten Arbeiten, hinzuzufügen:
Augusti, Geheimnisse der Juden von dem Sambatjon, wie auch
von denen rothen Juden . . . Eschenberga 1722. Berl. = Berliner A.,
Gesch der Juden in Rom. Frkf. a. M. 1893. Bod. = Bodenschatz Joh.
Chr. G., Kirchliche Verfassung der heutigen Juden. Erl. 1748. Booth,
Labour and life of the people in London (Ostend-Ghetto). Bershadski
S. A., Litowskije Jewrei. Petersb. 1883. Böhmer Ed., Romanische Studien I.
(De vocabulis Francogall Judaice transcriptis). Faber W., Ein jüdisches
Dorf in Asien (Vgl. Brülls Mtsbl 18 Jahrg. 1). Gaster M, The legends
of Adam and Eve (Jewish Word u. The Monorah Monthly 1898). Globus,
hrsg. v. Andree. Bd. 71 (Jansen, Mitt. über die Juden in Marokko).
Grunwald, Die hebr Frauennamen (Mtsschr. 1897). Hagen v. d.,
Ueber die rom. u. Volks-Lit. der Juden in jüd.-deutscher Spr. Vortr. vor
der Berl. Ak. d. W. 18. Aug. 1853. Levy A., Volks- u. Familienfeste in
Alt-Israel. (Allg. Zeit. d. Jud. 1898). Lifschiz O. M., Ruško-Nowogewreski
Slowár. Kiew 1881. Pfeffer, Critica sacra 1680 (de lectione Ebraeo-
Germanica). Racinet, Gesch. der Kostüme. Deutsch v. Rosenberg.
Berl. 1888. (Bd. V, Polen XIV J.: poln. Juden, vgl. Hollaendersky L., Les
Israélites de Pologne, Par. 1846. Revue hispanique 1894. (Foulché
Delbosc, La transcription hispano-hébraique). Romania III. XXI.
Saineanu L., Studiu Dialectologic asupra Graiului Evreo-German.
Bucaresti 1889. Samter N., Judenthum u. Proselytismus. Bresl. 1897
S. 22 fg. Schreiner M., Zur Gesch d Ausspr. des Hebr. (Z. f. alttest.
Wiss. VI). Schröder J. F., Satz. u. Gebr. d. talm.-rabb. Judenth. Brem.
1851. Serapeum hrsg. von Naumann, Leipz. Zeitung Allg. des
Jud. 61. Jahrg. S. 470 (Danon über die Sekte der Deumneh). 534 (Kantorowicz,
Krankheiten der Juden). 537 (Spanier, wie man in Handschuhsheim
mauschelt).

**Für das nächste Heft ist eine grössere Sammlung solcher
Beschwörungen bestimmt.**

**Einige Beiträge konnten, da zu spät eingegangen, hier nicht
mehr aufgenommen werden.**

Anzeigen.

Die Mitt. II angekündigte erste Versammlung der Gesellschaft wurde durch einen Vortrag des Hrsgs. eingeleitet, worin auf die praktische Bedeutung der Volkskunde im allg. und der jüdischen im bes. hingewiesen wurde. Die Sagen und Märchen lassen sich als wertvolles Erziehungsmittel verwerten, die Volksmelodien bilden in weiten Kreisen einen wichtigen Bestandteil des häuslichen Gottesdienstes, die Abbildungen kunstvoller alter Kultgegenstände liefern treffliche Vorlagen usw. Einen Bericht brachte die „Allg. Zeit. des Judenth.", einen kürzeren der „Bericht der Grossloge für Deutschland (U. O. B. B.). Von letzterem stehen, soweit der Vorrat reicht, Exemplare zur Verfügung.

Für die mit dem Vortrag verbundene Ausstellung hatte Herr Dir. Prof. Dr. Brinckmann mit dankenswerter Bereitwilligkeit einzelne Nummern aus der **Sammlung jüdischer Kultgegenstände** im Hamburg. Museum f. Kunst u. Gewerbe geliehen.

[Von dieser Sammlung, welche unserem Unternehmen einen willkommenen Stützpunkt bietet, liefern wir in Beil. VI und VII zwei Proben, deren Wiedergabe die verehrl. Verwaltung des Museums nicht allein gestattet, sondern durch die Ueberlassung der Clichés wesentlich erleichtert hat. Die Sederschüssel, 1776 gefertigt, ist (vgl. Jahresb. des Mus. 1897 S. 41 f.) „ausgezeichnet durch reiches fein gravirtes Ornament und Borden mit beziehungsvollen hebräischen Inschriften. Von den letzteren besagt die in der Mitte der Schüssel angebrachte: „„Je mehr einer erzählt von dem Auszuge aus Aegypten, desto lobenswerter (ist er).""" Die Inschrift am Rande bezieht sich auf die Ceremonien am Sederabend; sie lautet: *Qaddes* usw." Der oriental., insbes. persische Stil der Arbeit erinnert an die ganz ähnlich gehaltenen Miniaturen in einer Bibelhdschr. des H. Dr. H. B. Levy und zeigt, dass dieser Stil nicht erst in diesem Jahrh. in jüdisch kultuelle Darstellungen Eingang gefunden.

Die „Jad" (vgl. den „Führer durchs Museum" S. 202) stammt aus d. J. 1778.]

Herr Dir. Prof. Dr. Tachau, Wolfenbüttel hatte aus der Bibliothek der dortigen Samsonschule zwei illuminirte HSS[1]), H. Sakheim, Hamb. einen Stammbaum („Jichusbrief"[2]) ausgestellt, wofür hier nochmals gedankt sei.

Mit der Wahl des Vorstandes schloss die Versammlung.

Die Gesellschaft für jüdische Volkskunde, gegründet am 1. Januar 1898, verfolgt den Zweck, die Erkenntnis des inneren Lebens der Juden zu fördern. Sie erstrebt deshalb eine möglichst vollständige Sammlung aller auf das Judentum und seine Bekenner bezüglichen Volksüberlieferungen und Kunsterzeugnisse und rechnet hierbei auf die Teilnahme aller, die für die Eigenart Israels Sinn und Interesse haben.

Der Jahresbeitrag ist, soweit nicht bereits Ausnahmen gelten, für die in Hamburg, Altona und Wandsbeck ansässigen Mitglieder auf 3 Mark, für auswärtige auf 3 Mark 30 Pfg. festgesetzt, wofür jedes Mitglied die gedruckten „Mitteilungen" der Gesellschaft erhält. Beitrittserklärungen wolle man an Herrn D. Benezra, Hamburg, Grimm 30 richten. Auswärtige werden gebeten, ihrer Anmeldung sogleich 3 Mark 30 Pfg. in Briefmarken beizufügen. Der Vorstand für das laufende Vereinsjahr besteht aus den Herren:

Rabb. Dr. M. Grunwald, Vorsitzender, Grindelallée 128.
Gustav Tuch, Vertreter des Vorsitzenden, Bücher- und Museumswart, Grosse Allée 7.
Rechtsanw. Dr. S. Frank, Schriftführer, Hohe Bleichen 15.
D. Benezra, Schatzmeister, Grimm 30.
M. Heilbutt, stellvertretender Schriftführer, Hallerstr. 23.
W. Wolff, Vertreter des Schatzmeisters, Alterwall 61.
Jos. Ritter, stellvertretender Bücher- und Museumswart, Grindelberg 42.

Zu etwa erforderlichen Ergänzungen erklärten sich bereit die Herren: J. Bing, S. Goldschmidt und F. Winsen.

Das neue Vereinsjahr beginnt am 1. Jan. 1899. Die geehrten Mitglieder werden im Interesse einer geordneten Kassenführung gebeten, falls die Einsendung des **Beitrages** für das laufende Vereinsjahr noch ausstehen sollte, **diesen umgehend** und den für 1898/99 **bis zum 1. Oktober d. J.** an den Schatzmeister mit dem offenen Vermerk: Ges. f. jüd. Volksk. einzusenden. Hamburg, den 1. Juli 1898.

Abkürzungen.

A J H E = Kat. d. Anglo-Jewish historical exhibition Royal Albert Hall. London 1887. A L = Avé-Lallemant, Das deutsche Gaunerthum, III Leipzig 1862. Benf = Th. Benfey, Orient und Occident, Gött. 1862 ff. **Bodl** = Steinschneider, Catalog. Bodleyan. B P = Th. Benfey, Pantschatantra. Leipzig 1859. Cass = P. Cassel, Aus dem Lande des Sonnenaufgangs, 2. Aufl. Berl. 1886. **Ehrmann** = Ehrmann, Aus Palästina u. Babylon. **Frankel** = Frankels Zeitschrift f d. relig. Interessen d. Judenthums. II Berl. 1845, III Leipzig 1846. **Frankl** = L. Aug. Frankl,

Nach Jerusalem. **Gr** Grimm, Deutsche Sagen. Berl. 1816/18. **Gri** = Grimm, Kinder- u. Hausmärchen, I u. II Gött. 1843, III Berl. 1852. **Grünbaum** — Grünbaum, Jüd. deutsche Chrest. **h** = hebr. bezw. aram. **H** = Helvicus, Jüd. Historien. Giess. 1617. **Je** — Jellinek, Der jüd. Stamm, Wien 1869. **Ka** — Kalisch, Bilder a. m. Jugendzeit. Leipz. 1872. **Komp** = L. Kompert, Ges. Schriften, Berl. 1882. **Löw** — Löw, Lebensalter. Szegedin 1875. **M** — Monatschrift f. d. Wiss d. Judenth. **Maa** = Ein schön Ma'asebuch. Dyhr. 1709. **M h S** — Maase ha Schem. Frkf. a. O. 1707. **MI** Minhagim, Amst. 1723. **Mitt** Mitteil. der Ges. f. jüd. Volksk. **I**. **M N** = Maase nissim. Frkf. a. O. 1702. **N** = Neumann B., Die heilige Stadt, Hbg. 1877. **o** im Original. **Orient** — Der Orient, hrsg. von Fürst. Leipz. **Perles** — Perles, Beitr. z. Gesch. d. hebr. u. aram. Studien, München 1884. **Roskoff** = R., Gesch. des Teufels. **S** = Sippurim. (Jüd. Univ. Bibl.) Prag. **Saf** = Saphir Jak., Ebhen Sappir. I Lyck 1866, II Mainz 1874. **Sch** Schudt, Jüd. Merkwürdigkeiten. 1714. **Schalsch** = Gedaljah b. Jachja, Schalschelet ha - qabbala. Amst. 1897. (Vgl. Bodl. XLI.) **Schem hag** = Asulaj, Schem ha — gedolim Wilna 1812. **Schw** = Schwartz F. L. W., Der Ursprung der Mythologie. Berl. 1860. **S E G** — Steinschneider, Jüd. Litt. in Ersch u. Gruber, Allg. Encykl., II Sect. Tl. 27. Leipz. 1850. **U** = Der Urquell, hrsg. v. F. S. Krauss.

Transcription u. Vokalisation der Fremdwörter folgt äusseren Rücksichten.

Anmerkungen
zu „Märchen u. Sagen usw."

1) V M. 11, 19. 2) II M. 13, 8 3) z. B. Sota 14a: Gott kleidet die Nackten (Adam u. Eva), besucht die Kranken (Abraham), tröstet die Trauernden (Isak) u. bestattet die Toten (Mose): Baba m. 86b; Wajjiqra r. 22, Zohar zu IV M. 9, 1; Maimuni More III, 32 (vgl. Cassel. Kusari 129) u. a. m. 4) *Pirqe aboth*. 5) *Zairwa'oth*, vgl. Zunz, Zur Gesch. 6) V M. 32, 7. 7) Es ist verkehrt, den Juden der Väterzeit ausschliesslich im Ghetto oder auf der Landstrasse zu suchen. Das Leben des „Rendars" (Arrendators) u. in ähnlichen Berufen gab reichlich Gelegenheit zu innigem Verkehr mit der Natur. 8) *bachur*. 9) Die Juden waren, wie sie an der Schwelle der Neuzeit an den grossen Entdeckungen Anteil haben (vgl. Kayserling, Chr Columbus, Berl. 1894), im Mittelalter die Hauptvermittler zwischen den Arabern u. dem Occident (vgl. Steinschneider, D. hebr. Uebersetz., S E G 434 u. Karpeles, Sechs Vorträge, Berl. 1896, S. 32, 33, 38). Vier Juden haben in Europa oriental. Märchen eingeführt, B P I S. 2. 6, vgl. S. XXVI u. 10. — Ueber Juden u. Inder: Formstecher, Rel. d. Geistes 161, 173, 291, 328, 345; Orient III, 856 I; M. 1860 S. 321 ff. 10) vgl. A L 207: „... wie tief das Judenthum sogleich bei seinem ersten Erscheinen auf deutschem Boden in Wesen und Sprache des deutschen Volkes eingedrungen ist und wie die wunderbare innere Zähigkeit und wiederum die ebenso wunderbare Fügigkeit des Judenthums das auf deutschem Boden Erworbene beständig treu und zäh festgehalten hat, vielfach sogar treuer und zäher als das deutsche Volk selbst, dass man das in der Verkehrssprache des deutschen Volkes längst aufgegebene und vergessene Althochdeutsch und Altniederdeutsch mit überraschender Kundgebung im Jüdischdeutschen aufbewahrt findet."

11) Vgl. S E G 462; A L 210; Bodl. 3923 u. sonst. (Saforet in Schwabs „die 4 Heimonskinder" [Meyers Volksb. S. 38] = *Sefarad*).

12) Die ältesten Ausgaben (Bodl., vgl. S E G 462): a) Maasebuch oder *S. ha-ma'ase* (mehr als 300 Geschichten). Waldkirch 1602. (Buxt. Bibl. Rabb. Serap. 879.) — b) (254 Gesch.) Prag 1665. — c) Wilmersd. 1670—80. — d) Ein schön neu teutsch Maasebuch. Dyhr. 1697. Vgl. Steinschn. Volkslitt. 20.

Eine deutsche Uebersetzung einiger Geschichten (nicht nach der unten angeführten Ausgabe) lieferte Christoph. Helvicus „Erster u. ander Theil jüdischer Historien . . . Darauss dieses verstockten Volcks Aberglauben u. Fabelwerk zu ersehen." Giessen 1617. (H. der Verf. des „Syst. controvers. theol." Giess. 1612.) Einzelnes, wie N. 4, von Tendlau bearb. in J. H. Jacobsons Rimmonim, Leipz. 1859.

13) Z. B. *Maase malkhuth beth Dawid* von Isak b. Abraham Akrisch, jud.-deutsch. von Dawid b. Josef Teplitz. 1705. Darin: R. Bostonais Garten. Die 10 Stämme (deutsch in Sipp.). Das Gespenst mit dem Kranz. (Deutsch H. I, 35.) Die Juden in Vorderindien (vgl. G. Oppert über die jüd. Colonien in Indien in Kohuts Semitic Studies 1897.) — Am Schluss ein deutscher *Jehi racon* (Gebet). — Vgl. Bodl. 3881. — *Cheleq rischon* oder *Ma'ase ha-Schem* von Simon Aqiba Baer b. Josef, Frkf. a. O. 1707. Quellen: *Schalsch , Zohar chadasch, Emeq ha-melekh, Ec chajjim, Juchasin.* „Solches *sefer* auf teutsch is noch nit in keiner druk gekommen." — Vgl. B P I 488 u. Perles 140. — „Märchen aus dem Ghetto" bringt auch Kom. I. 284 ff. - Uebersetzungen älterer Sagen lieferten: Herder, Sachs, Krafft, Hurwitz, Steinschneider, Stein, Sanders u. a.

14) Vgl. A L 412 f. 417 u K. Maass, Das deutsche Märchen, Hamb. 1866 (Virch.-Hol.), bes. S. 8. — Reime s. unt. N. 15. — H. I, 145: „Derhalben Mensch bewahr dein Mund, Das ist dir gewiss gar gesund. Lass jederman schaffen das sein, Schlag dein Maul nicht allzeit darein. So magstu mit Ehren bleiben Und im Paradiss die Zeit vertreiben. — Orient II (1864), 690: „Und wäre der Schwanz nicht abgebrochen, so wäre das Märchen länger geworden." Vgl. Mitt. 49, N. 96.

15) Jedenfalls klingt die Sprache unserer Märchen mindestens ebenso rein u. deutsch wie das Kauderwelsch der Gelehrten im 17. u. 18. und manches „Gebildeten" im 19. Jahrhundert. Man braucht Gri. nur aufzuschlagen, um auf Schritt u. Tritt ähnlichen Wortbildungen u. Redewendungen zu begegnen; z. B. n 126 (asso, Antwoerd), III S. 180 (Teite, Tatta), III S. 218 (mutterseelenallein), 259 (Schwieger). — Avé-Lallemant giebt folgende Kennzeichnung des Judendeutschen (S. XIII ff.): „Eine freudige Genugthuung hatte der Verfasser, . . . dass er mit vollem Fug die jüdischdeutsche Sprache als deutsches Eigenthum vindiciren und in der überaus reichen jüdisch deutschen Literatur unser deutschen Nationalliteratur einen integrirenden grossen Theil zuweisen konnte. . . Das von Juden auf deutschem Boden geschaffene merkwürdige Sprachgefüge war durch das ganze deutsche Volk u. dessen Leben hindurchgerankt, hatte sich diesem Leben u. seiner Sprache aufs innigste angeschlossen u. selbst die deutschen Sagenkreise durchdrungen, sodass die deutschen Volksbücher in der That auch zu Volksbüchern der Juden wurden u. dass z. B. der Wigalois im „König Artus u. sein Hof" und manche andere deutsche Sage den poetischen Bearbeiter im deutschen Judenvolke finden konnte . . . gerade in dieser jüdischdeutschen Literatur lag das weitgreifende historische Zeugniss vom deutschen Leben des jüdischen Volkes, welches trotz der absolutesten Verleugnung, trotz der unmenschlichsten Verfolgung mit wunderbarer innerer Kraft festhielt an diesem Leben. Mit welchen Mühen u. Opfern diese Literatur von den Juden gefördert wurde . . . . Und dies wunderbar reiche geistige Streben . . . blieb Jahrhunderte lang unerkannt, unbeachtet! (Vgl. S. 207.)

Steinschneiders Zusammenstellungen (Serapeum u. Bodl.) ergänzen: I. a) Dise hipsche *thechinna scha'are dema'ot* (Gebetbuch: Thore der Thränen) ist(!) geschriben gewor'n von *leschon ha-qodesch* auf teutsch über setzt, welches vil müh gekost hat in solche druck zu stellen *bidfus* (in Druck von) Amsterdam. alein aber ich habe mir die zeit nicht (!) lasen verdriesen zu zeigen meine hant schrift, wie auch ich denken thu da mit eines present zu machen an (o. h.) die erbare . . Frau Freudche, Gattin des Herrn Mose Löb aus Anklam 1782. (Der *Prat* lässt auch 1582 zu. Doch ist das erste judendeutsche Gebetbuch nach Serapeum 1849 S. 80 erst 1609 zu Amsterdam gedruckt worden) *Chajjim Sofer.*

b) Ein *thechinna* vor das *Schofarblasen*. Ms. Pergam. Kl. 8. Titel mit Leisten, in grünen Feldern Rosetten. — Im Besitz des Herrn Dr. H. B. Levy, hier. — Hebräische u. franz. Flickwörter.

II. a) *Sefer scha'alot ha-neschama* (Seelenfragen). Achtzehn arlei freg un' entweit auf der *neschama*, ver teutscht auf das aler best das es ver sten kan frou un' man. der darinen wert leien, der wert sich gewis ver eicn (freuen) (dieser Reim auch auf dem Titelblatt des *Ma'ase malkuth beth Dawid*) wie sich die *neschama* tut der meien (ergötzen) Is woren ver teutscht (o. h.) von Isak b. Chajjim Prag 1698. (Vgl. Serap. 1849 S. 46 n. 280: Sch'aalot neschama.) „*amar*" er sagt Israel b. Josef Kohn: es is gewesen auf mich die macht un' sterk des ibersten un' hat mich auf gewekt as ein schlafdigen von schlaf. (Fragen u. Antworten im Sinne der neuplatonischen Psychologie. Fast reines Deutsch. 5b: lei meinen leib, vgl. Mitt. 42.) — Lange gereimte Titel auch bei Görres, Volksb. 43.

b) *Orekh jamim* Ein schön *sefer* (Buch) ser nützlich var junge un alten, hat es gemacht ein köstlicher *rabh* (Rabbiner) von *erec Iisrael* (Palästina) R. Samuel Benveniste in *leschon ha-qodesch* nu' hat es gehasen *Orekh jamim* un' izunder hat es verteutscht in der teutschen Sprach durch hant R. Jakob Heilpern etliche frome und erbare Weiber zu lieb . . . gedruckt hie zu Venedig in haus von di Gara. 1599. (Im Besitz des Herrn Dr. H B. Levy, Hbrg. Diese Sammlung enthält auch ein Machzor, auf dessen Einbanddecke eine Freudle b. Jequtiel, die sich Serap. 1869 S. 135 wiederzufinden scheint. Jedenfalls bestätigt es sich auch hier, dass das Judendeutsche in Oberitalien von sefard Juden gepflegt wurde, vgl. Serap. 1869 S 135) Gewidmet [als „präsent" (!) der „cousine" (!)] der Frau Rosa, Gattin des Nechemja Luzzatto, Tochter des Gemeindevorstehers Abraham Simcha, beide in Venedig, von ihrem Geschwisterkind Jakob b. Elchanan Heilpern. Ursp hebr., auf Wunsch frommer Frauen verdeutscht. „Hie zu Bern" (Verona). — „Der erst *pereq* (Abschnitt) wert reden von derzieh'n un' köstigen die kleinen. Der ander *pereq* . . von die *midda* (Eigenschaft) von der hofartigkeit. Der dritt . . . von die demhaftigkeii" 6b. Der Schlag des Jähzornigen verbindet sich mit „der *makka* (Schlag) von der *maggefa*" (Verhängnis). „Das Gesinde nicht schelten! 10. Wer unnütz schwört, soll jedesmal „ein pfenig geben zu *thalmud thora*" (Gesetzesstudium). 11. Gegen das Decolletiren u. über das „Tour" (vgl. „Chalebi" bei Frankl I. 210) — Tragen. 12. Gegen das Benehmen der Frauen im Gotteshause. Rühmt die Züchtigkeit der arabischen Frauen, den Anstand Andersgläubiger in ihrem Gotteshause (vgl. Perles 176). c) *Dinim weseder* (Vorschrift u. Vorgang) wie men sol das fleisch wässern un' salzen un' *parsen* . . . abgenomen von *thorat ha-chattath*, verteutscht durch hant Jak. b. Elch. Heilpern." — Gewidmet der achtjährigen Moscita m "b"t (vgl. Ri. 5, 25), die, tüchtig im „leien teutsch un' galches" (latein), ihm geholfen, „*maggiah* sein (revidiren) ein *sefer thora*" (Gesetzesrolle). Ihr Vater ist Chisqija Printozo, die Mutter die Tochter des Berman Cohen, ihr „mum schwester ach ein rebbezin (Bile)", ihr „atten schwester ach ein rebbezin (Lea)". — 2a: „das du alt bist lang mit lieb" (noch heut in Süddeutschl gebräuchlich). 4a.

weiken. 6b. „flanke" (hierfür in Polen gebräuchl.: polke). 7a. „die eiter
mus man schneiden *celem*weis". — Es folgt ein Klagelied auf den Tod
des Abhigedor Zividal. 8. „Aso mit wein dige augen hab ich angehoben
Zu sagen un' zu loben mit den *niggun* (Melodie) das man sagt die
Cijonim (Zijoniden am 9. Abh): Allmächtiger Gott, mein stimm vernimm! —
Zwen brüder alle beid, .. in drie wochen is ir zil gewesen .. Mardokhai
ein parnes un' der bruder stadtrabh der lesen .. " — Nun folgen einige
Gebete bezw. religiöse Lieder mit Angabe dreier Melodien, nach denen
sie vorgetragen wurden. (Die letzte: *'Ani hu ha-scho'el* s. auch oben
S. 39 b. — Andere jüdische oder für jüdische Volkslieder gebräuchliche,
meist deutsche Melodien bei: Steinschneider im Serapeum 1848 S. 351
(vgl 1849 S. 32 n. 254; 43 n. 265; 44 n 271); 1848 S. 319 n. 13; 332 n. 60,
61, 61a, 61b; 333 n. 63; 352; 1849 S. 76. Musiktexte: *Simchat ha-nefesch*
(Serap. 1849 S. 74 n. 294); Immanuel Chaj Ricchi, *Hón 'oschír*, Amst.
(Proops) 1731 (letzte Seite); (Bernstein, Mendel Gibbor S. 54:) Echod elohenu
von Meierel Jorberger; Flamms Handbuch für Cantoren, Prag 1877;
Jafets Pesachhaggada; vgl. A J H E S 98 f. 203 n. 202–213; Mitt. p. X.

d) *Sefer mischle chakhamim* (Sprüche der Weisen, vgl. Serap. 1849
n. 34. 210, .. das *sefer* is in *'ibhri* (hebräisch) gereimt gar fein un' ver teutscht
das ir wert euch darüber verwundern. . Prag 1590. Verf. Jehuda b. Israel
Regensburg, der da is geheissen Löb Scherbel von Lumpenburg. — „Das
buch ret von einem könig, der hat 70 *chakhomim* von jüdischer samen." —
Jeder von ihnen verkündet dem Könige seine Weisheit. — p. 70: „Ein
chokhom war über seiner h austhür schreiben: Gott geb', dass alls bös von
seiner thür sollt aussen bleiben. Da war ein anderer *chokhom* dar für
gefohr'n, das thut ihm bang un' zorn un' schrieb drunter: wenn du dich
das hast für genommen, wenn dein weib ausgeht, zu welcher thür soll
sie wieder heimen kommen?" Schluss: Er habe im hebr. Original nur
50 Weise vorgefunden und sie zur Zahl der Mitglieder des Synhedriums (70)
ergänzt. — Es folgt ein Gebet für alle Tage. Am Schluss: Bezalel b.
Mardokhai (k"c = *kohen cedeq*) *mechoqeq* Schallit und Salomo b. Mard.
ha-Kohen mech. sch. — Schlussvignette: Ein Mann zu Pferde, voran ein
Schofarbläser, wie in der Haggada cod. Hamb. 37 f. 37b, ed. (Ven. 1640),
u. sonst, vgl. Jes. 27, 13.

III. Jak. b. Meir Maarssen (vgl. SEG 458), die sieben weisen Meinster
(vgl. Gri. III, 440). Berl. 1709 (vgl. Serap. 1849 S. 10 n. 194).

IV. Jos. Maarssen b. Jakob, s. chanok lana'ar. (Kaufmännisches
Handbuch.) Vgl. Serapeum 1848 S. 335 n. 72, 1849 S. 80 n. 332 (Amst.
1714). AL 241 (vgl. 314¹), 316¹), 444¹), 495).

V. Mose b. Josef Heida, s. maase choresch wechoscheb. Frkf. a. M.
1711 (vgl. Ser. 1849 S. 11 n. 198. — Jédi'at ha-cheschbon, Amst. 1699, auch
Serap. 1848 S. 345).

VI. Zebi Hirsch Chajjim, s. darke noam. Wilmersd. 1728. (Reisegebete.
Verz. der Posten u. Boten für Nürnberg, Frankf. u. Leipz. S. 44: Deutscher
Wegzeiger von Dresden aus u. s. w. Jahrmärkte u. Messen. Birkat
ha-lebana.)

VII. Der neue Handels-Artikel oder de Jagd .... Als Zugob: In
Polterabend-Gedicht. Hamburg. (Mit einem Titelbild. Aus der Franzosen-
zeit.) — Von diesem Judendeutsch, welches bis auf Mendelssohn, der es
selbst noch mitunter in Privatbriefen gebraucht (vgl. Jahrb. f. j. Gesch. u.
Lit. 208[218]), meist die Schrift- und Umgangssprache der deutschen Juden war,
alsdann aber vom „Hochdeutschen" verdrängt wurde, dessen Genius einem
Mendelssohn, Mich. Sachs, Dan. Sanders und vielen anderen Juden wie
wenigen vertraut war, weicht deutlich die Entwickelung ab, welche das
Deutsche bei den Juden in den östlichen Ländern genommen hat. Hier

sind es nicht nur neue, ausser den hebräischen u. aramäischen auch noch slawische Worte, sondern ganz neue Konstruktionen, die, wenn auch nicht in dem Masse, wie manche deutsche Mundarten, dem hochdeutschen Hörer und Leser nicht ohne weiteres verständlich sind. Diese Sprachfärbung ist alsdann durch die polnischen Lehrer, für die man einst in Deutschland grosse Vorliebe zeigte, den deutschen Juden vielfach zu eigen geworden.

Es lassen sich in diesem Deutsch, während das Judendeutsche fast durchweg gleichförmig auftritt (Al. gegen Jost in Ersch. u. Gruber), Mundarten, hauptsächlich die litauische, polnische und südrussische unterscheiden. Seit der Mitte dieses Jahrhunderts hat sich diese Sprache, welche übrigens an Wortreichtum jede andere europäische Sprache übertrifft, allmählich einen grossen Literaturkreis, selbst Journalistik, Schauspiel und Oper erobert. Das Nähere s. bei L. Wiener a. a. o.

16) Obwohl man im allg. bei der Erforschung solcher Beziehungen zwischen Orient und Occident grosse Vorsicht walten lassen muss, so verdient doch folgendes Erwähnung (vgl. Schauer, Wandernde Sagen [Geigers Jüd. Ztschr. V. Jahrg.]:)

Gri. III, 180 — 1001 Nacht VII, 277; Gri. III n. 19 S. 187 — 1001 Nacht I, 107; Gri. n. 136 — Gri. III n. 142 — 1001 Nacht VI, 342; Gri. III n. 155 die Asmodaisage; pers. Erzählung bei BP; Gri. III S. 266 — BP II S. 9; Gr. I 338 — Mitt. S. 72 n. 1; Gr. I 168 — die Sage vom Sambation; Gr. II, 33 (Nicht ich hab's gesagt) — Tod des R. Jehuda ha-nasi; Gri. III n. 117 S. 205, Urquell 1897 S. 208 (Herauswachsen der Hand aus dem Grabe) — Komp. VI 101; Gri. III 201 — H. 2 u. 3; Gri. n. 109 III 198 (Totenhemdchen), vgl. Mitt. 96 n. 6 — Sipp.: (die Belelesgasse); Gri. I 30 — Urquell VII 13; Gri. I n. 77 — Urquell VII 346; BP II 91 (vgl. 137): die drei Fische — Berakh. 61; BP II 83 (vgl. 138): Vogel, der das Meer ausfüllen will — Ehrmann (über den Phönix s. Kohut Aruch s. v. chol), BP 376; Beresch. r. 38 vgl. Pfeiffer Germania II 481; Weiber von Weinsberg — Schir haschir. r. 1 (Ehrmann 262); Ring des Polykrates — Sabb. 119 (Ehrmann 261); Ekha r. (Teilung des Huhnes) vgl. Ehrmann 263; Aeolsharfe — Berakh. 3; Bürgschaft: Mag. f. d. Lit. des Ausl. 1845 S. 208; Armillussage vgl. Güdemann, Erz. II, 332 Romulussage — Midr. wajjoscha (II M. 14,30 fg.), vgl. SEG 381; Nedar. 25 (Ehrmann: Der hohle Stock, wie noch heut hessische Händler beteuern: „bei meine Seel'!" und dabei ein Seilchen anfassen, welches sie zu diesem Zwecke an Rock oder Weste geknüpft haben) vgl. Don Quixote; Mitt. d. Schles. Ges. f. Volksk. 1897 S. 62; Gri. III 276 — Mitt. 77 n. 6; Gri. III 315 (Hahnenschrei), Schw. 221 — Mitt. 70 n. 5, 76 n. 4; Argus — Aboda. zara 20, chibbut hakebher (Mitt. 96 n. 13) bei den Arabern: SEG 376, 443 vgl. Scrap. 1849 S. 26, 333 f.); Chagiga 13b (Engelschöpfung) — Schw. 70. Aehnl. Beziehungen zeigt auch das Volkslied: Chad gadjo in der Pesachhaggada — „Es schickt der Herr den Jokel (vgl. Gri. III., 59 u. Cass.); „Der Däumling" (vgl. Gri. III, 379) — Mitt. 54 n. 14; (Gri. III, 66:)

Hansel und Gretel;
Zwei lustige Leut;
Hansel ist närrisch,
Gretel nicht gescheidt. Vgl. Mitt. 56 n. 5.

Dasselbe gilt vom Sprichwort u. s. w. Vgl. die Schildburger bei Scrap. 1847 S. 288, Al. 477, Mitt. 62 n. 1, 2 ff. [S. 63 vgl. Gri. III, 196]; Eulenspiegel: Scrap. 1848 S. 318 n. 10, Al. 485, Mitt. 67 n. 10a BV S. 1.

Zu Stück 1 1) Maa. 227. H. I, 40. Ueber die Literatur der drei Fragen, wovon Bürgers „der Kaiser und der Abt" und „das Hirtenbüblein" bei Gimm allgemein bekannt sind, vgl. Hollands Nachweise in Kellers Fastnachtsspielen S. 1490 und in seiner Ausgabe der Schauspiele des

Herzogs Julius S. 896, ferner Pröehle, G. A. Bürger, Leipz. 1856 S. 115 ff.
(über „Bürgers Lenore und die ihr verwandten Stoffe in der europäischen
und russischen Volksdichtung" schrieb J. Sozonović [Warschau 1893] in
russischer Sprache), Percy reliquies 167—168, Fürsts Orient II, 1864 S.
687 u. Benf. I, 439. Gri. III, 245 ff. erwähnt auch unser Märchen. 2) o. *jo'ec*
3) o. mein feiner. 4) o. er hängt allemal die *gedullo* (Grösse, Ansehen) an
sich. 5) o. *Adouni Melekh* 6) o. du dein *jo'ec* Kunz men *mökhabbed* bist.
7) o. den grössten *chokhom* (Weisen). 8) vgl. Sirach 1,3. 9) o. eppes.
10) o. gute schaub', vgl. Perles 4. 11) o. böses. 12) o. *mizrach.* 13) o.
nua'aribh. 14) H.: Selik.

Zu Stück 2. 1) MN 14. Aehnliche Drachengeschichten bei
Schw. 80 (Schw. 29,92 bespricht die Sage von Perseus und St. Georg,
an den ein Siegel bei Levy, Siegel und Gemmen, Bresl. 1869. Taf. III
und das Schiffszeichen der Thebaner erinnert) u. Benf. I, 752 f.
Die Wunderglaubigkeit der Wormser persiflirt die Anekdote: das
Wormser *nes* (Wunder). Ein Mann will *goumel* benschen (für Rettung
aus Gefahr danken, vgl. Perles 129), weil seiner Frau eines seiner Hemden
von der Wäscheleine heruntergefallen. Welchen Schaden hätte er also
nehmen können, wenn er darin gesteckt hätte! Vgl. Mitt. 63 n. 4. 2) o.
Ma'ase warum die stadt Worms heisst. 3) o. war gekommen zu fliehen.
4) o. lintwurm aus der *midbar* (Wüste). 5) o. alls was er hot gekrogen,
hot er *chorubh* (zu schanden) gemacht. 6) o. *behemouth* ein geschlunden.

Zu Stück 3. 1) Maa. 222. H. I, 14 f. Aehnl. Bodl. 3925 f. Vgl.
Sirach 23, 9. *B. meci'a* 49. *Choschen mischpat* 87. Grätz VII, 97 u. sonst.
2) o. wurde *getafsent* (gefangen). 3) Vgl. Gudrun 1054. 1165. 4) Vgl.
Gudrun 444. Gri. III, 17. 5) Schätze, die unter Bäumen vergraben liegen:
Gri. III, 351. Schlangen unter Bäumen: B P I, 539.

Zu Stück 4. 1) Maa. 132. Von der Dankbarkeit der Tiere spricht
auch das Märchen (bei Gri. III, 191): Die treuen Tiere. Dass die Tiere
den Menschen durch ihre Treue beschämen, ist eine buddhistische Anschauung (B P I, 208). Maa. 159 erzählt von Samuel dem Frommen: Er
fuhr einst zu Wasser. Da hörte er ein furchtbares Gebrüll. Als er diesem
nachging, fand er einen Löwen, den ein „Fandel" verfolgte. „Das schiesst
mit eitel feuer aus seinem maul, damit verbrennt es die anderen Tier',
wo es sie antrefft." Doch vor dem Frommen flicht das Untier, und der
Löwe wurde so zutraulich, dass er Samuel auf seinem Rücken zum Schiff
zurücktrug und am liebsten mit ihm gefahren wäre. Ganz ähnlich berichtet die Sage von Heinrich dem Löwen (Gr. II, 243), von Andronikos u. a.
2) o. Mark. 3) Vgl. „Der Froschkönig" bei Gri. 4) In der Ragnar
Lodbroksage sowie in ihrem persischen Gegenstück (Benf. I, 565) wird
ein Lindwurm in einem Ei bezw. einem Apfel gefunden, aufbewahrt und
immer grösser, sodass er sein Lager verlassen muss und eine geräumigere
Stätte einnimmt Vgl. die Fütterung des verwunschenen Prinzen bei
B P II, 144. — Ungeheure Frösche auch: H. I, 3. Der weissagende Frosch:
Maass, d. deutsche Märchen S. 10. 5) Vgl. Ez. 3, 1 f. Daher das früher
beliebte Verfahren, den Abeschützen das hebräische Alphabet auf Zucker
einzugeben (Roqeach n. 296 bei Grätz VII, 93). 6) Erinnert an die
Lohengrinsage. 7) o. 'Alilat. Doch wohl ohne Beziehung auf das Arabische.
Ueber Lilith und ihre Kinder vgl Al. Kohuts „Angelologie" 87. 8) Ueber
die Beziehungen zum Haar der Berenice vgl. Immermanns „Tristan und
Isolde" (Die Schwalben). Bei Gri. III, 58 sind es drei goldene Haare vom
Kopfe des Teufels, welche die Königstochter von ihrem Freier fordert.
9) Raben als redende, besonders als Schicksalsvögel oft in deutschen
Sagen: Gri. III, 19. Vgl. 117. 10) Diesem Wasser des Lebens oder Para-
dieses- oder Himmelswasser begegnen wir bereits in der Alexandersage
(vgl. Wünsches „Alexanders Zug nach dem Lebensquell" im Jahrb. f. jüd.

Gesch. u. Lit. 1898 S. 112, 117, 123), im deutschen Märchen (bei Gri. III,
19, 114, n. 17 und 126) und in Konrads von Würzburg trojan. Krieg 10651 (vgl.
Gri. III, 185). 11) o. des Bannes. S. oben S. 26: „König Liwjatan." 12) Chanina,
der (oben S. 26 „Der Wasserkönig") als Schwiegersohn Jehudas des Frommen
bezeichnet wird, scheint, nach seinen Abenteuern zu schliessen, mit *Chanina
ben Chakhinaj* ('Abot III, 4), mit *Chanunja* dem Frommen (s. Schem hag.)
oder mit dem Wundermann *Choni* [Onias] (*Ta'anit* 19,23) oder seinem Enkel
identisch zu sein, der auch *me'aggel* (Kreisemacher, mathematicus, Hexenmeister) genannt wird (Vgl. Ehrmann S. 19, Löw 337 f.) I. Chanina auch
(s. S. 26 „Der Wasserkönig) Name einer Frau (so auch Genendel).

Zu Stück 5. 1) Maa. 178. H. II, 46. Vgl. IV M. 17,23; „Die drei
grünen Zweige" bei Gri. III, 254 und die Tannhäusersage. Das Neuaus-
schlagen eines Bäumchens als Wahrzeichen der Erlösung auch bei Grimm
Mythologie 929. — Ueber Vorzeichen vgl. Komp. I, 296, wo der Hammer
des Schulklopfers, ähnlich wie in Brentanos Gesch. vom braven Kasperl
das Schwert des Nachrichters, von selbst zu schwingen anfängt, wenn der
Rabbiner sterben soll, vgl U 1898 S. 32. Das „Jahreverkaufen" in derselben
Sage „Nicht sterben können" ist eine noch heut in Galizien übliche Unsitte.
2) Ueber diese fast mythische gewordene Figur vgl. Grätz Gesch. VI, Cassel
Lehrbuch 370 und Güdemann Erziehungsw. Von seiner Mutter erzählt M N 8,
was sonst von der Mutter Raschis berichtet wird, dass sie in Gefahr, überritten zu werden, sich ängstlich an die Mauer gedrückt und dass diese
nachgegeben habe. 3) o. [anstatt] ihm *thenchubho* zu setzen (eine Busse
aufzuerlegen). 4) o. *kapporo* 5) wie im Tannhäuser drei.

Zu Stück 6. 1) M N 22. Vgl. Keller, Fastnachtspiele, Stuttg.
1853 III 1489, 1223. — Bei Gr. I, 133 warnt ein fahrender Schüler eine
Mutter vor dem „Wechselbalg". Auch die magyarische Volksdichtung
hat eine solche stehende Figur im Garabonzias Diak. „Gewöhnlich ist der
Begriff von Zauberei und Wetterbeschwörung damit verbunden" (Komp.
VII, 132). 2) o. fardiger. 3) Das Rad ist im Buddhismus Sinnbild der
Herrschaft wie der Religion (B P I 487). Damit hängt wohl ursprünglich
die Bedeutung des Glücksrades zusammen. Gr. I, 296 „Das Glücksrad"
erzählt hiervon: Zwölf Landsknechte kommen traurig aus dem ditmarser
Kriege. Unterwegs begegnen sie einem Grauröcklein, das ihnen die Kunst,
reich zu werden, beizubringen verheisst. (Dieses „Grauröcklein" oder der
„Graumantel" oder das „graue" oder „rote Männchen" [Gri. III, 210 ff. 407.
Schw. 244] ist sonst der getreue Eckhart, der guten Rat erteilt; der „Grünrock"
hingegen ist der Teufel [Gri. III, 190]. S. hingegen U 1898 S. 130) „Man heisst
es das Glücksrad, das steht mir zu Gebot und wen ich darauf bringe, der
lernt wahrsagen den Leuten und graben den Schatz aus der Erde; doch
nicht anders vermag ich euch darauf zu setzen, als mit dem Beding, dass
ich Macht und Gewalt habe, einen aus eurem Haufen mit mir wegzu-
führen . . ." Als die nun ordnungsmässig aufgesessen, packte der Meister
das Rad mit den Klauen, die er beides an Händen und Füssen hatte, und
hub zu drehen an bis es umgedreht war, zwölf Stunden nacheinander
und alle Stunden einmal. „Als sie nun zwölf Stunden ausgehalten hatten,
rückte der Glücksmeister einen feinen jungen Menschen vom Rade, der
eines Bürgermeisters Sohn aus Meissen war und führte ihn mitten durch
die Feuerflamme mit sich hin." Die anderen „waren aber nach wie vor
arm." Vgl. das altfranz. Adamsspiel (Wackernagel, das Glücksrad in
Haupts Zeitschr. f. deutsches Alterthum VI, Leip. 1848, 134 fl). Deutsche
Schüler im Dienst eines fränkischen Königs sind hier die auf das
Glücksrad gesetzten und mit ihm abgeführten Menschen. („Und banntest
die Teufel in ein seltsam Glas," vgl. oben S. 28. *Mischle chakhamim*, Prag
1590, 10b: Das *gilgal* [Rad, ferner die bekannte Stätte des Götzendienstes!]
is sich oft umkehren, der arm wert reich un der reich arm weren. Vgl.

Bachjas Comment. zu V M. 15, 19.) 4) Vgl. Roskoff I, 832. 5) o. es is
ein *ma'ase* gedruckt von 'Aqdomuuth [Fürth 1694, vgl. Serapeum 1848 S. 419
No. 16?], das man am *Schobhu'outh* sagt; dort innen steht das *ma'ase* ganz
aus von faridiger s.udent. 6) Aehnl. Motiv bei B P I, 147.
  Zu Stück 7. 1) M N 7. Das Wandern der Seele während des
Schlafens: Gr. I, 336. Mitt. d. Schles. Ges. f. Volksk. I, 4 f. Spencer
System (deutsch) VI, 168 u. sonst. 2) Ueber die Bekehrung N'. s zur
Qabbala gingen mancherlei Sagen, vgl. Grätz Gesch. VII. Schalsch. ha-qabb.
55b (M. h. S. n. 8) wird ein Esel statt seiner v e r b r a n n t. 3) S. über
R., den Schüler Jehudas d. Fr.: A L 463 f., Grätz a. a. O. und Cassel
Leitfaden. 4) o. *schemouth* (magische Namen). 5) Ungefähr denselben
Weg legt in umgekehrter Richtung Abraham aus Saragossa zurück, als er
zu ähnlichem Zwecke den hohen Rabbi Löb in Prag besucht (S. III,
12 f., vgl. Görres Volksb. 219). Vgl. die Reise Clingsors und Heinrichs von
Ofterdingen (Gr. II, 343). Die Wolke ersetzt hier den Wunschmantel, nach
welchem ja Dr. Faustus (= fortunatus, vgl. Bodl. 3924) seinen Namen führt
(Gri. III, 213). Vgl. Horst, Dämonomagie II, 214. 6) o. der Zusatz,
der Fürst würde sich besonders freuen, an seinem Osterfeste einen Juden
als *pesach* (Opfer) darbringen zu können. 7) ist historisch. — M. h. S.
n. 8 erzählt, wie Nachm. nach Palästina gefahren auf einem Schiff, welches
keiner ausser ihm von der Stelle bewegen konnte (vgl. Edda [Simrock]
p. 281 bei Schw. 258). Seinen Schülern sagte er beim Abschied, wenn sie
den Grabstein seiner Mutter gespalten fänden, so sollten sie wissen, dass
er gestorben sei, und wenn sie mitten darin einen Leuchter (o. *menouro*)
sähen, dass er unterwegs gestorben. So geschah es.
  Zu Stück 8. 1) Maa. 160. H. II, 42. 2) Vgl. Roskoff I, 327. 3)
Vater Jehudas des Frommen. 4) R. Jakob. 5) Vgl. Roskoff I, 323, Faustsage u. a. m. 6) o. *sched.*-Hineinfahren der Seele in einen Leichnam auch
B P I, 124. II, 125.
  Zu Stück 9. 1) Maa. 179. H. I, 19. A L 468. 2) Vgl. Gudrun
201. 3) Erinnert in seiner Treue an Volker von Alzey und Horant, auf
seinem Gang nach der Unterwelt, wie besonders sein Kollege, an Orpheus.
Vgl. auch Gri. III, 20, 177. 4) o. *schedim*, Gottseibeiuns.
  Zu Stück 10. 1) Maa. 208. Wie „der Recken Ausfahrt" u. ähnl.
2) Pommerland in dem bekannten Kinderliedchen: Maikäfer, fliege!
Vgl. Pamuren Mitt. 53 n. 9. 3) o. 4) o. der *seder* 5) o. 6) o. eins
zubrengen. 7) o. *sorim*. 8) das bekannte Motiv der Tagelieder. — Venus-
spiel: Paullinis Heils. Dreck-Apotheke, Stuttg. 1847 S. 212. Gaben geben:
U 1898 S. 142.
  Zu Stück 11 1) Maa. 224. H. I, 39. 2) o. 3) o. das schön
Mensch. 4) o. 5) Aehnl. Motiv: *Ohel Ja'aqob* zu III M. 23, 15 *(Mischle
Ja'aqob*, Przem. 1871, S. 87). 6) o. *nosi* Gemeint ist wohl. 7) o. lernten.
8) o. *bochur* 9) o. den *therec* auf einen *chilluq*. 10) Als Lehrer tritt Elia in einer
Rolle, die man sonst dem Engel Gabriel (vgl. Raschi zu I M. 37, 15) zuschreibt,
nicht selten im Talmud E. begegnen wir: B. qam 60b, B. mec. 85b, Qidd. 69 f.,
Gitt. 6b, 70a, Midr. Schir hasch. II, 13 n. sonst und in den älteren Midraschim
auf. Er wird hier *saba* „der Alte" genannt (vgl. oben S. 29 „Das Bethaus im
Walde"). Mit Benutzung solcher Stellen und in der Form einer Unter-
weisung Elias im Lehrhause zu Jerusalem ist c. 974 von einem B a b y l o n i e r
der Midrasch *Tana debe Elijahu* verfasst. (Vgl. Schalsch. 25b u. S E G
Anm. 64.) — Im übrigen s. über Elia: Mi. 2b. Je. 209 ff. U. IV, 11,42.
In Fostat und Alexandrien (hier zuletzt 1846) hat man ihn oft gesehen
(Saf. I, 3a. 20b). In Hamburg sah man ihn häufig, indem er einem ein
gutes Geschäft wünschte. Das hatte stets Erfolg. — Ueber Elias und
Chidher s. Jahrb. f. jüd. Gesch. I, 116. 11) o. Aussatz. So heisst es auch
in den Gest. Roman. bei Gri. III, 211 f (n. 122 „Der Krautesel"). Was die

Früchte vom ersten Baum verderben, machen die vom anderen wieder gut (Praetorius, Weltbeschreibung II, 452—455, Görres Volksb. 71). Ueberhaupt ist es „ein Axiom des Märchenglaubens, dass dasselbe Element irgendwie differenziirt (z. B. an einem andern Orte) die entgegengesetzte Eigenschaft habe (B P I, 48). 12) o. doktorim. 13) o. ein schön *keli* un' zwanzig prate gläser. Helwig liest: Portugaleser drinnen. 14) o. der alt *chuthon*. 15) o. regnirten.

Zu Stück 12. 1) M N 4. A L. 473. Vgl. Gr. II, 185 (der Alraun) und II, 357 f. (Landgraf Moritz von Hessen).

Zu Stück 13. 1) Maa. 208. Vgl. Gri. III, 205 (N. 115: die klare Sonne bringt es an den Tag) nach Hulderich Wolgemuth, erneuerter Esopus, Frankf. 1623; Orient III, 378. Ueber „die Kraniche des Ibykus" s. Cass. 86. Aehnliches wird von Sal. ibn Gabirol erzählt: Schalscheleth ha-qabbala 39b, auch in: Ma'ase ha-schem und S. I (Weisel, der Feigenbaum als Zeuge). 2) o. *mu'ase* geschach an einem juden. Verwandtes Motiv: II Chr. 24,22. 3) o. *gazlon*. 4) o. *vermassern*. 5) Qoh. 10, 20. — Die Anlehnung an Bibelstellen ist von altersher üblich, vgl. Zeitschr. d. D. Morg. Gesellsch. XII, 152. 6) bei Gri. a. a. O. ein R e b huhn, möglicherweise mit Anspielung, vgl. die Deutung des Namens Rapoport in Z V 1894 S. 204 f. (Ueber Rapoport s. Cassel Lehrbuch 433.) 7) o. oder ein teil [entspr. nh. *miqrath* „einige"] leut sagen: ein Engel von himmel, der heisst *ouf* (Vogel), der führt das geschrei aus. 8) o. *Ha-schem jischmerenu* (Gott bewahre uns!). 9) o. einlein. 10) o. *rosch 'oron*. 11) o. führten ihm gleich *thofus* un' waren ihm *me'anne*. 12) o. so war er geratbrecht.

Zu Stück 14. 1) Maa. 228. II. I, 1. Ring als Glücksgut: Schw. 259. 2) bekanntlich der Schauplatz im Buche Hiob. 3) o. 4) o. war ein grosser *'oascher*. 5) o. siebzig *leschounouth*, nach der altjüdischen Anschauung, die sich auf die Völkertafel der Genesis gründet. 6) o. *jeschibho*. 7) o. tapfere *bachurim*. 8) o. *begiccur ha-dobhor*. 9) o. ein *chosid'oulom*. 10) o. die konnt die *schemu'outh* alle nit wol leiden un' sach den handel gar ungern. 11) o. brecht. 12) o. *besod peleto* machen. 13) Wiesel in Sagen: Gri. III, 27. Wiesel am Brunnen: Ta'anit. 14) o. fingerlein. 15) o. konnt er leinen. 16) o. eppes alt geschriebenes. 17) o. ein besonder natur an ihm. 18) o. beigürtel, vgl. Perles 84. 19) o. *seder*. 20) o. *thousefonth*. 21) o. dass Gott geb! 22) o. *chajjouth*. 23) o. der gut robh. — Böhmerwald: Güdemann, Erz. III, 147. 24) Vgl. Gr. I, 293: „Der Werwolf." Vgl. Dobeneck, Des deutschen M. A. Volksgl., Berl. 1815 S. 163; Horst II, 55. 219; Perles 125; U 1898 S. 55. 25) Kohlenb. scheint man sich in unheimlichen Beziehungen gedacht zu haben, vgl. Gri. III, 11. 26) Vgl. Gri. II, 51: Leupichius entflieht. „Da gesellte sich ein Wolf zu ihm und wurde sein Wegweiser. Und als er das Tier sich oft nach ihm umblicken und so oft er still stand, auch still stehen sah, dachte er, dass er ihm von Gott gesandt wäre." Aehnl. oben Anm. zu St. 4: Richard Löwenherz, wobei der Krieg „gegen Engelland" bei Gri. N. 136 „Der wilde Mann" zu bemerken ist. 27) o. 28) o. kein *schi'ur* un' kein *'erekh*. 29) Verwandlung eines Menschen in einen Esel schon bei Apulejus. Vgl. Gri. III, 209 (N. 122: Der Krautesel). 30) o. wie mir hab'n gehört, dass ihr wiederkommt, da sein wir geläfen zu sein weib un' hab'n ihr well'n bäcken brot sagen. 31) wohl Prov. 20,9.

Zu Stück 15. 1) Maa. 138. Vgl. Mitt. S. 72. Verwandlung in Bären auch Gri. III 229). 2) Vgl. Jalqut zu I M. 32 Anf. und 33, 9. Ber. rabba § 75. 3) o. *Ha-qolousch horukh hu*.

Zu Stück 16. 1) Maa. 194. II. 22. 2) Vgl. Qoh. 11, 1. 3) o. der is der *melekh* über all die fisch, wie mir nun wohl in die *seforim* (Bücher) finden. Vgl. Jalqut Jona. 4) Liwjatan als Sprachenlehrer auch Bodl. 3752. 5) Vgl. Gri. III, 196 (N. 107: Die Krähen).

Zu Stück 17. 1) S. II, 29: Die goldene Gasse. (Das Teilen des Wassers beim Hinuntersteigen erinnert an II M. 15, 8. Doch kann auch die Vorstellung des Blitzes vorschweben, vgl. Schw. 251. S. oben „Die Königin von Saba“. 2) ist der bekannte westsemitische Gott, je nach seinem maritimen oder binnenländischen Charakter mit *dag* (Fisch) oder *dagan* (Getreide) in Verbindung gebracht. 3) Vgl. Gri. III, 5: Erlösung des Froschkönigs durch treue Liebe, das bekannte Motiv im Tannhäuser und im fliegenden Holländer. 4) II M. 1,15. Auch die Kohlen, statt Dosten und Dorant der deutschen Sage, erinnern an den bekannten Mythus von der Klugheit des Kindes Mose vor Pharao (Schemot r. I). 5) Vgl. Gr. I, 337. 6) Vgl. „Der Wassermann und der Bauer“ bei Gr. I, 67, gleichfalls aus Deutschböhmen. Aehnliche Sagen bei Gr.: I, 53 „Die Ahnfrau von Ranzau.“ „Eben so wenig nahm sie von den Edelsteinen, die in goldnen Schalen standen.“ I, 61 „Der Wassermann.“ „Gegen das Jahr 1630 erzählte in der Pfarrei zu Breulieb, eine halbe Meile von Saalfeld, in Gegenwart des Priesters eine alte Wehmutter folgendes, was ihrer Mutter, ebenfalls Kinderfrau daselbst begegnet sey.“ Der Vorgang ist ungefähr derselbe. Nur erscheint der Wassermann als Wüterich, der seine eigenen Kinder am dritten Tage nach der Geburt frisst. Seine Frau warnt die Hebamme, ja nicht mehr für ihre Dienstleistung zu nehmen, als sie sonst „zu kriegen pflegt, sonst dreht er euch den Hals um.“ Diese Vorsicht wird reichlich belohnt. I, 83 „Vor den Nixen hilft Dosten (vgl. Perles 79) und Dorant. Eine hallische Wehmutter erzählte, dass folgendes ihrer Lehrmeisterin begegnet.“ Auch hier mahnt die Entbundene: „Nehmt nicht mehr, als euch auch andre Leute zu geben pflegen.“ Hingegen sollte sie Dosten und Dorant vom Boden pflücken. „Eine andere Hebamme, bürtig aus Eschätz bei Querfurt, erzählte nachstehendes.“ I, 85 „Die Frau von Alvensleben.“ Eine Edelfrau „zu Calbe in dem Werder“ wird nachts in einen Berg gerufen, hilft „einem kleinen Weiblein“ in Kindesnöten. Sie berührt nichts von den Speisen und Getränken, erhält jedoch beim Abschied einen Ring, an den das Glück ihres Geschlechtes geknüpft ist. I 87 „Die Frau von Hahn und der Nix.“ Hier wird eine Wassernixe entbunden. Als Lohn empfängt die Edelfrau drei Stücke Goldes, von denen das Glück derer von Hahn abhängt. I, 72 „Der Dönges-See.“ Aus Hessen. I, 392 „Der Nix an der Kelle.“ Aus dem Hohensteinischen. Das umgekehrte Verhältnis: bei Komp. I, 46. „Benemmerinnen sind eine Art Hebammen, die mit bösen Geistern im Bund stehen . . . Wo man sie nicht ruft, schlüpfen sie durchs Schlüsselloch; auch als Katzen (vgl. Cass. 4, Horst II, 22 f. 82. 219) mit grünen funkelnden Augen hat man sie gesehen.“ Ein Talisman hilft dagegen. — Vgl. Frankl I, 211 ff. „Die Brusche“ (vgl. Güdemann, Erz. I, 203, Horst II 67 f. 70) und Schw. 230 (vgl. Mitt. 90 n. 1). Ueber das Totenreich im Wasser: Schw. 250.

Zu Stück 18. 1) „Geld unt kein geld regirt die ganze Welt, einem dieses gefälld, dem andern der bauch der von geschwellt . . .“ (s. a. $\frac{493}{178}$) gegen Ende: „*Ma'ase* geschach ein mal . .“ 2) o. schlimm *mazol*. 3) o. un' macht ihm *bedalluth* un' sein bruder war bald ein '*ouscher* (judendeutsch für '*oschir*). 4) M N 20. Ein schön *ma'ase* von das haus zu der Kronen zu Worms. 5) o. *ba'al ha-baith*. 6) o. as er die *qi-hillo* nit mehr besetzen konnt. 7) Gebetstück, welches in einer Versammlung von mindestens zehn Männern vorgetragen wird. 8) o. *jischubh* (Weiler). 9) o. war ihm *malhthir*. — Auch Christen holten sich beim Rabbiner Rat. So soll Gottfried von Bouillon vor seinem Kreuzzuge den berühmten Raschi befragt haben. Vgl. M N 16 (wo das sprichwort herkommt: drei mann und ein rosskopf); Maa. 184; H. II, 53: S. I, 55. — Ueber Gottfrieds Stellung zu den Juden: Quellen z. Gesch. d. Jud. i. Deutschl. II. — Ueber Raschis Grab: Sch. I,

407, vgl. M. XLI, 380 f. 10) Zank und Neid. — Aehnliche Buchstaben-spielerei: Maa. 170, wo ein Mann, der das Gebot III M. 19,27 nicht be-obachtet, nach dem Tode von einem Dämon in Gestalt einer Kuh gepeinigt wird. Die Anfangsbuchstaben der Worte „*pĕath raschĕkhem wĕlo thaschchith*" setzen nämlich das Wort „p[a]r[o]wth" (Kühe) zusammen. 11) o. mit hocher stimm. — Die Geschichte vom Dalles oder Schlimm-Massel erscheint in zahl-reichen Varianten. Am bekanntesten ist folgende: Der Dalles verlangt, bevor er auszieht, von seinem Wirte neue Kleider. Doch kaum hat dieser sie besorgt, so ist natürlich sein Dalles infolgedessen gewachsen, und die neuen Kleider sind ihm zu knapp. „So hält der Dalles den Dalfen zum Narr'n." (Vgl. Gedichte u. Scherze in jüd. Mundart, Nr. 18 u. Urquell 1897 S. 80.) Eine hessen-darmst. Sage vom Dalles, der dem Dorfgeher treu bleibt, als dieser, um ihm zu entrinnen, sich Pferd und Wagen an-schafft, entspricht ungefähr Schw. 249: Der Hausherr steckt, um den Kobold los zu sein, sein Haus an und fährt mit Sack und Pack davon. Da brummt es mit einem Mal hinten in einem Fass auf dem Wagen: „Wenn wir nicht wären entronnen, dann wären wir alle verbronnen." Es war der Kobold. — Doch am sinnigsten ist die wiederholt wiedergegebene Geschichte vom „Dalles in der Butterbüchs" (Ged. u. Scherze Nr. 8, U 1898 S. 128). Wie der dumme Teufel vom Doktor Paracelsus (Gri. III, 186, Görres Volksb. 212. 225), wird hier der Dalles von seinem Wirt überlistet, indem dieser sich anstellt, als glaube er dem Unhold nicht, dass er in der Butterbüchse Platz habe. Kaum hat ihm aber der Dalles den Be-weis geführt und in der Büchse Platz genommen, als der Schlaue die Büchse zuschlägt und in's Wasser wirft. — Diese Ueberlistung des Dämons, wobei das Gefäss, in dem er gefangen sitzt, verbrannt wird, finden wir auch in der Geschichte des Ardschi Bordschi Chan. Vgl. Weil, 1001 Nacht I, 141. B P I, 116. Schott, walachische Märchen, N. 7, wo der Teufel in ein Fass kriecht.

Zu Stück 19. 1) Mündl. Mitteil. des Herrn L. aus Winsen in Hamb. Vgl. Komp. X 293. — Aehnl. Gri. III, 7: Ein armer Mann will sich erhängen, da kommt eine schwarzgekleidete Jungfrau und verlangt, „was im Hause verborgen sey." Gewöhnlich verspricht die Mutter ihr Kind: Gri. III, 23. — Teufel auf dem Baume: Gri. III, 146. — Verwandtes Motiv: Frankl I „Das verwandelte Kind." 2) Vgl. Maa. 251. 252.

Zu Stück 20. 1) M N 19. *Ma'ase* von . . . *rabbi Lezer* und *rabbi Mousche Ruben, ba'ale schemouth* (qabbalistische Wunderthäter). Zitiren Verstorbener: Güdemann Erz. I, 211. 2) aus der Familie Ulmann, der in dem Hause wohnte „wo die schwarzen beeren schild aushängen." 3) [statt 9)!] an einem Sabbatausgang. 4) R. Mousche Ruben, „der wohnt hinter der schul in dem haus, wo der spiegel aushängt." 5) o. *sore cölochith.* 6) o. *mal'okhim.* 7) Die bekannte persisch-talmudische Sage von Asmodaj, welche durch die Vermittelung der Muhammedaner zu den Christen gekommen ist. Vgl. B P I, 116. 129. Benf. I, 745. Roskoff I, 197. 327. Gr. I, 137 „Spiritus familiaris." „Er wird . . . in einem wohlver-schlossenen Gläslein aufbewahrt . . [Man] mag das Fläschlein hinlegen, wohin [man] will, immer kehrt es von selbst zurück." Gri. n. 99 „Geist im Glas". N. 142 (vgl. 1001 Nacht VI, 342; Savilon-Zaubulon lässt auch die Ableitung Zebulon ═ Ba'alzebul ═ Belzebub zu, was allerdings sachlich mit Diavolo zusammenfällt). N. 136 („der wilde Mann" wird gefesselt, wie Aschmedaj von Solomo). III S. 187 (vgl. 1001 Nacht I, 107). Verwandt ist die Sage vom Golem des hohen Rabbi Löb (vgl. Ka. 99 f. Die Bewirtung des Kaisers [Görres Volksb. 219, wird ähnlich vom Rabbi Löb erzählt) bezw. „der Zauberlehrling" und Gil Blas, der hinkende Teufel (vgl. Cass. 26). 8) o. „schlafpelz", jetzt noch für „Langschläfer" im Volksmund z. B. in Schlesien gebräuchlich. 9) o. aus dem „gewölbe", vgl. Perles 148. — Gespenster

halten sich mit Vorliebe im Keller auf, so bei Gr. I, 83. 10) Ueber
dämonische Doppelgänger (menaechmi) s. B P 116, 129; Gittin 68b, wo
Aschmedaj Salomos Gestalt annimmt; Gr. I, 347 erscheint dem Stallmeister
des Herzogs Joh. Casimir von Coburg ein Gespenst in Gestalt seiner noch
lebenden Ehefrau. 11) Jakob Weinstein. 12) o. drum is besser nix mit
schemouth zu zwingen, es kann einem bald übel ausgehen. — Schon frühzeitig wird vor den Folgen qabbalistischer Kunststücke gewarnt, vgl.
Roskoff I, 252. Beschwörer enden unglücklich, wie Faust. Vgl. Güdemann
Erz. I, 205. — Hierhin gehört auch M. h. Sch. N. 9. Nechunja b. Ha-qana
nennt einem Schüler auf dessen Bitten den Engel, der mit Mose im Himmel
gelernt. Der Schüler fastet 40 Tage und nimmt eifrig Tauchbäder, dann
hat er „ein *schem godoul weqodousch* gemelt." Da erscheint der Geist,
ganz Blitz u. Feuer. Betäubt stürzt der Schüler nieder. „Erdenwurm",
donnert der Geist, „warum das du hast machen zittern die ganze *jeschibho
schel ma'alo* (das Geisterreich)?" Alsdann erteilt er ihm Bescheid.
    Zu Stück 21. 1) Maa 169. H. I, 4. 2) o. feinen *bochur.* 3) o.
berokho machen. 4) o. singers. 5) o. sie hatte mit ihm „*qnas* gelegt" und
sollte jetzt „unter die *chuppo* gehen." 6) o. izundert nebbich die zeit zu
lang geworden war. 7) J. erscheint in ähnlicher Rolle auch Maa. 163. —
In Fostat zeigt man die Stelle, wo J. seine Klagelieder soll angestimmt
haben. Bei Lebensgefahr darf dort niemand sitzen. Doch Frauen, die
schwer gebären, wird gerade dadurch geholfen (Saf. I, 22b, vgl. N. 191).
8) o. *schammosch.* — Elia als Diener der Stammväter auch *Qabh ha-jaschar*
S. 44a § 20. — Mi. 2b; E. setzt sich unter den *'ec ha-da'ath* (Lebensbaum)
im *Gan 'eden* (Paradies) un' schreibt die *zekhiouth* (Verdienste) von *Jisroel,*
dass sie den Schabboth haben gehalten.
    Zu Stück 22. 1) M N 21. *Ma'ase* von der *malke Schebho'* in den
haus zu der sonnen, früher zu den teufelskopf. — Aehnl. Sagen: Gr. I, 63 f.
Die wilden Frauen im Unterberge. Die Grödicher Einwohner und Bauers-
leute zeigten an, dass zu diesen Zeiten (um das Jahr 1753) vielmals die
wilden Frauen aus dem Wunderberge .. herausgekommen ... Mehrmals
hat es sich begeben, dass eine wilde Frau aus dem Wunderberg gegen
das Dorf Anif ging, welches eine gute halbe Stunde vom Berg entlegen
ist. Alldort machte sie sich in die Erde Löcher und Lagerstätte. Sie
hatte ein ungemein langes und schönes Haar, das ihr beinahe bis zu den
Fusssohlen hinabreichte. Ein Bauersmann aus dem Dorfe sah diese Frau
öfter ab- und zugehen und verliebte sich in sie .. und legte sich .. zu
ihr in ihre Lagerstätte." Der Bauer verleugnet vor ihr seine Ehefrau.
„Diese aber machte sich viel Gedanken, wo ihr Mann Abends hingehe ..
Sie spähete ihm daher nach und traf ihn auf dem Feld schlafend bei der
wilden Frau .. Aber die wilde Frau hielt dem Bauern seine treulose Ver-
läugnung vor und sprach zu ihm: „„hätte deine Frau bösen Hass und
Aerger gegen mich zu erkennen gegeben, so würdest du jetzt nicht mehr
von dieser Stelle kommen."" Doch nun ermahnt sie ihn zur Treue gegen
seine Frau und giebt ihm einen Schuh voll Geld, „geh hin und sieh dich
nicht mehr um." Gr. I, 89. Der Graf von Orgeweiler im Herzogtum
Lothringen hatte „eine geheime Liebschaft mit einer wunderbaren schönen
Frau, die wöchentlich an den Mondtage in ein Sommerhaus des Gartens zu
ihm kam." Seine Frau überrascht sie und zieht sich heimlich zurück.
Die Fee wird es aber hinterher gewahr und trennt sich für immer von
ihrem Geliebten, beschenkt ihn jedoch vorher reichlich. Gr. II. 249 f. „Im
16. Jahrh. nach Fischarts Zeugniss, wusste das Volk der ganzen Gegend
noch die Geschichte von Peter dem Staufenberger und der schönen Meerfei."
Am bekanntesten ist die Melusinensage. 2) o. in seinem „gewölbe".
8) Ein Anklang an die Lilithsage, vgl. Roskoff I, 196. Wassernixen (Lorelei)
kämmen ihre langen (goldgelben, vgl. Grimm Mythol. 918) Haare (Schw.

250) in einen goldenen Trog (Schw. **237**, U **1898** S. **78**). 4) **e**. hat an *schabboth*
wöjoumloubh die hänt voll mit fingerlech. 5) **e**. schweben, vgl. Tristan
2349 u. sonst. 6) **e**. zu *gêbhuro* thun. Aehnl. die Sage von R. Amram
zu Mainz (vgl. A L. **452** f.). Die Königin von Saba (vgl. Görres Volksb.
240) erinnert an die Sphinx (Frankel III, **286**).

Zu Stück 23. 1) Maa. **223**. H. I, **87**. 2) **e**. ein grosser verbrenger.
3) **e**. hätten vernemmen. 4) **e**. fläschen. Dasselbe Synh. **104**, wahrscheinlich
arabischer Herkunft. Vgl. Ehrmann 100 „Die Macht des Geistes." Auch
Reminiscenz an Berakh. **43b**. 5) **e**. so muss es gewiss zwei laegel
(= Fässchen, vgl. Perles **127**) getragen hab'n. — Nicht recht verständlich.
Es wurde wohl nach einem Pferde gefragt, welches Wein und Oel trage.
6) *mikkol schôken*.

Zu Stück 24. 1) M N 1. Warum aso vil *gêzerouth* (Heimsuchungen)
vor zeiten sein gewesen in Worms. — Juspa Schammasch berichtet, was
ihm sein Lehrer R. Pinchas zu Fulda im Namen des bekannten Commen-
tators des 'Ebhen ha-ezer R. Josua Falk erzählt hat.

Zu Stück 25. 1) M N 3. **e**. 'orchim. 2) **e**. judenpforte.

Zu Stück 26. 1) M N 9. Soll i. J. $\frac{5109}{1349}$ stattgefunden haben.
2) Die Gans ist historisch. Vgl. Grätz VI, **102**: „Sie (die Teilnehmer am
e r s t e n Kreuzzuge) .... eine Gans und einige Ziegen, die sie vor sich
gehen liessen und von denen sie fest glaubten, sie seien vom göttlichen
Geiste angehaucht und würden ihnen den Weg nach Jerusalem zeigen."
Quellen zur Gesch. der Juden in Deutschland II, Berl. **1892**, **90**: „anserem
quendam divino spiritu afferebant afflatum" (nach Albert von Aachen c. **31**,
vgl. Ekkeh. Hierosol. c. 10), vgl. Horst, Dämonomagie I, **92**.

Zu Stück 27. 1) Maa. **188**. H. I, **22**. A L **523**. — Aehnlich lautet
die noch heut im Volke lebendige Ueberlieferung von der Erbauung der
„Reb Eisek [chathan] Reb Jekeles-Schul" (vgl. Grünbaum **428**) in Krakau.
R. Eis., ein armer Pfandleiher, hatte eine Aufwärterin, deren Kind er hin
und wieder beschenkte. Nach vielen Jahren träumte er einst, es liege in
Wien unter einer Brücke ein grosser Schatz vergraben. Am nächsten
Morgen reist R. Eis. sogleich nach Wien und giebt sich an die Stelle,
wo der Schatz liegen sollte. Doch alles Graben und Suchen bleibt erfolglos.
Nach einiger Zeit träumt aber R. Eis. wieder dreimal in einer Nacht von
jenem Schatze. Er lässt sich auch diesmal die Reise nicht verdriessen
und spricht, wie er das erste Mal gethan, beim Vorsteher der Wiener
Gemeinde vor. Der wundert sich nicht wenig, R. Eis. schon wieder in
Wien zu sehen. Aber als ihm nun gar R. Eis. seinen Traum erzählt, da
will er seinen Ohren nicht trauen. In derselben Nacht hatte er selbst
nämlich einen Traum, dass auf dem Hofe eines gewissen R. Eis. in Krakau
ein reicher Schatz zu finden sei. „Das bin ich ja selbst", ruft R. Eis. ganz
ausser sich vor Freude. Er reist nach Haus und findet wirklich den Schatz
auf seinem Hofe. Zum Danke beschliesst er sogleich, ein Gotteshaus zu
bauen. Da es hierzu der Erlaubnis des Papstes bedurfte, reist er nach
Rom. Kaum erblickt ihn aber der Papst — es war kein anderer, als der
Sohn jener Aufwärterin —, als er auch sogleich seinen einstigen Wohlthäter
in ihm erkennt. Und wie nun R. Eis. ihm seine Ehrerbietung bezeigen
will, schliesst er ihn in seine Arme und giebt sich ihm zu erkennen.
R. Eis. erhält in goldenen Lettern die päpstliche Erlaubnis, „alle: und
überall zu bauen." Die „Schul", die nach ihm benannt ist, wird auf's kostbarste erbaut, statt des Mörtels sogar Eiweiss genommen. — Die Juden
haben also eine Königslegende (über Schaul Wahl [s], [der übrigens
in dem Ahnensaal im Briefsteller Seeb Wolf Kohns neben R. Eisek eine
Stelle gefunden] König von Polen, s. Bernsteins „Vögele der Maggid"
74 f., über Walsch: Perles **188**) so auch ihre Papstsage. Vgl. Güdemann,

Erz. II, 79. 2) Vgl. Schem hag. Eine andere Sage von R. Simon: Hirschs Jeschurun II, Frkf. a. M. 1856, S. 117 (abweichend vom Seder ha-doroth). 3) Ueber Elias Zauberspiegel s. Jahrb. f. jüd. Gesch. I, 117 f. Vgl. Roskoff I, 349 u. „Schneewittchen". Die japanischen Zauberspiegel zeigen, wenn starkes Licht darauf fällt, Gravirungen auf der Rückseite. Ueber Erdspiegel s. Horst, Dämonomagie I, 276 f. 4) o. aus sein *qebher* auf dem *beth chajjim*. — Wunder an Grabsteinen: oben N. 7 Anm. 7. Frankl, Nach Jerusalem I, 210 berichtet über zwei sagenumwobene Grabsteine in Konstantinopel. (Vgl. Gr. II. 80: „Mit diesem Stein [im Wasichenwald] hat es die wunderbare Bewandtniss, dass man ihn zwar aufheben, und mit der Hand in die Höhle reichen, niemals aber den Stein ganz von der Stelle wegbringen kann.") — Eine Sehenswürdigkeit des Friedhofes zu Hannover ist ein Grabstein, von einem Baume durchwachsen. 5) o. *schabbothgoje*. 6) o. *apfiur*, vgl. Berliner, Juden i. Rom II, 2 S. 193. 7) o. schachzabel, vgl. Tristan 2219 n. sonst. — Salomo als Schachspieler: H. 1, 41. 8) Der Erkennungsszene I M. 45, 1 nachgebildet.

Zu Stück 28. 1) Maa. 211. Vgl. H. II, 17. Ueber Jechiels Kontroverse vor Ludwig IX s. Grätz VII, 96. Diese u. andere Sagen haben die Juden wohl aus Frankreich mitgebracht (vgl. das. 100 Anm. 3). — Aehnlich erzählt S. VII, 367 vom Meharschal: Er hatte einst in einer Winternacht beim Studium keine frische Kerze anzuzünden. Da reichte wunderbarer Weise das Stümpfchen die ganze lange Nacht. Vgl. Gr. I, 1: Die drei Bergleute im Kuttenberg. „Also geschah es, dass ihr Licht 7 Jahr brennte." Die Beziehung auf das Chanukkawunder (Sabb. 21, vgl. Ta'anit 24) liegt nahe, vgl. Gri. III, 191 n. 108. 2) o. *poricim*. 3) o. martel? 4) als frommer Jude. 5) Aehnliches wird von Maimonides erzählt.

Zu „Der Wind". 1) Vgl. Perles 119. „Glaube, Liebe u. Hoffnung" auch bei Meisel, Dibre Chakhamim 1844.

Zu „Deutsch-Hallel". 1) So betteln wir das erste einer Anzahl alter jüdischer Lieder aus Süddeutschland, welche Herr Rabb. Dr. Eschelbacher, Bruchsal in einer alten jüdisch-deutschen Niederschrift uns einzusenden die Güte hatte. Obwohl deutlich zweierlei Hand zu unterscheiden ist, darf man wohl ein Original darin sehen. Am Schluss heisst es (in deutscher Schrift): Namen des Ertichters Löw Abraham Reis. — Unser „Deutsch-Hallel" ist eine Art Paraphrase einiger Hauptstellen des bekannten Hallelgebetes (Ps. 118 u. a.), mit anderen Schriftversen durchflochten. — Die Schreibung des Hebräischen folgt im allgem. der süddeutschen Aussprache. Das *ou* bezeichnet einen Mittellaut zwischen *o* und *au*, woraus sich auch die Reime erklären. **Strophe I u. II:** 2) o. 3) sanft und nicht laut. 4) gelobt sei Er! 5) in der Höhe. 6) Anfang eines Liedes, dessen Melodie Jak. Heilpern, *dinim weseder* gegen Ende (s. oben S. 66) erwähnt. 7) Ungefähre Uebersetzung des vorigen Verses. **Strophe III u. IV:** 1) Die bekannte Schilderung des Biederweibes, welche Schiller in seiner „Glocke" benützt hat: „Ihre Hand bricht Brod dem Armen, u. ihre Hände streckt sie dem Dürftigen" Prov. 31,20. 2) milde Gaben. 3) o. ihre. 4) König Salomo, er ruhe in Friede! **Strophe V u. VI:** 1) mit Andacht. 2) Leben und Friede. 3) dann erfüllt sich das Wort Ps. 128: Dein Weib ist wie ein blühender Weinstock. 4) o. nimmt. 5) Gott behüte! 6) [statt 5):] die bekannten drei Hauptpflichten der jüdischen Hausfrau (s. Mischn. Sabb. II, 6). 7) o. werd. 8) Gunst. 10) (hinter: *jomim*) lange. 11) erfüllt Prov. 31,10. Ein Biederweib, wer findet es? **Strophe VII u. VIII:** 1) o. der 2) Schmerzen der Niederkunft. 3) hier wohl wie oft: bankerott machen. 4) vgl. 3. 5) I M. 3,16. Die Frauen reimten hierauf: „Und ich thu' es doch" (vgl. Bützow. Nebenst. V, 65), in Hamb.: „Nicht an Schabboth und nicht in der Woch!" 6) Vgl. Dina Läuferin: Mitt. 25 n. 7. 7) guten Namen. 8) rituell.

Zu „Aus der Russisch-JüdischenKinderstube". Anmerkungen des Herausgebers: 1) bezw. galizianisch (g a l. = in Zalosce u. Brody, s. Mitt. 16). Aus bestimmten Rücksichten ist manches nicht übersetzt worden, vieles nur Füllwerk, „damit es auskommt zum Gerämen (Reim)". 2) König. 3) ein paar Tauben. 4) Sie nähen Hauben. 5) Auf den Markt laufen sie. 6) rücklings. 7) Elend. 8) Nudeln. 9) Fuss. 10) in der *tora* bewandert. 11) Scheint Reminisc., vgl. V M. 6, 7. 12) schöner Baum spriesse. 13) Buch. 14) Vers. 15) Weg. 16) wer weint, den werde ich schlagen. 17) Schlüsselein. 18) Herr Bruder. 19) Es fährt ein Mäuschen über's Meer. 20) in den Hof hinein. 21) Kringel (vgl. Mitt. 100. 22) vgl. II Sam. 10, 12; Dan. 10, 19 u. sonst. 23) Pastinak (zu Pesach als Gemüse beliebt, vgl. Perles, Beitr. u. Z. d. Ver. f. Volksk. 1898, II, 183. 24) das bekannte Gebet *wěharaχum.* 25) Es sitzt ein Häschen auf dem Ofen. 26) Sprechen Sie deutsch. 26a) Hocus pocus, vgl. Güdemann, Erz. II, 221, 334. 27) Uhr. 28) Vgl. das Hamb. Kinderspiel:

Ele mele matsche,	Ele mele muh —
Wer mag Kakerlatsche?	Die magst — du!: ferner (?)

El melekh: Mitt. 53 n. 7 und das Mellespiel: Urquell VI 184, VII 212.

G a l. A.

Mojże meruse of jener welt,	Wus werste tin in Silzen?
Warf mir arub a zekele geld!	Eχ wel zugn *tillim* (Psalmen)
Wus tougt dir a zekele geld?	Wiezoj zugt men *tillim?*
Ce kojfn a ferd in wezerle.	Ele mele Joske
Wus tougt dir a ferd in wegerle?	Swarze *kale* hosti
Ce firen Stejnderleχ.	Rojte Sizerleχ gejsti
Wus tougt dir ce firen Stejnderleχ?	Ap der mou'r Stejsti
Ofcemour'n a Silχen.	*Riχ* in dän taten!

B.

Ele mele Joske,	Gej cum *puric* (Herr) klogn!
Swarce *kale* (Braut) hosti,	Der *puric* hot a inderle,
Rojte Sizerleχ gejsti,	Dus inderle wil meχ bäsn.
Ap der mou'r (Mauer) stejsti.	Gej cum puric säsn!
Riek deχ a bisele water!	Säs änt (heut), Säs morgen,
Di kî (Kuh) trögt än äter (Euter),	Wer derstikt un derworgen!
Di ki wil meχ slog'n,	

Vgl. Mitt. 58 n. 10. Eine weitere Variante aus Borken, Hessen-Nassau hat 1) u. 2) wie a 1) u. a 2), dann aber

3) Wo hast du's denn gelassen?	5) Warum hast 's nicht mitge-bracht?
4) In Frankfurt auf den Strassen.	6) Ja, ich hab' nicht d'ran gedacht.

7) 8) u. 9) wieder wie a 3) — ein Stückchen weiter — a 4) u. a 5).

10) Da thät ich ihn verklagen.	12) Das Hündchen wollt mich beissen,
11) Der Amtmann hat ein Hünd-chen,	13) Da thät ich ihm was . . . . . .

29) Mitt. 36. n. 28. 30) Das. 31) *Χasir* = Schwein. 32) schlägt. 33) Grossmütterchen. 34) Schlag. 35) g a l. Alter Spalter griner grüs Host a worm in der nus. 36) nom. pr. fem. 37) g a l.

Balbúste, balbúste (Hausfrau),
Grejt ci tiš (deck den Tisch)!
Nem dir fiš,
Gib mir lokšn,
Nem dir spodek (Stürze, Rabbiner-
hut),

Gib mir kupke (Haarbedeckung
der Frauen)!
Fir int fir iz aχt,
Lomir (lasst uns) tancen a gance
naχt!
Aχt in aχt iz zeχcejn,
Sollst sicen a gance naχt in kräχc'n.

38) s. Mitt. 100). 39) Nadelbüchse. 40) stiehl. 41) Gebetbuch. 42) Gespenst. 43) das Gebet der Hinterbliebenen. 44) g a l.

Eh, eh!
Kimt arân a policé
In hajst zeχ gibn
A gläz'l tej (Thee).
Tej iz biter,
Ciker iz zîs,
Es fîs!

Fise iz fet.
Lig in bet!
In bet iz kalt.
Kriχ in wald!
In wald iz lejdik (einsam),
Kiš meχ in prejdik!

45) I M. 6, 9. 46) Kraft. 47) Hauptsache. 48) trunken. 49) vgl. Mitt. 55.
50) Qedar, vgl. Perles 138. 51) Tartar; „schwarzer Tater" Schimpfwort
in Hamb.. 52) (hinter: *„leχajim"*) prosit! 53) vgl. Mitt. 52 n. 6.
54) Talmaj II Sam. 3, 3? 55) Gebräuchl. Doppelname. 56) die bekannten
Bussgebete. 57) Macht, Geltung. 58) *'Olam.* 59) Mardokhai ist ein
Klotz, vgl. Mitt. 42. 60) ohne Mass. 61) g a l. ci belegn (zu bedecken)
vgl. Mitt. 88 n. 48. 62) Bräutigam. 63) Brücke. 64) Ungeziefer. 65) Mörser.
66) Vgl. oben N. 14. „Der Wunschring." 67) Kikeriki Hähnchen. — In Hamb.
hiess es einst: „Nach *Jomkippur* rufen die Hähne: kikeriki! *Jom Kippur* is
jetzt vorbî (da sie das *Kapporo*schlagen nicht mehr zu fürchten haben)!
Doch die Gäns, die kriegen *mouro* (Angst): Es kommt nun *Simchath thouro*
(wo man Gänsebraten zu speisen pflegte)." Vgl. Z. d. Ver. f. Volksk. 1898
II, 186. 68) Hemdenlatz. 69) Semmeln. 70) Hochzeit. 71) Wurst, vgl.
Mitt. 26 n. 10. 72) Vgl. Mitt. 52 n. 6. 73) Unser Vater König. 74) Vgl.
Mitt. 101 n. 11. 75) Gott. 76) Zicklein. — g a l.—

Cigerle migerle koternas,
Rojte bazilie,

A der tate šlogt de mame,
Räsen di kinderleχ χrie.

77) Zicklein. 78) Flicken. 79) pelzt eins auf. 80) Lebendige (Junge).
81) Alten. 82) Bärtchen. 83) Hölle. — Zu „barebante" s. Z. d. V. f.
Volksk. a. a. O. S. 187. 84) Klang, Geräusch. 85) Knarren. 86) Schmalz.
87) Durchfall. 88) vgl. Raschi zu Sabb. 152b, Kohut Ar. compl., Löw
109. 89) III M. 13, 12 ff., vgl. Mitt. 41 n. 154, 81 n. 11. 90) Joël.
91) Bittersalz. 92) Nägel. 92a) Vgl. Asdîs, Vîgdîs (Grimm Mythol.
226?). 93) Seele. 94) Vgl. Ps. 77, 4. 5? 95) verendet. 96) liegt auf
der Seite. 97) Schmerz. 98) Menschenleben. 99) bunt. 100) Frommer.
101) Kaue, vgl. Mitt. 29 n. 82. und Ehrmann 227. 102) Einen „Zubeiss"
gieb her! 103) Aehnl. (Hambg., mitg. v. Hn. W. Peine); *Aχ'n belbós*
[Gentleman]! Grosser *dalles*, hot weineχ. Zein *Xeleq* [Teil]: thut jau
k'laumer [so zu sagen] Lumpen-*massematten* [Geschäfte], nix szohlt er,
prält fer *qof* [100] rat [R(eichs-)t(haler)], *schikker* thomid [stets trunken].
104) Häkchen. 105) Knute. 106) Aehnl. g a l.:

A git morgn, Jetje!
Git jur, Mordje [Mardokhai, Markus]!
Wús osti gekoχt, Etje?

A boršt, Mordje.
A zîsen, Etje?
A zour'n, Mordje.

Mitt. 36 n. 27 ergänzt (Schönsee, Westpr., mitg. v. Hn. Abraham, Hamb.)

Gitn morgn, Gitel!
Retteχ träg eχ.

Lek mer an . . . !
Ma ma'n est'n gern.

Vgl. Z. d. V. f. Volksk. a. a. O. 68. 107) Brody. 108) Ziegenbart.
109) Kauf. 110) Lebkuchen, vgl. Mitt. 49 n. 88, 101 n. 11. 111) Böcklein.
112) Vgl. Mitt 52 n. 5. 113) Trauhimmel. 114) Auf, auf! 115) Es soll
hoch hergeh'n. 116) Geschichte. 117) nom. pr. fem. 118) Närrchen.
119) 2) 4) 5) 8) 9) Mitt. 53 n 9. 120) Vgl. Mitt. 50 n. 1. 121) Waare.
122) Schule. 123) ordentlich. 124) Kurse. 125) Auszeichnung. 126) rituelle
Fragen beantworten. 127) predigen. 128) Grütze, vgl. Mitt. 58 n. 8,
65 n. d. 129) Butter. 130) Brot, vgl. Mitt. 54 n. 11. 181) Geflügel.
132) darf man nicht essen. 133) Vgl. Mitt. 57 n. 7 u. 8. — Aehnl. in
Bernsteins Mendel Gibbor (Wertheimers Kalender, Berl. 1859 S. 55):
Keicad meraqdin (wie soll man tanzen) — Den Unterführer, packt ihn!
— *Lifnei ha-kalloh* (vor der Braut)? Tanzt mit ihm alle! g a l.

Of den kejzers fensterl	*Slojme* der dokter,
Sieen cwej mejderlez.	Geld ci nemen,
Wer iz di *kale*?	Ciciklemen
Mân šwester Male.	Broder lât,
Wer iz der χosn?	Wert veršad't!
Mân breder *Nosn*.	Nemt dûs mejdel in der zât!
Wer iz der interfirer?	

184) aus dem bekannten Liede *Lekha dôdi*. 185) Auskunft. 136) Glück
u. Segen. 137) Verwandtschaft. 138) gut Glück! 139) Kleinod.
140) Mitgift. 141) Teich. 142) vgl. Mitt. 51. 143) Stunden. 144) Hauptsache, vgl. oben n. 25 *(iker)*. 145) Alter Mann, Bettler. 146) = um
und um, wie „umedar" = immerdar bei Jak. Heilpern, *dinim wěseder*
(s. oben S. 65) p. 8. 147) Taschen. 148) jeder beneidet dich. 149) so
Gott will. 150) Gelehrter. 151) zur Zierde gereichen. 152) kindisch zu sein.

Zu „Eingänge". 1) Das eine zeigt, umrahmt von Blätterornamenten,
einen Mann in der im vorigen Jahrhundert üblichen Judentracht (Rokoko),
der einen Zettel in der l. Hand hält. Die Inschrift lautet: ‚*lézekher*' [Anrufung]
(dann folgt dasselbe, wie Mitt. 92 n. 19, nur nach *lilith*:) ‚*chawwah rišona*'
[die erste Eva] (am Schluss): ‚*kamri'el chasdi'el*' [Engelnamen], daz iz die
hašba'a' [Beschwörung] von *Elijahu ha-nabi z"l* [Elias, des Propheten, sein
Andenken zum Segen!] ‚wie er hot *mašbi'a*' [beschworen] ‚gewes'n di
makhšefóth' [Hexen] ‚biz zi hab'n im muz'n eu zagen wo men wert *mazkir*'
[anrufen] ‚zein ire nem'n' [Namen] ‚wel'n zie vun daz houz wekloufen.'
(Hierdurch wird die Behauptung (Mai, Catal. Uffenb. p. 110) entkräftet,
dass das Judendeutsch auf Amuletten nicht verwendet worden sei.) Die
nun folgende hebräische Stelle bedeutet: „Im Namen des Herrn [Tetra-
gramm], des Gottes Israels, der thront über den *khěrubim*, dessen Name
gross und ehrfurchtbar! *Elijahu ha-nabi*, zum Guten ist er erwähnt, kam
einst des Weges und traf die Lilith nebst all' ihrer Sippe und sprach zur
Lilith, der Unholdin: „Du Ausbund aller *tum'a* [lewit. Unreinheit], und ihr,
die ganze saubere Sippschaft, wohin des Weges?" Da antwortete sie ihm:
„Mein Herr Elijahu! Ich gehe hin, wo ich eine Wöchnerin finde, da ver-
senke ich sie in einen tiefen Schlaf und raube ihr Neugeborenes, um sein
Blut zu trinken, sein Mark auszusaugen und sein Fleisch zu verzehren."
Und Elia — seiner werde zum Guten gedacht! — rief zornig aus: „Du seiest
gebannt von Gott, gelobt sei er! und seiest starr wie ein Stein!" Lilith
entgegnete: „Um Gottes willen schone meiner, und ich will mich davon
machen. Ich schwöre dir im Namen des Herrn [Tetr.], des Gottes der
Reihen Israels, dass ich nun ablassen will von dieser Wöchnerin und von
ihrem Neugeborenen, und so oft ich meine Namen hören werde, will ich

mich davon machen. Nun werde ich dir meine Namen kund thun, und so
oft man sie ausspricht, soll ich und all' meine Sippe keine Macht haben,
Schaden zu stiften und in das Haus einer Wöchnerin zu gehen oder gar
ihr ein Leids zu thun. Dies sind meine Namen: Lilith, Abbitu, Abbizu,
Amzarfo, Haqqaš, Ores, Iqpodu, Ijlu, Tatrota, Abhanuqtah, Satruna, Quali-
kataza, Thilathuj, Piratša." *Q-r-'a s-t-n* [vgl. das Gebet des R. Nechunja
b. Ha-qana im täglichen Morgengebet und AJHE n. 1874 die letzten Buchstaben der ersten Verse des Genesis] *makhsefa lo thechajje* [mit dem
üblichen Permutationen, vgl. Mitt. 91]. Hieran schliesst sich wieder der
Anfang: *Adam wechawwah* usw. und zum Schluss Ps. 121. Das andere
Amulett zeigt, umgeben von verschiedenen, vor allem einen Segen ent-
haltenden Bibelsprüchen und den 12 Sternbildern mit entsprechenden
Kalenderdarstellungen und den 12 Stämmen Israels nebst dem Segen
Jakobs, Ps. 20, 67 u. 121, ferner die verschiedenen Gottesnamen in einem
Magen Dawid, dem bekannten an Gotteshäusern und Ritualien wahr-
nehmbaren Zeichen, welches der pythagoreischen Symbolik entlehnt
zu sein scheint (vgl. Mai 824 u. Henne am Rhyn, Die Freimaurer[3],
Leipz. 1889, S. 9, 29). Ueber solche Amulette vgl. Hebr. Bibliogr. 1863
S. 121 Anm. 1, Serapeum 1864 S. 82, Donath, Gesch. d. Jud. i. Meckl.
S. 78, Schw. 218 f., Berliner, Gesch. d. Juden in Rom I, 60. — Von auf
der „Anglo-Jewish hist. exhibition" zu London 1887 ausgestellten Amuletten
und Talismanen berichtet der Katalog S. 45 n. 911. 417. 918, S. 51 n. 967a,
ferner n. 1867 ff., 1872—1877, 1882, 1887. Ein ganz schlichtes mit den
üblichen Namen (zum Schluss nach „Lilith:" *l-q-j*): cod. Hamb. 318. Dem in
cod. 996, welches Mai (Bibl. Uffenb. s. das. 409 u. sonst) bereits abgedruckt,
ähnelt das in cod 222. Von letzterem Abschrift in unserer Sammlung.

2) Vgl. *m-n"-q* (Mai, Biblioth. Uffenb. 406) oder = 1785? Den Reichs-
adler fanden wir in einer Haggada-H S des Uri Phöbus b. Isak Eisek
ha—lewi vom Jahre 1751 (Bibl. d. Hn. Dr. H. B. Levy) vor *birkath
ha-mazon*, auf einem silbernen Chanukkaleuchter (96 cm. hoch, 84 breit)
im Bes. d. Hn. T. Friedländer, Kgsb. i. Pr., vgl. den 1. Jahresb.
des jüdischen Museums in Wien S. 16 u. Mitt. 98 n. 5. Der Zinnstempel
zeigt das Mailänder Wappen mit einem P. M. (= Pro Memoria). Ueber
solche Votivstücke aus Edelzinn vgl. Friese u v. Puttkamer, Hdbch. der
Metallurgie, Dresden 1895. Der Doppeladler weist auf die österr. Herrschaft — nach 1714 — hin.

3) Von jeher widmeten sich die Juden, wie noch heute bes. in Polen
(die „Mazzajwekrizzers"), mit Vorliebe der Gravier- (z. B. Tychsen, Bütz.
Nebenst. IV 65 u. s.), Goldschmiede-, Steinschneidekunst (z. B. Donath,
Jud. i. Meckl 155; das. 175: L. Cohen, Bildhauer, [vgl. M. 1897 S. 365[5])
„Mem. a. d. J. 1813 u. 1814, noch heut a. O. i. Privatbesitz)u ähnl. Zweigen.
Darauf deuten schon die Namen Steinschneider, Graveur, Petschirer
(Pischer) usw. hin. Ueber die Juden als Diamantschleifer s. Schudt,
Jüd. Merckwürd. u. J. G. Meusel, Miscellaneen artist. Inhaltes, Berl. 1785.
— Daraus, dass die Juden von den Zünften ausgeschlossen waren, lässt
sich durchaus nicht folgern, Kunst u. Handwerk sei ihnen fremd geblieben.
Seit den ältesten Zeiten und ganz besonders im Ghetto, wie heut im
Londoner Ostend, gab es unter den Juden Roms (vgl. Berliner Gesch. I,
98; II, 2,86) sehr viele Schneider. Nur gegen die Töpferei zeigt sich (so in
(Schönsee, Westpr.) eine gewisse Abneigung, angeblich weil die Lehmarbeit
an die Sklaverei Aegyptens erinnert. Welchen Einfluss das Judentum
(wie es z. B. auch auf die Behandlung u. Ausübung der Medizin von jeher
fördernd eingewirkt, vgl. SEG 448, 372, und mit der Buchdruckerkunst in
reger Wechselwirkung gestanden hat, vgl. „Jüd. Typographie" in Ersch.
n. Gruber u. Jahresb. des Rabb.-Sem. in Berlin 1893 94, selbst der Pflege
der Hippiatrik nicht hinderlich in den Weg getreten ist, vgl. SEG 357, 445)

in manchen Gegenden, wo fast alle Arbeit in jüd. Händen liegt, auf das ganze geschäftliche Leben ausübt, beweist neuerdings wieder der Bericht im „Allg. deutsch. Exportblatt" vom 1. V. 98 über die Juden in Salonik, worauf uns Hr. S. Durlacher, Hamb. aufmerksam machte. In dess. Hn. Besitz befinden sich 12 silberne Becher für den Sederabend, welche in vortrefflicher Ausführung folgende Reliefs zeigen: Isaks Opfer, Lots Frau, Auffindung Moses, Mose vor dem Lager, Untergang Qorahs, die Kundschafter, Simson, Dawid, Absalom, Elia mit dem Raben, Jona (?), Daniel in der Löwengrube; ferner ein silb. Riechbüchschen, wie sie einst am Jom Kippur benützt wurden, und einen silb. (wegen des Verbotes des Tragens am Sabbat) Zahnstocher, sämtl. Erbstücke.

4) „Der ordinaire Schutz-Jude" (*Ba'ale qijjumim*, vgl. Tychsen, Bütz. Nebenst. VI, 4.) 5) „Nachdem der .. zu seiner Verheirathung mit der .. die dem Potsdamschen Grossen Mil. Wais. Hause desfalls zustehende Gebühren mit zehn Rehsth. in Friedrichsd'or berichtiget, auch die Stempel- u. Canzeley-Gebühren mit Drey Rehsth. u. 14 Groschen bezahlet, so wird hierdurch genehmiget, dass der Rabbi gedachtes Ehe-Paar vertrauen kann." 6) Aehnl. Bedeutung hatte wohl ein von Hn. Brasch, Hamb. geschenkte Niederschrift des Ps. 64, 2 („Verhoor, ö God! myne Stem aes ik klage. Behoed myn leven voor den angst des vyands"). 7) Ganz ähnlich dem Mitt. 80 abgebildeten Trauring, nur dass dieser in schwarzem Email die Worte trägt (vgl. Mitt. 88 n. 42): *mazzal tobh* Synagoge u. Inschrift hatten n. 1829 (XVI Jahrh.) der Angl.-Jew. II. Exhib., Syn. allein n. 1831, die Inschr. allein 1822 (XVI Jahrh.). Aehnl. Ringe: n. 1824 u. 28 und Musée de Cluny, Paris. 8) Vgl. J. Kauffmann, Kat. 25, Frkf. 1898 S. 6, AJHE S. 189 n. 40 illustr. Keth., 1786 Gibraltar, cod. Hamb. 318 (schmucklos wie heut) u. Monatsschr. 40, 213 ff. 9) Jüd. Trachten brachte die AJH Exh. n. 1889, 1890. 10) Vgl. oben S. 38. 11) Aus dem Bericht über die religionsgeschichtlichen Sammlungen (von Cyr. Adler, Wash. 1895) p. 766: zu der letzten Weltausstellung in Chicago hatte das U. S. Nat. Mus. geliefert: eine illum. „Megilla", Sederschüsseln u. -becher (mit Gravirungen), eine Kethubba (Rom 1816), einen alten Trauring, Beschneidungsutensilien, Amulette, Chanukkalampen u. a. — Ueber ähnl. Sammlungen im Nat. Mus. zu München u. Mus. Guimet zu Paris s. a. a. O. S. 758 f. 12) Ders. erbot sich frdl., den Mitgl. der Gesellsch seine Arbeit über Hebbel u. die Juden, Brüx 1897, unter Vorzugsbedingungen zu liefern. 13) Abschrift der nn. 5 u. 6 Mitt. X n. 5 ist wahrsch. eine Predigt des Londoner Haham Meldola, eines Vorfahren des Spenders. Ueber die Fam. Meldola s. AJHE nn. 760 ff., 985 — 989, 1165, 2112, S. 22 n. 635, S. 26 n. 711, 1064 u. 1065. — In dem Testamente (n. 6) heisst es u. a.: „dey tado peszoãs Ruims (*ra'im*) e que evitem de falar cousas indecentes que o morto ove tudo e lhe afrontaõ." Also der alte, auch jüdische Glaube, dass die Toten hören, Ferner ist von „lejaõ a nissa" (Messelesen) die Rede, vgl. Perles 27. 14) Den Mitgliedern, von welchen irrtümlicherweise ein um M 0,10 zu hoher Beitrag erhoben worden ist, steht es frei, diesen Mehrbetrag von dem nächsten Beitrage in Abzug zu bringen.

Zu „Fragekasten". 1) Nach dem alten Gebete *ribbön ha-'olamim* am Sabbatausgang. Eine Fortsetzung (Rawitsch) lautet:

Gott, Du sollst uns benschen,
Wir sollen nit brauchen keine Menschen.
Gott, Du sitzest im Himmelreich,
Bescheer' uns Kleider Leiten [?] gleich!
Du sitzest in der Höh' und schaust hernieder,
Mit einer Hand strafst Du, mit der anderen heilst Du wieder.
Umein we-umein!

Eine andere (Oberschles.): Den Becher nehm' ich in die rechte Hand
Und spreche die *broze* über's ganze Land.

Von den Verfassern (Vater u. Sohn) zweier „Abensegen" handelt
Serap. 1848 S. 317 n. 9. 2) Auf dem Bilde Bodl. 3915 (vgl. 3930)
steht der Rabbiner zur Linken. 3) Den Judenfleck sowie den Juden-
hut zeigt auch ein Schofarbläser in gestreiftem Rock und verschieden-
farbigen Beinkleidern in einem alten italien. Machzor des Hn. Dr. H. B.
Levy. Einen merkwürdigen Hut(?) trägt eine Figur in der *More
nebukhim* HS. aus dem 18. Jahrh. (ebendas.), worin ein Reiter mit
eingelegter Lanze (mit Unterschr.: Eile mit Weile, vgl. Steinschneider,
Handschriftenkunde 24) und (vor dem 2. Teil) Jüngling u. Jungfrau am
Baum des Lebens. 4) Aus demselben Grunde sieht auch Herr Prof.
Kaufmann in dem ersten Bilde eine Entlehnung aus fremden Kreisen.
5) Uebrigens findet auch bei Cassel, „Aus dem Lande usw." 5 „Wiesel
und Katze" das Wiesel statt des sprichwörtl. Hundes. 6) 1782 12⁰. Von dem
Schreiber Jehuda b. Natan Spiro aus Breslau Joel b. Josef Channa aus
Lissa geschenkt. Darin auch eine Illustr. des 137 Ps. 7) Zur Verfügung
stehen uns bisher ausser den Ausg. Vened. 1640 (auf dem Titel „Askenazim",
vgl. Frankel III, 275 Anm., poln. Juden in Ital. das 384) Venedig 1663,
Amst. 1695 (AJHE n. 2208, die in Fürth abgedruckt ist), Amst. 1712,
Offenbach 1722, Wandsbek 1733, Wien 1804 *(Ma'ala beth chorin)*, London
1806, Breslau 1840 *(Berith 'abóth)*, in Bloggs *Qehillath Selomo*, Hannov.,
Warschau 1868 *(Thiqwath Jisrael)*, eine sehr schöne Abschrift mit Feder-
zeichnungen (sollte unser „Zierart" mhd. *zieröt* [vgl. Kluge, etym. Wtb.]
nicht mit *cijjur* [targ.] zusammenhängen?) nach der Ausg. Amst. 1695 von
Jeqebh Sofer (b. Jehuda Löb aus Berlin), Hamb. 1723 i. Bes. d. Hn.
J. Michael, Hamb.: eine solche, prächtig koloriert, von dems., 1738, besitzt
Hr. J. Japhet, Hamb. Weniger gelungen ist eine Abschrift (1807) im Bes.
d. Hn. Peine, das. Hingewiesen sei ausserdem auf die Hagg. s: AJHE
n. 98, 99, 103 (14. Jahrh.), 2184, 2185, 2076, die Berichte des Wiener
Museums für Denkmäler des Judenthums 1898, die Sammlung des Hn.
Dr. H. B. Levy:

1) Abarbanels *Zebach pesach*, Konst. 1505 (vgl. Benjakob S. 152).
(Ein Exempl. der Prager Ausg. v. 1526 [vgl. Zunz, Zur Gesch. 271] findet
sich in Hamb. Privatbes.)

2) Vened. 1641. 3) Offenbach 1722 4) Vened. 1748 (sef. Uebers.)
5) Amst. 1754 u. a. m. Ein prächtiges Exempl. ist die 1751 von Uri Phöbus
b. Jizchaq Eizeq (ha-lewi), Schreiber der Dreigemeinden Hamb., Altona
u. Wandsb. u. der Sefardim, geschriebene und in künstlerischer Ausführung
in allen Einzelheiten illustrirte Haggada. Einiger dieser Bilder lohnte es
sich, für eine neue geschmackvolle Ausgabe zu kopiren. Ge-
ringere Bedeutung hat die von Chajjim Glückstadt aus Hamb. geschriebene
u. illustrirte Haggada. Von hohem Werte sind die Einbanddecken einiger
dieser Mss., bunt gepresstes u. vergoldetes Pergament oder Leder.

Kat. d. Berl. Hss. (2. Abt. 1897) S. 27 n. 183 u. 184, cod. Berl. 14
(XV. J.), 148, 389 (Mann vor dem Betpult, wie cod. Hamb. 37 p. 114),
cod. Berl. 569 (XV. J., mit *niśmath)*;
ferner cod. Münch. 200 (vgl. H B VI, 69 [ein *Kad ha-qemach*, Ven.
1546 fol., Eigent. des Herausg., früher i. Bes. eines Löb b. Abraham Isak (?)
Permond Braquin, Dresd. (?), zeigt die Autogr.: Fr. Hipps, Ferris purgavit
1601 . . . Mina (?), vgl. H B V, 125]. Sollte Kat. d. Münch Hss. S. 129,
Z 1 [vgl. Steinsch., Handschriftenkunde 33] nicht „feuille" zu lesen sein?)
Eine (unbed., illustrirte Hagg. HS. besitzt die Bibl. des Jüd. theol. Sem.
in Breslau.

Cod. Münch. 90 schliesst wie cod. Hamb. 37 (vgl. Steinsch. Kat.). Darin
folgende Miniaturen: f. 1a: Isaks Opfer. Engel mit Glorienschein (auch sonst
in hebr. Mss.), einer mit roten Flügeln, ein anderer hält eine Wage
(dem Text [Rosch hasch.] entsprechend.); f. 24a: *ha lachma* ein Mahl

ferner die 4 Fragen [der Bösewicht mit einem (Nachrichter? —) Schwert das auch sonst noch], Jakob u. Laban, sein Zug nach Aegypten, das Sammeln der Hebräerkinder, in deren Blut Pharao badet, die Arbeiten und Qualen in Aegypten, das Darbringen des Pesachlammes (mit Orgelbegleitung, vgl. Löw, Lebensalter 305), *Marcahbacken*, (32b) Auszug aus Aeg. (Mitt. VIII n. 25), (35b) Elias Ankunft (darüber die 3 grossen Profeten mit auf Zijon bezüglichen Verheissungen, die, wie auf allen diesen Bildern, in byzant. Geschm. als Glossen auf Zetteln), (49 f.) die Offenbarung, f. 78b Juden im Wald versteckt, 79: Frauen *("gebhiróth sethqjim")* werden von einem Turm gestürzt und sonst gemartert, Hinrichtung, Scheiterhaufen, Ertränkung, 107b die als Sklaven verkauften Geschwister, Mordszene, 114: Juden in ihrer mittelalterlichen Tracht (Racinet, Gesch. d. Kostüme III, C P), (zu Chanukka:) Judit u. Holofernes, 120b phant. Tier, 135: Verteidigung Jerusalems (2 Türmer melden den Feind), 154 (9. Abh.:) Jeremia weckt die Erzväter und = mütter, 161b ihr Weinen u. Klagen. Schöne Ornamente (Federzeichn.): 40b, 74b.

Die stattliche Haggadothsammlung (295 Numm.) des Hn. Ad. Oster, Xanten a Rh., deren hds. Katalog Hr. O. uns einzusenden die Güte hatte, enthält an HSS. (die Zahlen in ( ) beziehen sich auf die Nummer des Kat.): 1) (144) mit dem Komm. *Wajjizra Jicchaq* von Jos. b. Is. b. Raf. Eliezer Olivetie. Mit einem Sonett u. Fragen und Antworten über die Vorschriften für das Pesachfest. Schön gravirtes Titelblatt. Le Havre 1806. 2) (145) mit dem Komm. *Cheleq Selomo* von Sal. b. Jaq. Mannheim, Worms 1746. 3) (178) L. Steins eine neue Aufl. vorber. Bemerk. in seiner Haggada Frkf. 1841.

Die Drucke ordnen sich nach Druck- (bezw. Verlags-) ort u. Datum wie folgt: **Altona** 1745 (140), 1778 (115); **Amsterdam** 1695 (66,245), 1712 (332), 1713 (212), 1717 (141), 1723 (204), 1724 (215), 1729 (216), 1733 (205), 1764 (37), 1770 (218), 1778 (219), 1781 (91), 1783 (72, 74), 1785 (278), 1789 (207), 1815 (208), 1837 (200), 1839 (170), 1859 (201, 226); **Basel** 1816 (180); **Berlin** 1701 (46) [vgl. M. 1897 S. 416], 1785 (171, 290), 1797 (253), 1830 (54), 1838 (159, 175), 1855 (86), 1865 (190), 1881 (148, 229 A. 5), 1893 (275); **Bistrowitz** 1593 (31, dw. ms.); **Breslau** 1819 (138), 1821 (258), 1833 (178), 1839 (45), 1867 (38), o. J. (52); **Berditschew** 1888 (16); **Brilon** 1862 (151, A. 5); **Brünn** 1758 (34); **Calcutta** 89 (272, 273); **Cremona** 1557 (29, auch ms.); **Danzig** 1845 (29); **Drohobycz** 1893 (271); **Dyhrenfurt** 1796 (96), 1826 (214); **Frankfurt a. M.** 1710 (87), 1718 (47), 1727 (203), 1749 (216), 1841 (173), 1842 (262), 1883 (150), 1884 (160), 1887 (48), 1889 (164); **Frankfurt a. O.** 1775 (116); **Fürth** 1746 (33), 1754 (269), 1777 (206), 1780 (42), 1804 (126, 177), 1867 (183); **Haag** 1777 (100)?; **Halberstadt** 1871 (146); **Hamburg** 1844 (237); **Hannover** 1829 (147); **Hrubieszew** 1817 (250), 1860 (289); **Huradnu** 1822 (53); **Huszt** 1880 (8); **Jerusalem** 1862 (11), 1867 (15), 1883 (89), 1889 (186), 1897 (293), o. J. (90); **Johannisburg** 1861 (254); **Kapust** 1812 (138)?; **Karlsruhe** 1791 (59), 1796 (221); **Köln** 1888 (169); **Königsberg** 1644 (193, 247), 1845 (20), 1857 (39); **Kolomea** 1880 (136), 1882 (66); **Konstantinopel** 1505 (27), 1742 (121); **Krakau** 1582 (50), 1882 (106); **Krotoschin** 1838 (51), 1840 (114), 1844 (288); **Leipzig** 1863 (182); **Lemberg** 1804 (57, 77), 1808 (76), 1815 (84), 1817 (128), 1835 (24), 1850 (6), 1852 (5), 1855 (130), 1863 (101), 1864 (270), 1866 (134), 1868 (9), 1874 (252), 1879 (43, 44, 55 104), 1886 (101), 1887 (248); **Livorno** 1782 (135), 1788 (122), 1790 (133), 1792 (119), 1794 (58), 1801 (118), 1809 (81), 1821 (120), 1836 (132), 1866 (61), 1869 (194), 1875 (63), 1877 (195), 1882 (197); **London** 1794 (255), 1862 (285); **Luneville** 1805 (279); **Lyk** 1859 (7); **Mantua** 1699 (65); **Metz** 1765 (217), 1767 (97), 1777 (265), 1818 (189); **Minsk** 1836 (235);

Odessa 1882 (238); **Offenbach** 1722 (113), 1783 (73, 75, 287), 1882 (287); **Paris** 1852 (256), 1861 (257), 1865 (188), 1873 (266); **Pest** 1868 (98); **Posen** 1884 (174); **Prag** 1784 (17), 1818 (99), 1833 (105), 1850 (227), 1858 (162a), 1861 (283), 1863 (172), 1871 (162b), 1878 (163), 1889 (161); **Pressburg** 1833 (154), 1869 (24), 1879 (199); **Przemisl** 1885 (119); **Riva di Trento** 1561 (30); **Rödelheim** 1822 (1, 152), 1823 (222), 1833 (133), 1836 (2), 1843 (155), 1852 (156), 1855 (157), 1859 (149), 1861 (158), 1883 (230), 1895 (276); **Saloniki** 1569 (67), 1739 (78), 1749 (88), 1779 (236); **Sbilkow** 1826 (249); **Sulzbach** 1708 (234), 1751 (35), 1776 (60), 1792 (176), 1809 (103), 1827 (3), 1829 (4), 1834 (127), 1842 (225); **Sziget** 1879 (108); **Tarnow** 1885 (212); **Triest** 1864 (228); **Venedig** 1545 (28), 1641 (83), 1663 (260), 1692 (120), 1695 (65), 1716 (125), 1792 (220); **Verona** 1828 (223), 1845 (111); **Wandsbek** (bei Isr. b. Abraham, 1719 20 in Jessnitz, 1720—33 in Wandsb., 1739—1744 wieder in Jessn. [Nach Mitt. des Hn. S. Goldschmidt, hier]) 1727 (124); **Warschau** 1831 (110), 1843 (102), 1848 (80), 1868 (139), 1872 (40), 1873 (274), 1878 (25), 1879 (22, 117), 1880 (49), 1881 (210), 1882 (211), 1883 (85, 233), 1884 (137), 1886 (107, 112), 1888 (62, 143), 1889 (79, 123), 1890 (251); **Wien** 1791 (166), 1794 (92), 1801 (93), 1804 (94), 1812 (179), 1813 (95), 1815 (167), 1826 (131), 1841 (181), 1863 (68), 1869 (231), 1874 (142), 1881 (132), 1884 (10), 1885 (91, 98, 184), 1886 (185, 192), 1888 (187), 1895 (284); **Wilmersdorf** 1715 (264); **Wilna** 1835 (70), 1841 (82), 1860 (64), 1863 (26, 70), 1873 (13, 36), 1876 (14, 16), 1877 (18), 1886 (12, 23), 1889 (263), 189 (261); **Zolkiew** 1836 (71), 1807 (102).

Nicht genau zu bestimmen: 41, 69, 165, 168, 196, 209, 213, **224,** **267, 268, 280** Hierzu kommen selbständ. K o m m e n t. z u *Chad gadja:* **Altona** 1770 (259), 1779 (240), **Amsterdam** 1762 (239), **Fürth** 1693 (281), **Hannover** 1851 (243), **Königsberg** 1764 (242), **London** 1785 (244), **Pressburg** 1869 (242); P a r o d i e n (eine solche, nach mündl. Uebel. aufgez. von Hn. Schw. Eibenschitz, Wien, in uns. Samml.): **Düsseldorf** o. J. (286) C. M. Seippel, Die Plagen . . (Prachtvoller Buntdruck! u. orig. Band), **Wien** 1850 (282) mit einigen Bildern, zum 1. Male Vened. 1552 von Adelkind b. Cornelia; als Curiosum: Hochzeits-Haggada, **Essen** 1891 (238a, vgl. Mitt. IX n. 48). Diesen Ausg. (deutsch, sefard., arab., karäisch. Ritus) sind meist (im Ganzen etwa 140 versch., mitunter „auf 4 Arten", verfasste) Kommentare [in W i l n a 1892 (261) allein 115, 1886 (23) 15, in Pressburg 1869 (24) 16, Uebersetzungen (arab., deutsch bezw. judendeutsch, engl., franz., holl., ital., lat., span., ungar.) Predigten, das Hohelied, *Aqdamoth* von *Schabu'oth* (207) Gebete u. Vorschr. f. Pesach, [Bräuche in Jerus. Warsch. 1890 (251)], Séfirat ha-omer, Abbildungen [bes. Liv. 1882 (197), Amst. 1695 (245), Ven. 1663 (260), Ver. 1828 (223) Triest (228)], Musiktexte [bes. 1865 (188), Par. 1873 (266), Frkf. 1884 (160), Kön. 1644 (193), Köln 1838 (169) Jaq. Offenbach, (246). Die in der Wochenschr. „Der Jude" (Leipz. 1769) vorh. Melodie zu *Addir hu*...für eine Singstimme mit Chorbegl. ges. v. Ed. Birnbaum (Mus. Beil. zu „Der jüd. Cantor" 1880 No. 12), Gedichte, Stammbäume usw. beigefügt. Zugleich eine Geschichte der *Haggada* enthalten: Amst. **1839** (170), Berl. **1855** (86). Die älteren Ausg. gehen nur bis *Nischmath* (vgl. Zunz G. Vortr.², 133). Abweich. Lesarten haben: Sulzb. **1809** (**103**) *ha kelachma*, (vgl. Ed. Berl. 1855 S. XXX), Ven. 1692 (**120**) im Tischgebet, die Sefard.: *mehullal baththusbuchóth*.

Spuren der Zensur in Ven. 1545 (28). Merkwürd. *Pral* in Metz

1777 (265): Louis XVI [*l-u-'-j l-z*]. Einige Ex. in kostbarem Einband [z. B. Liv. 1866 (61)]. Warsch. 1883 (233) in 64".

An etlichen Stellen wird Benjaqobs *Oṣar ha-sefarim* berichtigt bezw. ergänzt, z. B. No. 46 durch (66), *'Eth raçon* (116), *Peṣach mè'ubbin* (121), No. 125 durch (167), No. 128 durch (193).

Kat. 33 des Antiq. A. Goldschmidt, Hamb. enthält ausserdem die Ausg. **Breslau 1741, Fürth 1763, Karlsruhe 1799, Ofen 1723, Prag** 1811, o. O.' 1791. — Vgl. Kayserling, Die jüd. Litt. S. 825. Ein Werk über alte Haggada-Hss. erscheint, wie Hr. Prof. D. H. Müller mitteilt, demnächst bei A. Hölder, Wien.

_____

Zu „Anzeigen". 1) Eine Rut- und eine Qoheletrolle, 17. Jahrh., erstere mit 6, letztere (nicht so gut erhalten) mit 9 Miniaturen, die in die Säulenkapitel eingefügt sind. Qoh. 7, 4 wird *beth simcha* als Freudenhaus (eine lustige Mädchenschar) illustrirt. 8, 8 scheint eine Erinnerung an die Mongolenkämpfe. Der Löwe 9, 4 sieht gar elend aus. 7, 5 zeigt einen Hochzeitszug mit Geiger und Schalksnarr (der als unentbehrlich auch auf dem Bilde bei Bodenschatz). 11, 1 passte eher als „*Thaschlikh*". Zum Kostüm vgl. Racinet IV (17. u. 18. Jahrh.). Die Miniaturen lassen teilw. noch deutlich eine Rasur (vgl. Steinschn. Hdschrftk. 24) erkennen (den bonnet à la syrienne, vgl. Racinet III c. 1325).

2) Solche Stammbäume s. auch AJHE n. 760. 762. Familien in Hamb. führen ihre Abstammung noch heute auf Schammai, Simon ben Jochai usw. zurück.

_____

Nachtrag:

Zu Seite 54: 77) 6 Photogr. aus dem bayr. National-Museum. G. d. Hn. stud. jur. C. Heckscher, Hamburg.

Zu Seite 56 „Geldspenden":

Von Hn. Mocatta, London 400 Mark.

Die Sammlung
jüdischer Kultgeräte im Hamburgischen Museum für Kunst und Gewerbe.

Wohl in allen kunstgewerblichen Museen finden sich einzelne Gegenstände, die durch ihre Form oder hebräische Inschriften als Geräte des jüdischen Kultus gekennzeichnet sind, bald als solche, die beim Gottesdienst ·in der Synagoge dienten, bald, und dieses sind die häufiger vorkommenden, als solche, die bei den Verrichtungen der häuslichen Andachten gebraucht wurden. In den meisten Sammlungen sind diese Gegenstände ohne Rücksicht auf ihre Bedeutung je nach ihrem Stoffe und etwa noch dem historischen Stil entsprechend in den verschiedensten Abteilungen untergebracht. Bei den Schmucksachen hat man die Trauringe (,,*Tabba'ath Qidduschin*') zu suchen, bei den Edelmetallgefässen die *Qiddusch*-Becher, die *Besamim*büchsen und die silbernen *Seder*-Schüsseln, während die zinnernen sich bei den Zinn-Gefässen finden. Den Geräten werden die *Jad* und das Beschneidungsmesser angereiht, den Arbeiten aus unedlem Metall die Leuchter und Lampen aus Bronze oder Gelbguss. Nur wenige, ihrem Plane nach auf kulturgeschichtlichem Boden stehende Museen sind von dieser rein äusserlichen und mechanischen Einordnung der jüdischen Kultgeräte abgewichen. Aber doch erst seit wenigen Jahren ist im Musée de Cluny zu Paris die Sammlung jüdischer Altertümer als eine in sich geschlossene Abteilung zusammengefasst.*) In Deutschland hat schon früher das Germanische National-Museum in Nürnberg und neuerdings das Städtische Museum zu Frankfurt a./M. die jüdischen Altertümer als besondere Gruppen hervorgehoben. Auch das Hamburgische Museum für Kunst und Gewerbe hat schon vor mehreren Jahren diesen Schritt gethan und zugleich in dem ,,Illustrierten Führer" durch seine Sammlungen den Geräten des jüdischen Kultus einen besonderen Abschnitt ge-

---

*) Das Verzeichnis dieser Sammlung mit einer lehrreichen Einleitung u. trefflichen Abbildungen sowie alle erreichbaren photogr. Aufnahmen besitzt unsere Gesellschaft (S. oben S. 54 f.). Jüdische Kultgegenstände finden sich u. a. auch im Wiener Museum jüdischer Altertümer, im kgl. bayr. National-Museum zu München, im National-Museum zu Washington, manches im kgl. Kunstgewerbe-Museum zu Berlin, im Louvre, South Kensington Museum und in zahlreichen Privatsammlungen. Photographien einiger Nummern der ,,Anglo-Jewish Hist. Exhib." stellt uns Mr. F. Haes, London frdl. zur Verfügung.

D. Hrsg.

Gott, König der Welt, der uns geheiligt durch seine Gebote und uns die Beschneidung befohlen." Die andern: „Jehuda Löb, Sohn des Gemeindeoberhauptes und Vorstehers Herrn Josef Rintel."

Das nächstälteste datirte Stück ist eine silberne *Thorabekleidung* (*'Ec chajjim*) v. J. 1735 nebst der zugehörigen Brustplatte (*Tas*) v. J. 1736. Beide stammen wahrscheinlich aus Polen und verraten die Zeit ihrer Entstehung auch durch den Stil ihres Ornamentes. In diesem ist das „Laub- und Bandelwerk" angewendet, das in den deutschen Edelschmiedearbeiten kurz vor dem Auftreten des Rococo-Stiles herrscht.

Von besonderem Interesse ist die kleinere der drei zinnernen *Seder*-Schüsseln mit der Jahreszahl 174**x**, die mit dem um 10 Jahre älteren Datum des Zinnstempels in Einklang steht, da die gravirten Verzierungen nicht mit der Schüssel gleichzeitig entstanden sein können. Diese wurde in glattem Zustande von dem zünftigen Zinngiessermeister geliefert; nachträglich meisselte und stach ein der hebräischen Schrift kundiger Arbeiter die Verzierungen ein. Hervorzuheben ist, dass hier in der Decoration schon Anklänge an persisches Blumen-Ornament unverkennbar sind. Daran lässt sich die Frage knüpfen, ob schon vor 150 Jahren in Mittel-Europa das bewusste Bestreben nachweisbar ist, die Zierkunst des Morgenlandes für jüdische Bauten und Geräte heranzuziehen. Bei den älteren jüdischen Kultgeräthen herrscht durchaus der jeweilig alle sonstige kunstgewerbliche Arbeit beeinflussende Ornament-Stil. Erst in unserem Jahrhundert gelangen die Rückgriffe auf altorientalische Zierkunst zur Vorherrschaft.

Eine zweite durch ihre gut verteilten Verzierungen und die abwechselungsreiche Art der Führung des Grabstichels ausgezeichnete *Seder*schüssel, ebenfalls aus Zinn, trägt das Datum d. J. 1776. Wir geben ihre Abbildung hier nach dem Jahresbericht des Museums für 1896*).

Eine dritte zinnerne *Seder*schüssel stammt aus dem Jahre 1789. Sie ist wichtig durch die in den 16 Feldern des Randes gravirten figürlichen Darstellungen, von denen jede in zwei oder drei am Tische sitzenden Männern eine der vorgeschriebenen Verrichtungen der häuslichen Riten des *Seder*-Abends wiedergiebt; über jeder Scene steht in grossen hebräischen Buchstaben das entsprechende Kennwort. Ausnahmsweise ist auf ihr auch

*) s. Beilage VI.

widmet. Eine Einleitung giebt einen Ueberblick über das ganze Gebiet der hier in Frage kommenden Gefässe und Geräte; der Bestand an solchen wird danach im Einzelnen beschrieben, wobei der Uebersetzung der Inschriften und der Uebertragung der Daten die verdiente Beachtung zugewendet ist.

Das Hamburgische Museum lässt bei der Auswahl der seinen Sammlungen einzureihenden Gegenstände den Ausschlag nicht allein durch die kulturgeschichtliche Bedeutung geben, sondern legt neben dieser Gewicht auf technisch vollkommene und geschmackvolle Ausführung und auf tadellose Erhaltung. Damit engt sich der Kreis der für die Sammlung begehrenswerten Altertümer erheblich ein, jedoch ohne dass darum die kulturgeschichtliche Bedeutung dieser Abteilung Einbusse erleiden müsste. Zu allen Zeiten ist den Bedürfnissen des Kultus, wenn auch seltener, durch Werke genügt worden, die durch ihre gute Ausführung und die gefällige Zeichnung bedeutsam sind. Eine Sammlung, die neben dem kulturgeschichtlichen Moment das technische und das stilistische betont, wird nur weit langsamer anwachsen als diejenigen Sammlungen, bei denen diese beiden Momente unbeachtet bleiben; auf die Dauer lückenhaft braucht sie darum nicht zu sein.

Die Mehrzahl der jüdischen Kultgeräte des Hamburgischen Museums entstammt dem 18. Jahrhundert Nicht immer darf man sich jedoch auf die Datirung verlassen, die in den Widmungs-Inschriften gegeben ist. Gleich die hier abgebildete schöne *Jad**) mit der Inschrift „für den Ruhm des Ewigen und sein heiliges vollkommenes Gesetz (gestiftet von) S. Ehrwürden Jsak Rafael Färber und Sohn, die ihr Fels und Erlöser behüten möge", trägt als Datum der Widmung d. J. 5538 d. i. 1778 christl. Zeitrechnung. Stünde dieses Datum nicht darauf, so würde man nicht zweifeln, diesen feinprofilirten Stab um gerade 200 Jahre älter anzusetzen. Dass ein älteres Vorbild so stilvoll kopirt werden konnte, scheint ausgeschlossen; wahrscheinlicher ist, dass eine ältere *Jad* erst i. J. 1778 gewidmet wurde.

Die älteste Jahreszahl, 1724, findet sich an einem Beschneidungsmesser von vorzüglicher Arbeit. Der graue Achatgriff ist in ehemals vergoldetes Silberfiligran gefasst. Der Rücken des Messers ist mit Silber beschlagen, in das zwei von einander abgewandte Schlangen und hebräische Inschriften gravirt sind. Die eine besagt „Gut Glück!" „Gelobt seist Du Herr, unser

---

*) s. Beilage VII.

der Name des Graveurs angegeben, der „Mëir, Sohn des Bendit" heisst. Dieses interessante Stück ist kürzlich aus Hameln in das Museum gelangt.*)

Das jüngste Datum, v. J 1861, trägt ein zum *Chanukka*fest gewidmeter Glasbecher. Seine mit dem Diamanten fein punktirten Verzierungen und Inschriften zeigen, dass in Holland, woher dieser Becher stammt, das dort im vorigen Jahrhundert mit Meisterschaft geübte Punktiren und Reissen des Glases mit dem Diamanten nicht ausgestorben ist.✦

Justus Brinckmann.

Druckfehler.

Lies Seite		3	Zeile	13 v. u.	Schmütz
„	„	6	„	1 „ „	uns [14])
„	„	7	„	20 „ „	wurde aber
„	„	8	„	18 v. o.	er
„	„	8	„	19 „ „	dass
„	„	15	„	6 „ „	beschwor
„	„	20	„	13 v. u.	unbeschreiblich
„	„	26	„	6 v. o.	ihm
„	„	38	„	26 „ „	Welt (ohne Komma)
„	„	47	„	5 v. u.	regele[12])
„	„	56	„	4 v. o.	*) De

*) Das oben S. 52 unter *Seders*chüssel erwähnte Stück.

D. Hrsg.